马克思主义研究辑刊

（2018 年卷）

高继文　主编

山东大学出版社

《马克思主义研究辑刊》编委会

编委会主任　商志晓
编　委　会　李爱华　马永庆　崔永杰　万光侠
　　　　　　高继文　张福记　董振平　徐　稳
　　　　　　王增福　史家亮

主　　　编　高继文

目　录

专　论

马克思主义基本原理的辨析与探讨………………………………… 许庆朴(1)

马克思主义基本原理研究

批判与建构
——马克思人的本质学说的建立 …………………… 李军庆　宋惠芳(22)

马克思的科学技术思想及其当代价值 …………………… 刘子义　肖德武(32)

马克思和恩格斯关于社会主义实现命题思想脉路考论
——纪念马克思诞辰200周年 ……………………………… 王盛辉(42)

马克思主义中国化研究

坚持以人民为中心，决胜全面建成小康社会………………………… 史家亮(58)

习近平关于社会治理的重要论述探析 ……………………………… 马德坤(69)

论中国特色社会主义制度的人民价值取向 ………………………… 丁兆梅(78)

当代中国马克思主义哲学的生成逻辑
——恩格斯《费尔巴哈论》引发的思考 ………………………… 周　栋(90)

论“中国梦”的齐鲁文化传统………………………………………………… 孙天蕾(101)

思想政治教育研究

长征时期红军的思想政治教育工作述论…………………… 张运兵　董振平(111)

新媒体时代高校马克思主义意识形态话语权的消解与重塑……… 吴春雷(123)

人的虚拟生存的哲学意蕴………………………………………………… 孙余余(134)

论儒家乐文化的德育意蕴………………………………………………… 韩云忠(144)

大数据背景下大学生思想政治教育创新着力点……………………… 刘　畅(152)

当代世界及中国发展专题研究

改革开放 40 年中国软实力国际影响力构建历程及启示 ………… 吕松涛(162)

以制度建设引领新时代绿色发展方向………………………………… 刘　斌(174)

市场经济、社会结构与国家的作用
——卡尔·波兰尼“大转型”思想的时代价值及其反思……… 李新廷(185)

人工智能发展中的人权问题………………………………… 刘新军　隋燕飞(199)

“习近平新时代中国特色社会主义思想研究”暑期学校论文选

论习近平新时代中国特色社会主义思想的历史定位和时代意义
………………………………………………………………………… 梅立菊(207)

习近平关于自我革命的重要论述探析……………………………… 石琳琳(214)

以“五大发展理念”引领互联网发展，加快网络强国建设 ………… 李云聪(225)

习近平关于发展中国特色社会主义文艺的重要论述探析………… 张同同(237)

新书评介

乡村振兴的关键：实现党的农村治理能力现代化
——评邱春林博士的新作《中国共产党农村治理能力现代化研究》
…………………………………………………………………… 曹　胜(244)

深耕马克思主义中国化研究之路的典范
——学习刘德军先生《马克思主义中国化研究之路》一点体会
…………………………………………………………………… 史家亮(251)

新时代思想教育的一次可贵探索
——《马克思恩格斯道德教育思想研究》书评………………… 王盛辉(253)

专 论

马克思主义基本原理的辨析与探讨

许庆朴

摘要：马克思主义是马克思和恩格斯为人类求解放创立的关于人类解放、社会变革、社会发展的伟大学说，引领人类改变世界，同时改变自己和解放自己的科学。其基本原理有：(1)关于每一个人自由而全面发展的价值信念原理；(2)关于自由人联合体共产主义的社会理想原理；(3)关于自由人理论与人类自身历史发展规律、唯物史观与人类社会历史发展规律、资本学说与资本主义社会历史发展规律所组成的人类历史发展基本规律原理。正是这些历史规律把社会主义由空想变为科学，马克思主义的崇高价值信念和美好社会理想具有了科学性和现实可行性，对人类产生了吸引力，从而形成了改变世界的物质力量。人们常说的“马克思主义的基本原理不会改变”，不会改变的应该是指由这些规律联系在一起的原理，而不是其他。

关键词：马克思主义；马克思主义基本原理；辨析与探讨

作者简介：许庆朴，山东师范大学马克思主义学院教授、博士生导师。研究方向：人类社会发展基本理论；马克思主义中国化。代表作：《马克思主义中国化新绎》，中国社会科学出版社2015年版。

习近平总书记在纪念马克思诞辰200周年大会上的讲话（以下简称《讲话》）对马克思主义作出了如下概括：马克思主义是关于科学的理论，创造性地揭示了人类社会发展规律；马克思主义是人民的理论，第一次创立了人民实现自身解放的思想体系；马克思主义是实践的理论，指引着人民改造世界的行动；马克思主义是不断发展的开放的理论，始终站在时代前沿。这是从马克思主义的科学性、人民性、实践性和开放性，即马克思主义多角度性质上所作的科学完整概括。马克思主义博大精深，归根到底就是一句话：为人类求解放。本文赞同这些精到概括，并试从马克思主义基本原理的辨析、梳理和探讨上给予说明，拓展和深化马克思主义理论研究。

一、“马克思主义”基本概念的辨析与界定——与“马克思主义”词条对话

> 马克思和恩格斯所创立的无产阶级思想体系。其基本组成部分是马克思主义哲学，即辩证唯物主义和历史唯物主义、政治经济学和科学社会主义。三者构成有机的统一体。马克思主义科学地阐明了自然界、人类社会和思维发展的一般规律，揭露了资本主义的剥削本质，指明资本主义必然灭亡，社会主义必然胜利。它是无产阶级和劳动人民进行革命的科学，是无产阶级政党指导思想的理论基础。①

这段文字，是2016年版《现代汉语词典》“马克思主义”词条的原文。应该说，在革命时代，这是一个比较完整而简明的定义，代表了那个时代的最高水平，产生了强大的革命推动力。但也应该说，受历史局限，这个定义不适用于今天。“词条”对马克思主义所作的“无产阶级思想体系”的整体性概括，源自1920年列宁《无产阶级文化》一文。它基本上是从无产阶级革命斗争的需要理解和解释马克思主义，具有特别强的革命性和阶级性，但却影响了对马克思主义整体科学性和准确性的把握；它与现代世界和中国发展渐行渐远，更不适合今天继续作为习近平新时代中国特色社会主义思想的理论基础。具体探讨辨析如下。

1.“词条”的主要缺失

其一，在马克思主义整体概括上，“词条”没有与时俱进，没有始终站在时代前沿。时代意味着那时期的世界人心所向，天下大势所趋。“词条”是适应世界无产阶级革命时代要求所作的概括，体现了那个时代的马克思主义、那个时代的人心所向和权威认识，但也带有那个时代所不可避免的历史局限。从实践上讲，当今时代作为世界无产阶级革命坚强动力的无产者已经或正在或开始变为有产者，在世界和中国的一些地方，随着中产阶层的壮大，无产者和穷人开始变成社会的少数，当今社会已经不存在革命时代那样依靠谁、团结谁、反对谁的社会需求和阶级基础；各国政府和人民正在谋发展，求和平，全力争取公平、合作与共赢；中国党和政府站在全人类立场上，超越国家、民族和政党，着力推动“构建人类命运共同体”，得到联合国，各国政党、政要、学者和国内外人士的广泛支持。在理论上说，阶级是随着生产力的低度发展而产生的，但也会随着生产力的高度发展而走向灭亡；革命是阶级矛盾尖锐和阶级斗争激化的结果。它们都将随着

① 中国社会科学院语言研究所词典编辑室编：《现代汉语词典》，商务印书馆2016年第7版，第867～868页。

当今社会生产力的巨大发展和时代的快速进步而逐渐式微。政治革命的直接目的是取得政权，之后便是运用政权发展生产力。这意味着革命时代的结束，建设时代的到来。今天的世界和中国正处在这个时代，今天的马克思主义也应该有新的理解和表述。习近平总书记指出，“马克思主义常学常新”，“马克思主义是不断发展的开放的理论，始终站在时代前沿”[①]。而“词条”没有作新的研究，更没有到达时代前沿，仍然是把马克思主义定位在“无产阶级和劳动人民进行革命的科学”上，所以“词条”给人马克思主义“已经过时”的感觉。

其二，在马克思主义原理概括上，“词条”缺失共产主义这一基本原理，缺失世界共产党人憧憬的共产主义社会理想，忽视了马克思主义的共产主义就是“自由人联合体”的科学思想。

共产主义是人民向往和憧憬的美好社会制度。用马克思和恩格斯的话说就是“自由人联合体”[②]。它是自由人为主体，联合体为载体，两者结合的自由人社会共同体(后文专门论述)。马克思和恩格斯之所以把“自由人联合体”叫作共产主义，是因为两者财产制度“共有”或“联合”的含义相通，同时共产主义早已在欧洲传播，资产者反对，无产者拥护，全世界受苦的人期盼。于是，“共产主义”这个词便被马克思和恩格斯借用过来，成为世界共产党人的社会理想和立党奋斗纲领。

中国人民对马克思主义的认识主要是通过接受的共产主义思想形成的。革命时期形成了共产主义就是人民期盼的未来社会的美好幸福生活；而在后来建设时期，人们对共产主义的认识是通过他们的生活实践尤其1958年“共产风”的形成与纠正过程体验形成的，他们至今仍保持着“共产主义就是财产大归公”的记忆。共产主义的真正含义就是自由人联合体。“大归公”记忆的可怕性在于：它只知“联合体”，并且把联合体理解为财产大归公；不知“自由人”，不懂得自由人是自由而全面发展的人，不懂得自由人生成是一个历史过程，认为只要实行了财产公有就是共产主义，剥夺个人财产似乎成了共产主义的特征。新世纪开元之后，理论界曾依据《共产党宣言》等原著对共产主义作出本真的“自由人联合体”科学解释，但没形成社会主流认识，党的代表大会也不提共产主义，共产主义似乎成为认识盲区。应该说，共产主义在中国是尤其不能回避的。作为专门解释马克思主义和专门教育我们的后代和人民的“词条”，却回避了。这是令人纠

---

① 习近平:《在纪念马克思诞辰200周年大会上的讲话》，人民出版社2018年版，第9页。

② 马克思恩格斯:《共产党宣言》，载《马克思恩格斯选集》第1卷，人民出版社2012年版，第422页；马克思《资本论》第1卷，人民出版社2004年版，第9页，或《资本论》第3卷，人民出版社2004年版，第745页。“自由人联合体”提法和论述贯穿了马克思恩格斯从早年到晚年的著作。

结的内涵要义缺失。所以“词条”总给人即使在革命时期作的马克思主义概括也不应该缺失共产主义的遗憾。这是“词条”本身内容不完整的表现。

其三，在马克思主义本质概括上，“词条”缺失马克思和恩格斯创立马克思主义和共产党的目的，体现不出马克思主义的本质，体现不出共产党人初心固有的全人类胸怀。

习近平总书记说：“马克思主义博大精深，归根到底就是一句话，为人类求解放。”[①]目的即本质即初心。马克思主义是西方先进文化的结晶。西方社会有尊重个体的传统，马克思主义是尊重个体的。马克思和恩格斯创立马克思主义和共产主义政党（简称“共产党”）的目的和初心，是为了无产者和全人类的自由解放，达到“每一个个人的全面而自由的发展”[②]，从而成为自由人。马克思把他在《资本论》中讲的这句话，看作自己学说的“基本原则”。正是这一“基本原则”体现了马克思主义的崇高价值目的和终端价值目标，体现了马克思主义的本质，体现了共产党人初心固有的全人类胸怀和全人类关怀。马克思也正是为达到这个目标奋斗了一生，“马克思为人类而工作”[③]。这是马克思主义者与资产者及一切非马克思主义者的根本区别。相对于马克思的这个目的目标来说，共产主义只是对未来社会的制度设想和实现形式；阶级斗争或和平过渡也只是为了实现共产主义而进行革命所以采取的斗争方式和手段。所以，马克思主义价值观的根本点、马克思主义的本质、共产党人的初心和动机就在他的这个目的目标上。

在马克思之前，社会上占统治地位的理论都是为统治阶级服务的，但马克思主义破天荒地为无产者和全世界受苦的人服务，号召全世界无产者联合起来，以此探求人类自由解放的道路。这就必然给备受奴役压迫而成为坚强革命动力的无产阶级予以更多的关怀、更多的强调，强调其革命性，强调阶级斗争和无产阶级专政，强调马克思主义的阶级性质和共产党的阶级性质。这是获得政权和巩固政权的需要，无可非议。但马克思主义者和共产党人并不是单纯为无产阶级谋利益，不然它就会与资产阶级及一切非无产阶级一样，与历史上农民起义“打江山者坐江山”无异。共产党人不是资产者，也不是农民起义领袖，而是代表无产者和全人类利益的共产主义者、马克思主义者。

马克思和恩格斯认为，无产阶级没有自己的特殊利益，无产阶级政党是为了自己的阶级为人类解放无私奉献的先进集团和领导集体。它们都不是一个独立

① 习近平：《在马克思诞辰200周年大会上的讲话》，人民出版社2018年版，第8页。

② 马克思：《资本论》第1卷，人民出版社2004年版，第683页。在这里，马克思把“每一个个人的全面而自由的发展”作为自己学说的“基本原则”。我国理论界把它叫作“马克思主义的最高命题”。

③ 著名马克思主义者李卜克内西的话，成为代表马克思精神的名言。

的利益群体，“无产阶级只有解放全人类，才能最后解放自己”[①]。作为无产阶级政党及它的成员，如果不懂得马克思主义这个特有的道理、特有的历史使命和历史担当，那他就真的不懂马克思主义，时间久了这个党也就会真的超越人民需要和人类利益之上，具有了自己的特殊利益，形成特殊的党员，形成特殊的阶级群体，形成具有特权的阶层，那时马克思主义也就真的变成口号和教义——这是马克思最担心的。他感慨说：“我种下的是龙种，而收获的却是跳蚤！”[②]追忆起来，苏联亡党亡国，还有我国“文化大革命”的发生以及前些年的权力腐败，都与其有内在的联系，即往往都是以阶级或阶层或政党的名义获得高于人民的特权。再加上，如果不能与时俱进，不懂得通行于现代世界的“少数原则”，忽视个体，不尊重个体，长期过于强调多数或绝大多数，不顾及少数直到不顾及个体人，在理论上固守着“无产阶级思想体系”“无产阶级政党指导思想的理论基础”以及“为绝大多数人谋利益”这些群体的阶级的概念，那么它也就真的最终体现不了马克思主义的本质，体现不了马克思主义和共产党人的宽广胸怀，也体现不了今天中国共产党的指导思想——习近平新时代中国特色社会主义思想的人民立场、人民思想和“一个不能少”的人民性精神。所以“词条”又给人以理论不彻底的感觉。

2.“词条”意想不到的严重社会后果

马克思主义理论研究的陈旧、不完整、不彻底，将关系到党和人民的思想方向和理论基础是否过时和是否正确。如果我们党继续将一个不能与时俱进、不写奋斗理想、不讲立党目的初心，只写只讲“阶级”和“革命”的“马克思主义词条”，用来教育我们的人民和后代，继续作为我们党指导思想理论基础的条文，那么，就会给中国特色社会主义伟大事业带来潜性的或显性的危害。这是因为：

第一，我们是举马克思主义旗帜奋斗成功的大党大国，“马克思主义词条”把马克思主义定位在“无产阶级和广大劳动人民进行革命的科学”上，在实践上使今天中国社会的支柱中产阶层心里不安，直接影响中国经济社会发展；在理论上，因为它远离现实，往往会把马克思主义架空，使今天的主流马克思主义成为口号，而不再是行动指南。由此，中国特色社会主义思想将会失去社会的理论的基础支撑。这是最危险的。

---

① 《马克思恩格斯选集》第3卷，人民出版社1995年版，第336页。这是恩格斯在《卡尔·马克思》一文中讲的一段话，是毛泽东将其概括为“无产阶级只有解放全人类，才能最后解放自己”，也就是人们常说的“人类解放我解放”。应该说，这是马克思主义特有的道理，体现了马克思主义者和共产党人原本的远大宽阔胸怀。

② 《马克思恩格斯选集》第1卷，人民出版社2012年版，第603页。这句话是海涅对自己无能的模仿者说的话，马克思把它借用转送给当时法国、德国党内那些占有“马克思主义名义”、沾满资产者习气的“马克思主义者”。

第二,"词条"的"无产阶级思想体系"定性概括并不准确。习近平总书记说:"马克思主义是人民的理论,第一次创立了人民实现自身解放的思想体系。"①"词条"意在把以"无产阶级思想体系"定义的马克思主义继续作为我们党指导思想的理论基础,也就是作为中国特色社会主义的理论基础,因为时代错位,这会把中国特色社会主义架空,背离中国人民整体利益,直接不利于民营企业的发展,不利于我国国际地位的提升,不利于港澳台及世界华侨华人思想上的回归,从而给中华民族伟大复兴和祖国统一造成困难。

第三,在个人作用日益彰显的当今世界和中国,这些缺少尊重个体的表述,有助长侵犯个人权益的危险;这些过强的革命性、阶级性表述,又有助长"文革"极端思想复活的危险。两者都不利于赢得和巩固人民的信任,不利于人民的团结,并将加深社会与个人、穷人与富人的对立意识,形成社会不稳定的根源。

第四,主讲阶级和革命的"马克思主义词条"并没有退出社会舞台甚至主流意识形态领域。如果继续用它教育我们的人民和后代,天长日久,在中国这块阶级斗争和闹革命似乎成了习惯的社会土壤里,还会生长出一批批斗士,还会形成一群群怀有偏见的人。那时我们的人民又要不得安宁。

所以,"词条"的表述看起来事小,实际上关系到对马克思主义的根本认识和评价,关系到我们的人民和后代的思想方向,关系到党的指导思想根基的牢固和国家长治久安。这就是说,今天中国共产党指导思想的理论基础,无论如何不能长期停留在革命时期形成的既定权威结论上。因此,从理论上对长时期"以阶级斗争为纲"错误思想遗迹进行清理,从源头上即从马克思那里理清:马克思主义是什么,它的价值目标、社会理想和基本内容,也就是马克思主义基本道理、基本原理究竟在哪里,进而解决在中国特色社会主义进入新时代条件下如何理解、定义和表述马克思主义问题,便成为思想理论界亟待研究的重大课题。习近平2018年5月4日在纪念马克思诞辰200周年大会上的讲话,系统、全面、科学地评析了马克思主义,是这一重大课题研究的良好开端。本文将在其指导下,从马克思主义基本原理的辨析与表述上深化《讲话》精神的学习和马克思主义理论研究。

3. 与"词条"相应,本文对"马克思主义"的理解和表述

"马克思主义是马克思和恩格斯为人类求解放创立的,关于人类解放、社会变革、社会发展的伟大学说,引领人类改变世界,同时改变自己和解放自己的科学。"②

① 习近平:《在纪念马克思诞辰200周年大会上的讲话》,人民出版社2018年版,第8页。

② 郝敬之:《整体马克思·自序》,东方出版社2002年版。这是从整体上研究马克思主义比较早的一本书,它首次把马克思主义定位于"社会发展学说",为本书提供了思考方向。

这个学说产生和形成于19世纪欧洲自由资本主义时期，资本主义初级阶段，封建主义下降、资本主义上升、社会主义思潮增长的历史时期。这时期的资本主义，兴旺与野蛮同存，残酷竞争与残酷奴役同在，资产者财富的急剧积累与无产者贫困的急剧上升同行，于是资产阶级与封建阶级的矛盾下降，而与无产者阶级的矛盾日趋尖锐，资本主义与社会主义思潮的斗争开始激烈化。马克思和恩格斯敏锐地感到自己的历史责任。他们着眼于无产者和全人类的自由解放，在指导无产阶级革命斗争进程中不断总结经验，在批判资产阶级旧世界中发现了共产主义新世界，在继承欧洲先进思想文化成果和空想社会主义理论成果基础上进行了理论创新，不经意地慢慢积累，不断完善，逐步形成一座博大精深的思想宝库、一门光辉伟大的学说。

这个学说，涵括了历史学、哲学、经济学、政治学、法学、社会学、军事学以至自然科学一些领域，博大，宏富，精深。它反对封建主义，更加反对和激烈批判资本主义，并能够与空想社会主义、无政府主义以及各种非马克思主义思潮进行斗争，划清界限，以坚守自己的信念和理想，保持自己的纯洁性和先进性，因而受到了欧洲一切敌人和非马克思主义势力的攻击和诽谤，因而更加显现了它的独特魅力和独特性质：它是以人类解放为光荣历史使命，以每一个人自由而全面发展为崇高价值信念，以自由人联合体共产主义为美好社会理想，以人类历史发展规律为主要研究对象，关于人类解放、社会变革、社会发展的伟大学说；正是由于人类历史发展规律的发现，使它成为引领人类改变世界，同时改变自己和解放自己的科学。

专论

马克思和恩格斯站在全人类立场上，研究了人类历史发展特别是资本主义历史发展：首先形成独有的“自由人”理论[①]，发现了人类自身历史发展规律[②]；然后形成独有的“唯物史观”，发现了人类社会历史发展规律；最后形成独有的“资本学说”，发现了资本主义社会历史发展规律。独有的“三大学说”独创了“三大

---

① 参见刘芳：《马克思主义共产主义思想新解》（中国书籍出版社2011年版）第一章“自由人”，第1～51页。该书系统挖掘、分析、论证和建立了马克思的“自由人”理论。王盛辉《“自由个性”及其历史生成研究——基于马克思恩格斯文本整体解读的新视角》（人民出版社2011年版）奠定了马克思“自由人”理论及人类自身历史发展规律的历史生成基础。本文依据这两本书的学术成果，作出“马克思发现了人类自身历史发展规律”的判断。

② 参见《马克思恩格斯全集》第46卷（上），人民出版社1979年版，第104页。该卷中《1857～1858年经济学手稿》一文，是马克思发现人类自身历史发展规律的原始出处和经典文本依据。该文告诉我们，人类自身及整体都是由依赖性的人到独立性的人，往“自由个性”即自主自觉自由人方向永远不间断地发展和进步的。这就是我在《马克思主义中国化新绎》一书所说的马克思发现的人类自身历史发展规律。它在革命时期没有引起重视，但它是马克思发现的一条根本规律，最重要的历史规律，人类社会发展规律是由它派生的，其意义重大，作用巨大，应该引起同行及理论界的重视和进一步研究。

历史规律”理论，从而构成了马克思主义理论的基本内容，造就了他们学说的永久性历史地位和无限巨量生命力。

在理论上，如习近平所说：“马克思主义是科学的理论，创造性地揭示了人类社会历史发展规律。”①马克思和恩格斯从根本上解决了——人类自身解放是永远不间断地有规律地由依赖性的人到独立性的人，往“自由人”即每一个个人全面而自由发展的方向进步；人类社会发展是永远不间断地、有规律地由以依赖性的人为主体的低级阶段到以独立性的人为主体的高级阶段，往自由人联合体共产主义理想社会方向演变——人类自身历史发展和人类社会历史发展的大方向和大路径问题。我国社会形态，在经过市场经济途径逐步摆脱人的依赖状态之后，已经开始走向以独立性的人为主体的高级阶段。

在实践上，马克思和恩格斯把他们对人类解放、社会革命、社会发展和未来社会的一系列预见、设想、战略策略等及其后不断进行调整和转变的行动，建立在自觉和科学的方向方法基础上，不但能够科学地说明世界的变化和人类自身的进步，而且至今成功地改变着世界，改变着人类，即给人类社会和人类历史指明了前进的方向和道路，给每一个现实的人提供了解放自己和改变自己、自主和自觉地生存、科学和自由地发展的方式方法选择。所以，习近平说：“马克思主义是实践的理论，指引着人类改造世界的行动。”②由此可见，马克思主义对人类行为有宏大规范作用和巨大导向功能，是人类历史上最伟大、最宏观、最管用的学说。

由上所述，这样就在《讲话》指导下，从马克思主义学说的生成和内涵及意义上进行了比较系统的梳理和界定，进一步回答了马克思主义是什么的问题。与“词条”相向比较，本文就把一个富有新时代感，更加贴近现实的人，更加本真、系统和完整，理论比较彻底，因而更具有说服力和生命力的马克思主义呈现在今人面前。

弄清概念是探讨其原理的前提。在本文对“马克思主义”概念作了这样的全新理解之后，探讨它的自由人联合体共产主义和人类历史发展规律两个基本原理就顺理成章；如果按“词条”那样继续从阶级和革命角度解释马克思主义，那么马克思主义的基本原理就会是其他非基本原理，对马克思主义的整体把握就不准确。

二、关于马克思的自由人联合体共产主义原理

对于共产主义，20 世纪 50 年代大讲过，后来多年不讲；党的十九大报告和

① 习近平：《在纪念马克思诞辰 200 周年大会上的讲话》，人民出版社 2018 年版，第 7 页。

② 习近平：《在纪念马克思诞辰 200 周年大会上的讲话》，人民出版社 2018 年版，第 9 页。

习近平总书记在纪念马克思诞辰200周年大会上的讲话都讲了共产主义，并指出它是人类社会最终走向的必然趋势，但没有展开和论证。所以，本文在这里要展开一点，力争从理论上探讨梳理清楚，还原共产主义的本色，彰显共产主义的价值，使人们从误读中走出，让世界重新尊重和向往共产主义。

1. 什么是共产主义

共产主义就是“自由人的联合体”。[①] 其实质是人本共产主义，就是以每一个个人全面而自由发展即自由人为根本目的的共产主义，不是那种财产大归公和剥夺一切个人财产的“公产主义”。“自由人联合体”，是从1848年《共产党宣言》到1867年《资本论》第1卷及后来的第3卷中马克思在说到共产主义时常用的一个词。应该说，这是一个比较实在、完整和准确的概念，它把社会主体——“自由人”和社会制度——“联合体”，既独立出来又把它们结合统一在“自由人联合体”这个完整概念之中。

什么是自由人？自由人即“自由的人”的缩写。自由是人的本性，人最想要的生存生活状态，马克思主义最基本的社会价值目标。马克思说的“自由人”就是自由而全面发展的人，是相对于社会存在的“片面发展”的人和“依赖性”的人讲的。人的自由发展要靠人的全面发展来支撑，全面发展要靠人的自由发展环境来维护，两者互为存在的条件，需要结合起来，成为“全面而自由发展的人”，即“自由的人”或“自由个性”的人。“自由人”被马克思视为人作为人的真正开始，称为“真正的人”。它是一个价值概念，人类的价值目标；它又是一个个真实的人，共产主义社会的主体，共产主义概念的灵魂。

什么是自由人的联合体？自由人的联合体不是农民个体所有者的联合体，不是资产者联合体，不是无产者的联合体，而是自由人个体的合作体或“联合体”。它的前提是“自由人”，不是“联合体”。如果合作者不是自由的人，而是片面发展的人、依赖性的人，他们组成的合作体联合体，如同我国1958年“共产风”财产大归公时的“人民公社”，就不是“自由人的联合体”，当然不是马克思的共产主义。风行于世界各国的各种股份合作公司也不是，但它是向自由人联合体过渡的有利于生成自由人的形式。共产主义的先决条件是自由人的生成和存在。自由人的联合体是自由人为主体的社会形式，共产主义的社会制度，共产主义灵魂的躯体或载体。

按照《共产党宣言》那时的设想，“自由人联合体”就是公有制度，认为只有公

① 关于对共产主义的系统论证，详见刘芳《马克思共产主义思想新解》一书，中国书籍出版社2011年版。这是国内理论界对产主义作出新解释的最为系统、翔实的一本专书。该书第一次将作为共产主义社会形式的“自由人联合体”解释为“自由人、联合体、自由人的联合体”三者统一体。

有制才能保障“每一个人的自由发展”。按照后来恩格斯的说法：自由人联合体就是我们要建立的社会主义制度，“这种制度将给所有的人提供健康而有益的工作，给所有人提供充裕的物质生活和闲暇时间，给所有的人提供真正的充分的自由”①。这就是说，马克思主义的创始人描述了未来社会的公平、美满和自由状态，提出了联合体社会的主体“自由人”理念，并且设想了联合体社会的公有经济制度或保障人人都享有那些理想生活条件的那种制度，至于这种制度是什么或名称叫什么，他们并没有定论。马克思和恩格斯或许也都正在思考和探索，而那时《资本论》探寻到的体现“社会个人所有制”的股份制实践却正在当今世界和中国通行。当时受革命时代局限的国际共产主义运动，忽略了自由人主体、自由人生成条件，只关注消灭私有制建立公有制，或许还不知道马克思在《共产党宣言》发表十几年后的《资本论》第1卷在分析资本原始积累的历史趋势时提出了“重新建立个人所有制”设想。②

因为生产资料所有制是社会制度的基础和象征，所以在这里应该说一下这种“社会个人所有制”为什么能够成为未来社会“自由人联合体”设计基础，也就是讲它的真正优越性。它是一个实行社会公有和个人所有相结合、以个人所有为基础的好制度。它既超越农民个体所有制，又超越资本家私有制，还超越了社会公有制。它保留了人类世代视为“有恒产才有恒心”的个人所有，使劳动者保持生产积极性，又建立了适应社会化大生产要求的联合所有即社会所有，提高了生产率从而创造了自由人生成的环境和条件。因此，社会个人所有制是一种具有制度整体优越性的崭新的所有制形式，一种对农民和手工业者“个体所有制”否定之否定的合规律的制度存在。当今世界流行的股份合作制拟或使然。对这种所有制的名称，马克思先后有“社会个人所有制”“个人所有制”和“社会所有制”三种提法。如果过于强调联合，叫“社会所有制”，那么很容易成为变相公有制。如果叫“个人所有制”，又害怕形成复归私有制的疑惑。马克思一直在研究，

① 《马克思恩格斯全集》第21卷，人民出版社1965年版，第570页。恩格斯在1887年5月对《英国北方社会主义联盟纲领》的修正案中指出：“我们的目的是要建立社会主义制度，这种制度将给所有的人提供健康而有益的工作，给所有的人提供充裕的物质生活和闲暇时间，给所有的人提供真正的充分的自由。”这是恩格斯对未来社会制度最生动最实际的描述，已被作为解读共产主义制度的经典。现在中国和世界上许多国家正在这样做着，就是说，当今世界正在走向共产主义。

② 参见马克思：《资本论》第1卷，人民出版社2004年版，第561页，在预示资本原始积累的历史趋势时，对未来新社会的生产资料所有制形式进行了科学预测：“从资本主义生产方式产生的资本主义占有方式，从而资本主义私有制，是对个人的、以自己劳动为基础的私有制的第一个否定，但资本主义生产由于自然过程的必然性，造成了对自身的否定。这是否定的否定。这种否定不是重新建立私有制，而是在资本主义时代的成就的基础也就是说，在协作和对土地及靠劳动本身生产的生产资料的共同占有的基础上，重新建立个人所有制。”这应该是对“社会个人所有制”最为经典精辟的一段表述。

至今中国和世界一直在探索。本文选用了“社会个人所有制”提法。

实际上，正如习近平总书记所说，社会主义并没有定于一尊，没有一成不变的套路。“自由人的联合体”重在自由人，联合体只是与自由人相适应的制度形式，它应该有多种不同形式以适合不同的各种自由人群体需要。当今混合所有制和各种形式的股份制的兴起就是明证。在中国，自由人联合体共产主义经历了 20 世纪 50 年代强调公有制的“公产共产主义”探索、80 年代强调生产力标准的“物本共产主义”和多种形式所有制探索、新世纪之初强调人的自由发展的“人本共产主义”探索等。它们各有各的道理、背景和需要，今天似乎又回到了从《共产党宣言》到《资本论》所青睐的“自由人联合体”完整而本真的状态。事实上，也只有“自由人联合体”这个概念能够包容这些不同提法和不同实现形式。

在这里也应该说明，“共产主义”“共产党”都是历史形成的概念，本文强调“自由人联合体”不是今后不提共产主义了，而是还原马克思共产主义的本意，校正一些肤浅、不准确的认识。我们应该尊重历史，仍然叫“共产主义”。为了区别于以往理解，本文在“共产主义”之前加了定语，称为“自由人联合体共产主义”。“共产主义”和“共产党”都是人们心目中的崇高概念，后来附加了一些不实理解，好像都主张财产大归公，其实马克思共产主义的本意是“自由人的联合体”。就是说，人们还没有走出空想社会主义迷幻，复归“自由人联合体”是共产主义本真使然。令人兴奋的是，习近平总书记在纪念马克思诞辰 200 周年大会上的讲话中，开始把共产主义与自由人联合体联系起来。他说：“马克思科学揭示了人类社会最终走向共产主义的必然趋势。马克思和恩格斯坚信，未来社会将是这样一个联合体，在那里，每一个人的自由发展是一切人的自由发展的条件。”①

2. 马克思设想怎样实现共产主义

马克思认为，共产主义是历史过程。首先是社会生产力得到“极高度发展”和个人得到“最全面发展”的历史实践过程，同时是自由人联合体由低级阶段到高级阶段的逐步过渡过程，还是人们对共产主义由“空想变科学”的理论认识过程。这三个过程的角度和提法不同，但共同之处都是漫长渐进的历史过程，由一个一个阶段性目标逐步达到的历史过程。

19 世纪上半期，马克思和恩格斯倡导消灭私有制、建立公有制和暴力夺取资产阶级政权。应该说，这些主张带有浓厚的空想色彩，对于社会生产力仍处在手工劳动为主阶段、资本主义处在兴旺上升时期的西欧各国，是不可取的。所以，70 年代后，随着机器技术革命时代的到来，社会生产力快速提高，资本急剧扩张，股份制出现和工人有了选举权，还有 1871 年世界上第一个无产阶级政

---

① 习近平：《在纪念马克思诞辰 200 周年大会上讲话》，人民出版社 2018 年版，第 16 页。

权——巴黎公社失败等变故影响，他们的思想落实了许多，发生了很大变化。

马克思提出依托股份制“重新建立个人所有制”制度设想，并把市场放在了“应然”位置上；1883 年马克思逝世，恩格斯秉承马克思遗愿，开始引领欧洲各国党转变策略，探索社会主义和平发展、和平过渡的道路。① 近代世界正是从此时开始，西欧、北欧和北美缓缓和平过渡，其后俄国、中国等武装夺取政权相继获得成功。至此，“自由人联合体”在世界各地有了和平的、暴力的或者两者结合的多种道路，其实现形式也有了公有制的、股份制的或公私混合制的多种制度形式。从此之后，社会主义道路的多样性趋势、共产主义因素世界化趋势越来越明显。这就是说，《共产党宣言》那时倡导的消灭一切私有制度和暴力革命道路已经随着历史的改变而改变，马克思的认识也随着历史变化而作了调整，进一步深化了。

综合起来，马克思和恩格斯提出了一系列建立和建设共产主义社会的理论观点，主要有：以“每一个个人的全面而自由的发展”为基本原则的共产主义价值理念，以“自由人联合体”为基本形式的共产主义社会制度，以试图利用股份制在国有制平台上“重新建立个人所有制”为基础的共产主义经济制度，以和平发展和非和平发展或者两者结合为策略的共产主义革命道路。还有，他们先后在各种文本里所揭示的，如三大差别消失、阶级消灭、政党消失、国家消亡，“社会生产力极高度发展”和“人类最全面发展”的共产主义社会特征②，以及人类将同时进入共产主义社会的预言等③，从而形成了以自由人联合体为美好社会理想的共产主义社会理论、著名共产主义学说。

3. 世界正在向自由人联合体共产主义过渡

当今世界，列宁的公有制、计划经济和按劳分配的传统社会主义时代已经过去，斯大林的“社会主义革命越深入阶级斗争越尖锐”的年代已经成为历史。战

---

① 参见《马克思恩格斯文集》第 5 卷，人民出版社 2009 年版，第 35 页。1886 年（1883 年马克思逝世），恩格斯在马克思《资本论》英文版序言中这样写道：“毫无疑问，在这样的时刻，应当听取这样一个人的声音，这个人的全部理论是他毕生研究英国的经济史和经济状况的结果，他从这种研究中得出这样的结论：至少在欧洲，英国是唯一可以完全通过和平的和合法的手段来实现不可避免的社会革命的国家。”1895 年恩格斯逝世前夕写成的《卡尔·马克思〈1848 年至 1850 年的法兰西阶级斗争〉导言》系统地阐述了这种革命策略的转变。

② 《马克思恩格斯全集》第 19 卷，人民出版社 1963 年版，第 19 页。马克思在给《祖国纪事》杂志编辑部的信中指出，共产主义是“保证社会劳动生产力极高度发展的同时又保证人类最全面的发展的这样一种经济形态”，本文将其视为共产主义社会的基本特征。

③ 参见《马克思恩格斯选集》第 1 卷，人民出版社 2012 年版，第 166 页。马克思和恩格斯在《德意志意识形态》中阐述说：“共产主义只有作为占统治地位的各民族‘一下子”同时发生的行动，在经验上才是可能的，而这是以生产力的普遍发展和与此相联系的世界交往为前提的。”这句话被后人作为“同时胜利论”的依据，今天看来愈来愈有道理。历史表明，“一国胜利论”不是普遍真理。

争、革命、斗争的时代已经结束，和平、发展、合作的时代已经到来。由于机械化、信息化、智能化生产力的飞速发展，互联网和跨国公司的广泛普及，市场化、股份化、民主化潮流的涌动，于是各国民选政府更加追求发展，更加重视改革和开放，更加关注民生和尊重人权，从而促进了社会全面进步，生产高度发展，物质更加丰富，人开始全面发展并越来越自由发展，个人作用越来越大。当今世界在南北差距和贫富分化日益扩大的同时，各种“自由人联合体”雏形却不断涌现，按需分配正在加大，按劳分配正在减少，工农差别、城乡差别、脑体差别正在缩小，对抗阶级和敌对党派的界限正在消失，国家和政党的传统职能正在转换；发达国家以“现代资本主义”方式自觉或不自觉地处在和平过渡之中，处于发展阶段的中国以“中国特色社会主义”方式正在建设一个“自由、平等、公正、法治”的社会，贡献着“中国智慧”和“中国方案”。就是说，世界是以经济更加一体化、文化更加多样化、生活更加人性化的形式向“自由人联合体”过渡着，向“同时胜利”同时进入自由人联合体共产主义变革着和发展着，这就是当今世界历史发展的大趋势。尽管各国国家利益经常冲突、历届政府外交政策多变、旗帜五花八门、各自的困境多多、贫富悬殊南北差距拉大，甚至争吵激烈等等，问题很多也很大，却都不能改变世界的这个大趋势。

应该说，当今人类社会发展的和平和发展、自由和平等、共赢和联合的趋势，不但见证了马克思一生坚守的“自由人联合体”大方向，而且见证了他们晚年预示的“和平过渡”“和平发展”“和平变革”的社会发展道路和“社会个人所有制”的未来社会经济制度，以至于“同时胜利”的预言。这不能不是马克思主义内在科学性、价值、生命力的显现，自由人联合体共产主义学说天才预见力的显示。马克思主义正在重新以自己的魅力，呼唤人类走向共产主义。习近平总书记指出：“马克思坚信历史潮流奔腾向前，只要人民成为自己的主人、人类社会发展的主人，共产主义理想就一定能够在不断改变现存现状的现实运动中一步一步实现。”①

三、关于马克思的人类历史发展规律原理

如上所述，马克思为人类求解放，定下了“自由人”价值目标和自由人联合体共产主义的社会目标，并为此奋斗了终生。他努力探索无产者阶级解放的条件，探索人类解放的道路，探讨自由人和自由人联合体共产主义实现的必然性、合理性和可行性。他立足19世纪西欧社会现实及变革需要，在研究人类史和人类社会史、思想史、经济史及资本主义发展史过程中，批判旧世界，发现新世界，创立

① 习近平：《在纪念马克思诞辰200周年大会上的讲话》，人民出版社2018年版，第16页。

新理论，发现新规律，“正像达尔文发现有机界的发展规律一样，马克思发现了人类历史的发展规律”[1]，从而找到了实现目标，引领和改变世界，改变自己和解放自己的方向、道路和方法。那么，主要创立了哪些新理论、发现了哪些人类历史的发展规律呢？

1. 创立“自由人”理论，发现人类自身历史发展规律

马克思认为，对资本主义的研究必须建立在人类学和历史学基础上，单靠以往的逻辑推断是危险的。[2] 所以，马克思晚年即放下《资本论》写作转入人类学和历史学研究，写作了《民族学笔记》和《历史学笔记》等著作，对人类历史作了更深入的探究。正是这种严谨的人类史尤其是资本主义史研究，使他能够在《1857～1858 年经济学手稿》中天才地发现并验证了人类自身解放的历史，即已经和正在经历着由依赖性的人、独立性的人到自由个性的人的一般发展过程（自由人就是自由而全面发展的人，自由人是历史生成的，经历一个漫长的历史过程），从而创立了“自由人”理论，发现了人类自身历史发展规律。

这条规律的主要点有：(1)人类自身解放，要经历依赖性的人、独立性的人、自由的人三个历史阶段，不论整个人类解放还是每个人的成长进步都是这个一般过程；(2)这是一条根本规律，是它派生了人类社会历史发展规律；(3)独立和自由的信念，不论对个人，还是对一个民族、国家和政党都会产生无穷的推动力。马克思主义和它的共产主义只有建立在人的独立和自由信念需求上才能成为科学，才有无限生命力。人类自身历史发展规律的发现正是揭示了人类的这种美好信念需求生成的过程、阶段或规律。所以，以往我们的理论只讲社会发展，不讲社会的主体——人的发展，是不合乎马克思主义的；只有讲人，才会得到人的响应和共鸣，从而使马克思主义产生无穷的力量。只讲社会不讲人，是革命时期要革资产阶级旧社会的命的需要；今天如果再不讲人，那就背离马克思主义越走越远。

现实人的自身发展规律规约着社会的发展。在人类自身历史发展规律支配下，原始公社制、奴隶制、封建制社会的主体、主导力量是依赖性的人，资本主义社会的主体、主导力量是独立性的人，未来“自由人联合体”社会的主体、主导力量是自由人。人的自由度的高低规约着社会发展阶段的高低，人类社会历史发展规律被牢牢地建立在人类自身历史发展规律基础上。它使现实世界上的许多人不但越来越懂得了人类自己是在不断摆脱依赖，往自主、独立、自由的方向走的，每一个现实的个人是往全面而自由发展的自由人方向走的根本道理；而且越

① 恩格斯：《在马克思墓前的讲话》，载《马克思恩格斯选集》第 3 卷，人民出版社 2012 年版，第 1002 页。

② 参见许庆朴等编著：《马克思主义原著选读》（高等教育出版社 1999 年版）第 230～233 页，对《马克思古代社会史笔记》（1879 年 10 月～1881 年 6 月）一书的导读。

来越意识到,是它牵引和推动着人类社会由以依赖性的人为主体的低级形态逐步向着以独立性的人、自由个性的人为主体的渐次高级形态发展,以及现实资本主义的或现实社会主义的或现实民族主义的社会是往“自由人联合体”方向走,即世界都正在往自由人联合体共产主义方向走,往自由人联合体大同世界方向走的历史趋势。

2.创立唯物史观,发现了人类社会历史发展规律

黑格尔是辩证法大师,费尔巴哈是法国唯物主义杰出代表,他们是欧洲哲学经典作家,马克思的前辈。马克思的贡献在于,他把黑格尔的辩证法建立在费尔巴哈唯物论的基础上,创立了唯物辩证法;把唯物辩证法应用到人类社会历史领域,创立了唯物史观,从而发现了人类社会历史发展规律。唯物史观告诉我们,只有“现实的个体的人”,才是研究人类社会发展问题的出发点。正是基于“现实的个体的人”生存和发展的需要以及由此产生的各种实践活动,才构成了人类社会生产力与生产关系、经济基础与上层建筑的基本矛盾和动力系统,并推动社会不断由低级状态逐渐走向高级状态,即由依赖性的人为主体的原始社会、奴隶社会、封建社会,到以独立性的人为主体的资本主义社会或现实社会主义社会,向着以自由人为主体的自由人联合体共产主义社会过渡和发展,从而形成人类社会历史的发展规律。马克思在《〈政治经济学批判〉序言》中描述了人类这五种社会形态依次更替的历史情形。

从此,人学代替了神学,人类既有了科学评判历史的准绳,又有了遵循人类社会发展方向的自觉,还有了研究和解决人类社会发展问题的科学方法,“历史破天荒地第一次被置于它的真正基础上”①。从此,现实世界的各国执政党和政府渐渐地懂得世界已经和正在向着以“自由人”为主体的“生产力极高度发展”和“人最全面发展”的“自由人联合体”方向演变着、发展着。

3.创立资本学说,发现资本主义社会历史发展规律

马克思从资本主义的经济细胞——商品入手,细致地分析了资本主义生产方式的演变及生产、交换、分配和消费的全过程,发现了剩余价值的产生和资本的形成及其巨大的社会作用,创作了《资本论》。光辉的资本学说就此诞生。

《资本论》的最大亮点在于,它发现了资本另一种本性——自我否定性,即内生的社会性和自由人存在条件及自由人成长规律性,揭示了资本主义社会历史发展规律。其大致历史进程是:在资本家占有生产资料和社会生产日益现代化条件下,由于无数个现实的个体的资产者自身发展利益驱动,他们拼命追逐资本盈利,残酷榨取剩余价值,造成生产无政府状态,产品过剩,经济停滞危机;同时

① 《马克思恩格斯选集》第3卷,人民出版社2012年版,第723页。

造成无数个现实的个体的无产者生存危机，迫使他们拼命工作，或因事业而拼死反抗和斗争，从而激化了整个资产者统治阶级与无产者被统治阶级的矛盾、资本主义私人占有制度与社会化大生产的矛盾，社会矛盾走向极端化，形成全面社会危机。由此造成：或者同俄国那样爆发战争和革命，无产阶级获得政权，避开自由资本主义阶段，直接实行国有制社会主义；或者促使如同西欧某些国家那样，由自由资本主义向私人的或国家的垄断资本主义发展。又由于资本在国家垄断资本主义和国有制社会主义共通的社会性，尤其资本内在的自我否定的本性和市场机制内生的自身独立性，从而推动国家垄断资本主义和国有制社会主义和平地而不是暴力地走向马克思预示的以股份制"社会个人所有制"为基础的世界社会主义，即遍及各国的股份社会主义，世界经济走向一体化并将有可能同时进入共产主义，从而使整个现实资本主义社会呈现出如同马克思预示的从自由资本主义、垄断资本主义到社会主义、共产主义自然进化的一般情形。

正是基于这种认识，现实世界上越来越多的人懂得了资本积累扩张对人类尤其是殖民地人民，一方面带来了深重的社会灾难，另一方面又具有巨大的世界历史推动作用；他们看到了世界资本输出及各国招商引资的作用，看到了资本已经和正在自我否定，它正在消灭着无数的界限，和平发展到社会主义共产主义的历史趋势，更看到了发达资本主义社会已经和正在向着"自由人的联合体"演变的现实趋向；更加懂得了世界革命时代的剥削、阶级和阶级斗争，近代无产阶级为什么要革命，并找到了那时的革命主力军——工农劳苦大众的道理；尤其懂得了资本及其市场在造成人的物的依赖性的同时，又生成了人的独立性，使依赖性的人变成独立性的人，形成了当今世界的市场化浪潮。须知，只有人类自身得到解放，摆脱群体依附性的人格状态，人类才能真正走向"自由个性"。

4.马克思的"伟大科学发现"应该有几个

由上所述，如果问马克思的"伟大发现"是什么？那就是"自由人"理论、唯物史观、资本学说这"三大社会理论"的创立，人类自身历史发展规律、人类社会历史发展规律、资本主义社会历史发展规律这"三大历史规律"的发现。它们从具有原创性和巨大的贡献两方面显现出自身"伟大发现"的性质。

所以，我们不能只讲唯物史观和剩余价值理论两个"伟大发现"。这样讲不完整、不准确，对马克思的贡献评价不公平。"自由人"理论的创立和人类自身历史发展规律的发现，价值更根本，贡献更伟大，作用更巨大。这是因为：第一，人是社会主体和社会原点。"自由人"理论是原点理论，人类自身历史发展规律是根本规律，其他思想理论和历史规律都是由它派生的。第二，只有人的自身发展规律向世界揭示了关于人类自身解放的自主、独立和自由的方向和道路，给世界上的每一个人、每一个群体、每一个政党、每一个国家和民族及整个人类提供了吸引、牵引和推动他们前进的巨大、无穷的力量。[①] 第三，人是社会发展的原动力。人类自身历史发展规律的发现直接影响对唯物史观的理解。对于唯物史观和人类社会历史发展规律，不能只讲社会基本矛盾推动了社会历史进程，更要从根本和原点上讲现实的人。只有现实的个体的人，或依赖性的人或独立性的人或自由的人，才是社会的原点、主体和原动力，只有现实的个人的需要才能生成社会基本矛盾并引发其变化推动社会前进，并形成社会的低级状态或高级状态。传统的马克思主义理论逻辑和体系框架也将会因为人类自身历史发展规律的发现而发生改变。

对于资本学说和资本主义社会历史发展规律，也不能只讲剩余价值。要讲剩余价值论是发动革命的理论根据，但不应该忽视马克思的另外的观点，即资本是人类社会进步和社会发展的杠杆，资本自我否定本性的发现、资本巨大历史推动作用的发现更重要，更有生命力，更有世界历史意义和现实意义。

总之，在世界现代化和世界一体化的新时代条件下，对革命时期形成的传统理论，应该依据原作和史实给予整体的新审视，不然就会像"词条"那样把马克思主义讲偏了，讲窄了，讲得过时无用了。

5. 马克思人类历史发展规律引领规约着人类向自由人方向走去，社会向自由人联合体共产主义方向演变

由上所述，三大历史规律的归宿都指向了自由人和自由人联合体共产主义。是它牵引和推动人类向着自由人方向、社会向着自由人联合体方向走去。世界近代以来，人类正是遵循马克思揭示的人类历史发展基本规律，尤其是遵循着以"独立"和"自由"为价值理念和价值导向的"人类自身历史发展规律"，向着自由人联合体共产主义社会方向不断前进的。大致进程是：

大约从 19 世纪开始的第一个百年里，因为反对封建专制而生成的"自由"价值理念，直接导向形成了百年资产阶级革命、百年欧洲工人运动和国际共产主义运动，是它们共同推动了现代资本主义发达世界的形成。在发达世界，现实的个体的人开始由独立性的人向"自由个性"即"自由人"转变。

20 世纪开始的第二个百年，以其在资本主义阶段生成的"独立"价值理念为导向，先以反对封建主张个性解放为标志的思想解放运动，后以社会主义为目标的持续高涨的百年亚、非、拉民族民主革命和民族解放运动，直接推动了共产主

① 参见许庆朴：《马克思主义中国化新绎》(中国社会科学出版社 2015 年版)第二章"马克思的人类历史发展规律原理"。这本书的久远价值在于，它以中国特色社会主义为主线，本真地打通了近现代中国主流意识形态——马克思主义、孙中山的三民主义、毛泽东的新民主主义和传统社会主义、邓小平的中国特色社会主义之间的意识壁垒，着重从对马克思主义新理解及对中国马克思主义新认识上，揭示了它们相通、相承的联系。这是教科书多年没有真正说通、说清楚的理论难题，该书作了有理、有益的尝试。

义政党及民族主义政党的发展壮大，造就了像中国这样众多蒸蒸日上的发展中国家。而在我们这里，是现实的个人开始由依赖性的人向独立性的人转变。

21 世纪开始第三个百年，随着机械化、信息化、智能化生产力的快速发展，“地球村”概念的形成和世界一体化进程的加快，人类的价值理念又开始回归它的“自由”价值主导或“自由”和“独立”价值理念并行双导向，引领人类以至每一个人由自身独立走向自由而全面的发展，从而推动世界各国更加独立自主并更加相互依赖，相互推动，奉行多边化政策，形成世界命运共同体，进入全球一体化时代，向着人类自由人联合体共产主义的世界大同方向相伴而前行。马克思预言的世界历史已成为现实。习近平总书记指出：“一体化的世界就在那儿，谁拒绝这个世界，这个世界也会拒绝它。”[①]而反观上世纪末，苏联东欧一批社会主义国家违背了人类历史发展规律，拒绝世界一体化大道，拒绝与国际社会接轨，强化人的权力依赖，加剧人的阶级依附，缺失宽容和自由生活而轰然崩塌，便是违背这个规律的历史反证。本文正是在这种意义上，认定以揭示“自由人”和自由人联合体共产主义方向的人类历史发展规律为主要研究对象的马克思主义是真理，是科学。它过去集中表现为“革命的科学”，今天更加表现为建设的科学、改革的科学和人类解放、社会变革、社会发展的科学。

四、马克思主义基本原理的深层辨析与思考

本文在这里将从内在的精神要义上，进一步辨析马克思主义基本原理，把握马克思主义的内核、最基本的东西。

1. 从立场、观点、方法上把握马克思主义原理体系

延安时期形成的“学习马克思主义立场、观点和方法”的思路框架，或许是把握马克思主义体系的最佳方法。通观马克思和恩格斯文本以及上述立场、观点、方法的分析可知，马克思主义体系就是它内在的立场、观点、方法形成的学说体系。过去讲它的无产阶级的阶级立场、阶级观点和阶级分析方法，这样讲是那个时代革命的需要；现时代要讲马克思主义更为根本的立场、观点和方法，这就是由无产者和全人类自由解放的立场、自由人联合体共产主义的观点、人类历史发展规律的理论方法所形成的学说体系。人是目的，社会是理想，规律是方法。正是由于人类历史发展基本规律的理论和方法，把他们对自由人联合体共产主义社会的梦想变为科学；也正是这些人类历史发展规律理论方法奠基了马克思主义体系的宝塔。

这就是说，马克思主义这座思想宝塔，人类历史发展规律是“塔基”，自由人

① 习近平：《在纪念马克思诞辰 200 周年大会上的讲话》，人民出版社 2018 年版，第 22 页。

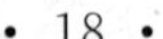

联合体共产主义是“塔身”，人类自由解放是“塔尖”。马克思主义是由其独具的立场、观点、方法构成的宝塔式的思想体系。它有自己的内在逻辑、自己的独特内容。它并不是因为杜林批判马克思，恩格斯又照此批判杜林，列宁依据《反杜林论》的“三个组成部分”向工人宣传讲解，即按照杜林的哲学、经济学、社会主义三个学科批判框架分类，离开马克思主义固有的立场、观点和方法，而刻板、教义地填充形成自己学说体系的。

2.从“变”与“不变”中定位马克思主义基本原理

通读马克思和恩格斯著作会发现，他们的思想发展、革命策略和制度设计，19 世纪六七十年代变化很大：他们的思想由《共产党宣言》时代的革命激情转向了《资本论》时代的沉稳分析，斗争策略由暴力转向了和平，对未来社会的制度设计也由灭私立公的社会公有化，转变为半私半公、公私兼顾结合的“社会个人所有制”和自由人的各种联合体。由此可以说，“马克思主义变了”，策略原理和方式方法都大变化了，但变得更加切实可行。

但同时又发现，少年马克思为“人类的幸福”选择职业的信念、“为人类工作”的初心，青年马克思在《共产党宣言》中确立的“每一个人的自由发展”的价值目标和“自由人联合体”的社会理想，一生都没有改变，验证了马克思初心不变的内心自白：“目标始终如一。”[①]在这里，又可以这样说：马克思主义基本原理不变。这就是说，在马克思主义引领革命过程中，它为达到目标所使用的方法和所走的道路真的变了许多，而革命的价值目标、崇高信念和基本立场却真的没有变，奠基和论证这个远大目标而形成的“人类历史发展基本规律原理”，包括揭示人类自身历史发展规律和“自由人”理论及与其相关的哲学人类学原理、揭示人类社会历史发展规律的唯物史观及与其相关的哲学历史学原理、揭示资本主义社会历史发展规律的资本学说及与其相关的政治经济学原理等，其基本道理也都没有变。本文对马克思主义的新理解、新认识，就是建立和定位在这些不变的马克思主义基本原理上，当今一些理论观点的陈旧、混乱和失去说服力，就是不知道或不接受对马克思主义的新挖掘和新发现，或者把那些已经变了的原理当作不变的基本原理加以坚持的缘故。

由此可见，马克思主义正是由这些“可变”和“不变”的关于人类进步、社会革命、社会变革、社会发展的大大小小原理构成的学说。我们应该在这种该变与不该变的自然历史发展过程中，辩证地理解和把握它，既不能把该变的如革命策略、革命道路、“自由人联合体”的制度形式等坚持一成不变，更不能把不该变的

① 《马克思恩格斯全集》第 31 卷，人民出版社 1972 年版，第 588 页。《马克思自白》，用“目标始终如一”来回答“您的特点是什么”的自问。

如上所说的那些基本原理，在中国革命、建设、改革和发展的急速变化的不经意之间丢掉了。

3.从“经意”与“不经意”之间定性马克思主义基本原理

通读马克思和恩格斯文本，你会发现，少年时期的马克思有一颗要人类幸福的心和为人类工作的梦；后来更发现，他真的一生一心一意要献这颗“心”和圆这个“梦”，也就是说，马克思主义是它的创始人马克思和恩格斯奉献他们人类自由和解放的心和圆自由人联合体共产主义梦的结果；尔后还慢慢发现，马克思是在批判资产阶级旧世界中不经意地发现了共产主义新世界，在研究人类史和人类经济史和思想史中不经意地发现了人类历史发展规律，更是在不断学习、不断实践、不断总结、不断积累中不经意地形成了自己的学说体系的。但是所有这些“不经意”，都是被马克思那颗牢固的心和那个经意的“梦”所牵动着的。而这颗“心”和这个“梦”又特别牵动着那个时代备受奴役和苦难的整个无产者阶级。

马克思一生没有忘记自己的初心，并十分“经意”自己的梦，认定自己的学说是探寻无产者、全人类自由和解放的方向、道路的自由人联合体共产主义。而新版《现代汉语词典》“马克思主义”词条对创始人这颗崇高的“心”、这场企盼的“梦”、这个令他忘我奋斗一生的“主义”却毫无反映。“梦”由“心”生。共产主义的“梦”是由无产者、全人类自由和解放的“心”生的。“词条”的缺陷在于只记住了“无产者”而忘记或代替了“全人类”。两者都是不能忘记的，但归根到底，马克思是为包括无产者在内的全人类的。所以，本文把马克思主义的性质定格在它的创始人要人类幸福，一切为了无产者和全人类自由解放，使“每一个个人全面而自由的发展”这颗无比宽阔、无比崇高、无比伟大的“心”即价值信念上，并以其道理作为今天教育全党、教育人民、教育后代“不忘初心，牢记使命”的理论依据。

4.马克思主义的基本原理是什么

第一，如前所述，这里继续用马克思主义立场、观点、方法的思想框架论证回答问题。马克思主义犹如一座思想宝塔，文中所论述的马克思主义“全人类自由解放”立场，提出了共产党人的历史使命，提出了每个人自由而全面发展的价值信念，处于“塔尖”位置。马克思将它称为自己学说的“基本原则”，理论界称之为“马克思主义的最高命题”，本文在这里定位它是“关于马克思主义立场的基本原理”。

第二，本文所论述的“自由联合体共产主义”观点及阐述它的共产主义学说，提出了人类未来社会理想和美好社会前景，构成了这座宝塔的“塔身”。理论界称之为“共产党人的梦”，本文这里定位它是“关于马克思主义观点的基本原理”。

第三，文中所论述的“人类历史发展规律原理”，即“三大社会学说”和“三大历史规律”理论及相关的历史学、哲学、政治经济学等一系列基础性原理，提出了人类解放的方向、道路和方法，解决了人向哪个方向走和社会往哪个方向发展及怎样做的方法，从而构筑了马克思主义牢固的理论根基，即“塔基”。理论界称之为“实现人类自由和解放的道路”，本文在这里定位它是“关于马克思主义方法的基本原理”。

就是说，马克思主义基本原理是由全人类自由解放的政治立场基本原理、自由人联合体共产主义的思想观点基本原理、人类历史发展规律的理论方法基本原理等三个层级构成的宝塔式原理体系。

更明确地说，马克思主义基本原理就是：(1)关于为人类求解放，使每一个人得到自由而全面发展的价值信念原理；(2)关于自由人联合体共产主义的社会理想原理；(3)关于人类历史发展基本规律原理。

正是因为这些历史规律的发现，使马克思的崇高价值信念和美好社会理想具有了科学性和现实可行性，把社会主义由空想变为科学，从而对人类产生了吸引力，形成了改变世界的物质力量。在当今世界现代化和一体化新的时代条件下，马克思主义将会因更加得到人类的尊重和响应而再现光辉，中国也将会实现如习近平总书记所希望的那样，“让马克思、恩格斯设想的人类美好社会前景不断在中国大地上生动展现出来！”[①]

① 习近平：《在纪念马克思诞辰200周年大会上的讲话》，人民出版社2018年版，第28页。

批判与建构

——马克思人的本质学说的建立

李军庆　宋惠芳

摘要：对于马克思人的本质学说，学界通常从劳动以及“一切社会关系的总和”等方面去归纳，而对于马克思关于人的本质学说的建构过程，却疏于整理。事实上，马克思正是在批判与继承传统人学的基础上提出了完整的人的本质学说。马克思首先从批判黑格尔和费尔巴哈的“抽象的人”出发，确立了“现实的人”；进而通过对黑格尔“抽象劳动”的批判，建构了人的“自由自觉”的劳动本质；最终通过批判资本主义“异化劳动”，进而全面复归人的本质。“现实的人”“自由自觉”的劳动本质、“异化劳动”批判有机联系在一起，构成了马克思完整的人的本质学说。

关键词：批判；建构；人的本质；现实的人

作者简介：李军庆，山东师范大学马克思主义学院硕士研究生。宋惠芳，山东师范大学马克思主义学院教授。

对于马克思人的本质学说，学界通常从劳动以及“一切社会关系的总和”等方面去归纳，而对于马克思关于人的本质学说的建构过程，却疏于整理。事实上，马克思正是在批判与继承传统人学的基础上提出了完整的人的本质学说。不了解马克思对传统人的本质学说的批判，就无法真正了解马克思的人的本质学说，对马克思人的本质学说的理解也就只能局限于马克思对人本质的结论性论述。因此，要全面、深入地解读马克思人的本质学说，就必须详细研究马克思关于人的本质学说的批判与建构过程。

一、批判“抽象的人”，确立“现实的人”

黑格尔以“绝对精神”为依据确立了“思辨的人”，费尔巴哈在批判宗教过程中确立了"自然的人",而在马克思看来,无论是"思辨的人"还是"自然的人",其实质都是抽象的人,马克思正是在批判传统人学"抽象的人"的过程中建构了"现实的人"。

具体来看,黑格尔之所以确立"思辨的人",原因在于黑格尔所建构的以"绝对精神"为核心的思辨结构。可以说,"绝对精神"是黑格尔"抽象的人"确立之基础。马克思在《神圣家族》中首先对黑格尔思辨哲学进行了批判,揭示了思辨结构的秘密。马克思以"一般果实"与苹果、梨、草莓、扁桃等"现实的果实"之间的关系为例指出,在黑格尔哲学中,"在苹果中'一般果实'让自己像苹果一般存在,在梨中就让自己像梨一般存在……应该说'果实'确定自己为梨,'果实'确定自己为苹果,'果实'确定自己为扁桃;苹果、梨、扁桃相互之间的差别,正是'果实'的自我差别,这些差别使各种特殊的果实正好成为'一般果实'生活过程中的千差万别的环节。这样,'果实'就不再是无内容、无差别的统一体,而是作为总和、作为各种果实的'总体'的统一体,这些果实构成一个'被有机地划分为各个环节的系列'"[①]。马克思借助这一形象的例证,表明了黑格尔哲学中"绝对精神"外化为万物的过程。马克思还说:"从'一般果实'这个非现实的、理智的本质造出了现实的自然的实物——苹果、梨等等,就是说,他从他自己的抽象的理智(即他以为在他身外的一种绝对主体,在我们的例子中就是'一般果实')中创造出这些果实。每当思辨哲学家宣布这些或那些实物存在时,他就进行了一次创造。"[②]也就是说,黑格尔将"绝对精神"看作是能动的、自相区别的本质,而不是静止的、无差别的本质。世界万物都是"绝对精神"外化的结果,"有多少事物就有多少化身"[③]。马克思则对其批判道:"我们在思辨世界里重新得到的这些苹果、梨、扁桃和葡萄却最多不过是虚幻的苹果、梨、扁桃和葡萄,因为它们是'一般果实'的生命的各个环节,是理智所创造的抽象本质的生命的各个环节,因而本身就是理智的抽象产物……是绝对主体的化身……把它们变成了纯粹的抽象。"[④]可见,在马克思看来,现实的实物在黑格尔思辨结构中被剥夺了天然属性,所具有的只剩下在"绝对精神"外化过程中被赋予的思辨属性,因而只是抽象的、精神性的产物。

在此基础上,马克思在《1844年经济学哲学手稿》中进一步批判了黑格尔"思辨的人"。马克思指出:"在黑格尔那里是这样表现的:感性、宗教、国家权力等等是精神的本质,因为只有精神才是人的真正的本质,而精神的真正的形式则

① 《马克思恩格斯全集》第2卷,人民出版社1957年版,第73页。

② 《马克思恩格斯全集》第2卷,人民出版社1957年版,第75页。

③ 《马克思恩格斯全集》第2卷,人民出版社1957年版,第74页。

④ 《马克思恩格斯全集》第2卷,人民出版社1957年版,第74页。

是能思维的精神，逻辑的、思辨的精神。”[①]也就是说，黑格尔思辨结构中的人只是“绝对精神”确定自身为某个具体的人而已，人与“现实的果实”等实物一样，都是“绝对精神”外化的产物，是“绝对精神”外化过程中的某一个环节，其实质只不过是“绝对精神”寻求自我实现的手段或工具罢了。因而究其根本，黑格尔所谓的“人的本质”在于抽象精神。

由此，马克思揭示了黑格尔哲学中的“人”实质上是建立在“绝对精神”基础上的抽象的、思辨的人。

马克思在批判了黑格尔思辨人学后，又在《神圣家族》中对费尔巴哈“自然的人”进行了批判。

马克思首先肯定了费尔巴哈对于黑格尔思辨哲学批判的功绩。正如马克思所说：“是谁不是用‘人的意义’（好像人除了是人之外还有什么其他的意义似的！）而是用‘人’本身来代替包括‘无限的自我意识’在内的破烂货呢？是费尔巴哈，而且仅仅是费尔巴哈。”[②]马克思所谓的“无限的自我意识”就是指黑格尔思辨结构中能动的“绝对精神”。费尔巴哈所试图完成的工作正是用人本身去替代黑格尔的“绝对精神”，从而使人脱离抽象性。正如费尔巴哈所说：“我并不是由思想产生对象，正相反，是由对象产生出思想，只是这里的对象专指在人脑以外存在着的东西。”[③]可见，在马克思看来，费尔巴哈已经认识到了黑格尔思辨体系中的人的实质是抽象的精神，并且试图扭转黑格尔所建构的由“绝对精神”外化万物的思辨体系，费尔巴哈指出：“你看得多远，你的本质就扩展到多远”，“主体怎样，客体也怎样；感官怎样，对象就怎样”。[④] 也就是说，费尔巴哈用感性直观取代了黑格尔“绝对精神”的外化，人的本质就在于自身感觉直观到的自然，而非抽象的精神。

可以说，费尔巴哈对黑格尔思辨体系以及“思辨的人”的批判，为费尔巴哈确立“自然的人”奠定了基础。

费尔巴哈对“自然的人”的批判体现在对传统宗教的批判中。在传统宗教中，人与神分离，神是至高无上的存在，人无法窥探神的世界，故而神性与人性也是遥遥相望。而费尔巴哈则指出：“自然只是给神性提供素材，而人却给神性输入灵魂。”[⑤]也就是说，在费尔巴哈看来，神性与人性并不是毫不相干的两极，神性依赖于自然，神所具有的各种属性是现实世界的人以自身与周围自然界为依

① 马克思：《1844年经济学哲学手稿》，人民出版社1985年版，第119页。

② 《马克思恩格斯全集》，人民出版社1957年版，第118页。

③ [德]费尔巴哈：《基督教的本质》，荣震华译，商务印书馆1997年版，第13页。

④ [德]费尔巴哈：《基督教的本质》，荣震华译，商务印书馆1997年版，第361页。

⑤ [德]费尔巴哈：《基督教的本质》，荣震华译，商务印书馆1997年版，第369页。

据所赋予的，其实质仍是人本身。此外，费尔巴哈为了区别黑格尔"思辨的人"，进一步论述了"自然的人"所具有的情欲，并指出，"爱是上帝与人、精神与自然的真正的统一"[①]，人与人可以在信仰的基础上彼此相"爱"。因而，在费尔巴哈看来，人并非缺乏情欲的、抽象的人，而是有着丰富情感体验的感性存在。至此，费尔巴哈在批判黑格尔思辨哲学以及传统宗教的基础上，最终确立了"自然的人"。

马克思并不满足于费尔巴哈对黑格尔的批判，他指出了费尔巴哈批判中的局限。首先，在马克思看来，费尔巴哈"一方面仅仅局限于对这一世界的单纯的直观，另一方面仅仅局限于单纯的感觉"[②]，他仅从人的感观出发，将人感觉直观到的自然视为人的本质，不仅忽视了被人内化的自然，也忽视了自然对人的反作用。也就是说，费尔巴哈并未意识到自然是人的本质外化并确证人的本质力量的手段，反而使自然成为人本质力量外化的束缚，使人失去了将本质力量外化的对象和载体。其次，在马克思看来，费尔巴哈所谓的"感性直观"脱离了社会现实，尽管费尔巴哈赋予了人情感，使人能够彼此相"爱"，但在马克思看来，费尔巴哈所谓的"爱"是空洞的，其实质是维系人与人关系的"上帝"，因而是另一种形态的宗教罢了，他所谓的"自然的人"其实质仍是脱离现实社会的抽象的人。最后，马克思指出，费尔巴哈"自然的人"缺失了能动性，成为完全依赖于自然的惰性存在。即是说，自然取代了神的位置，而现实的人仍然没有立足之地，因而，"自然的人"也就不可能脱离抽象性而存在。

综上可知，无论是黑格尔"思辨的人"还是费尔巴哈"自然的人"，二者实质上都是"抽象的人"。马克思也正是在批判黑格尔和费尔巴哈"抽象的人"基础上逐步确立了"现实的人"，从而实现了对传统人学"抽象的人"的超越。在马克思看来，黑格尔和费尔巴哈未能脱离人的抽象性，其原因就在于他们都只对人的本质作内在的考察，因而忽视了人的现实性实践活动，而马克思所要建构的人则正是立足于现实社会进行实践活动的、活生生的、现实的人。人不是抽象的存在，而是身处各种社会关系中的现实的存在。人总是在现实的实践活动中结成了各种社会关系，而这些社会关系使人成为现实的、具体的人。正是在这个意义上，马克思说："人的本质不是单个人所固有的抽象物，在其现实性上，它是一切社会关系的总和。"[③]

二、批判"奴性劳动"，提出"自由自觉"的劳动本质

马克思批判传统人学"抽象的人"并确立"现实的人"，其关键在于将现实的

① [德]费尔巴哈：《基督教的本质》，荣震华译，商务印书馆，1997 年版，第 220 页。
② 《马克思恩格斯选集》第 1 卷，人民出版社 1995 年版，第 75 页。
③ 《马克思恩格斯文集》第 1 卷，人民出版社 2009 年版，第 501 页。

人与自身的实践活动结合起来,因而人类的劳动实践在马克思人的本质学说中占据重要地位。而这一点也正是在继承和批判黑格尔哲学的基础上实现的。

黑格尔的劳动思想是在对主奴关系的分析中体现出来的。黑格尔在著作《精神现象学》中从两个方面阐述了主奴关系下的劳动。

首先,黑格尔论述了在主奴关系下奴隶对物加工改造(劳动)却不能享用劳动产品。黑格尔指出:"主人通过奴隶间接地与物发生关系……通过这种中介,主人对物的直接关系,就成为对于物的纯粹否定,换言之,主人就享受了物。那单纯的欲望所能获得的东西,他现在得到了,并把它加以享用,于享用中得到了满足。但是主人把奴隶放在物与他自己之间,这样一来,他就只把他自己与物的非独立性相结合,而予以尽情享受;但是他把对物的独立性一面让给奴隶,让奴隶对物予以加工改造。"[①]也就是说,在黑格尔看来,主人不必亲自面对物的独立性,但却具有对物的绝对享用权,这得益于主人对奴隶的绝对统治。主人以奴隶为中介对物进行加工改造,从而使奴隶直接面对物的独立性,而自己得以享受物的非独立性。

其次,黑格尔论述了劳动使奴隶找回自我,使人成为人。黑格尔指出,奴隶本来也有自为存在。他说:"事实上奴隶却包含有这种纯粹否定性和自为存在的真理在自身内,因为他曾经在自身内经验到这个本质。"[②]黑格尔这里所说的"自为存在",指的是自由的意识状态。在他看来,由于奴隶"曾经感受过死的恐惧、对绝对主人的恐惧"[③],因而使自身的自为存在消融在恐惧意识之中。也就是说,在黑格尔看来,奴隶在主人的绝对支配下失去了自身的自为存在,或者说他们在被奴役的状态下人的自由本质被掩盖,也正是在这个意义上,"奴隶才成为奴隶"[④]。但黑格尔试图通过劳动为奴隶找寻自己的自为存在。他指出:"虽说对于主人的恐惧是智慧的开始,但在这种恐惧中意识自身还没有意识到它的自为存在。然而通过劳动奴隶的意识却回到了它自身。"[⑤]在这里,黑格尔将劳动作为奴隶寻求自为存在的关键,正是在劳动过程中,奴隶意识到自身的自为存在。虽然奴隶并不具有物的享用权,物仅给主人带来满足感,但在黑格尔看来,"这种满足本身只是一个随即消失的东西,因为它缺少那客观的一面或持久的实质的一面。与此相反,劳动是受到限制或节制的欲望,亦即延迟了的满足的消逝,换句话说,劳动陶冶事物。对于对象的否定关系成为对象的形式并且成为一

① [德]黑格尔:《精神现象学》上卷,贺麟、王玖兴译,商务印书馆2017年版,第145页。
② [德]黑格尔:《精神现象学》上卷,贺麟、王玖兴译,商务印书馆2017年版,第146~147页。
③ [德]黑格尔:《精神现象学》上卷,贺麟、王玖兴译,商务印书馆2017年版,第147页。
④ [德]黑格尔:《精神现象学》上卷,贺麟、王玖兴译,商务印书馆2017年版,第145页。
⑤ [德]黑格尔:《精神现象学》上卷,贺麟、王玖兴译,商务印书馆2017年版,第147页。

种有持久性的东西，这正因为对象对于那劳动者来说是有独立性的。这个否定的中介过程或陶冶过程的行动同时就是意识的个别性或意识的纯粹自为存在，这种意识现在在劳动中外化自己，进入到持久的状态。因此那劳动着的意识便达到了以独立存在为自己本身的直观”[①]。也就是说，在主奴关系中，虽然奴隶身处主人的奴役中，但奴隶可以与物直接发生关系并通过实践劳动对物加工改造，并在劳动过程中，奴隶的意识返还到了自身，从而在劳动中使之成为自为存在。而主人虽能享有物，但主人与物却被作为中介的奴隶割裂开来，主人反而成为被动的存在，因为主人本身不进行劳动，所以失去了奴隶也就无法生存。可见，黑格尔通过奴隶的实践劳动消除了主奴关系下奴隶的物性，表明了奴隶正是在劳动中得以成为自为存在，成为真正意义上的人。因而，黑格尔已经认识到人的劳动过程正是人成为人的过程。

黑格尔虽然抓住了人的劳动本质，即把劳动看作是人确定自身的力量，但在马克思看来，黑格尔在其思辨哲学中所阐述的劳动仍有两方面局限。

一方面，马克思指出：“黑格尔唯一知道并承认的劳动是抽象的精神的劳动。”[②]正如之前所述，在黑格尔思辨哲学中，“人的本质，人，在黑格尔看来是和自我意识等同的”[③]。人与万物都是“绝对精神”外化的产物，其实质都是“绝对精神”寻求自我实现的工具或手段，因此，抽象的人所进行的劳动自然也就是抽象的精神性劳动。而马克思则对此进行了纠正。马克思指出：“当现实的、有形体的、站在稳固的地球上呼出和吸入一切自然力的人通过自己的外化把自己现实的、对象性的本质力量设定为异己的对象时……并不是它在设定这一行动中从自己的‘纯粹的活动’转而创造对象，而是它的对象性的产物仅仅证实了它的对象性活动，证实了它的活动是对象性的自然存在物的活动”，“人直接地是自然存在物。人作为自然存在物，而且作为有生命的自然存在物……这些对象是他的需要的对象，是表现和确证他的本质力量所不可缺少的、重要的对象。说人是肉体的、有自然力的、有生命的、现实的、感性的、对象性的存在物，这就等于说，人有现实的、感性的对象作为自己的本质即自己的生命表现的对象；或者说，人只有凭借现实的、感性的对象才能表现自己的生命”。[④] 从以上论述可知，首先，在马克思看来，黑格尔所述纯粹的、抽象的劳动并不能表现人的本质力量，只有立足于人的现实性，将劳动视为现实的对象性活动，现实的人才得以在这种对象

① ［德］黑格尔：《精神现象学》上卷，贺麟、王玖兴译，商务印书馆 2017 年版，第 147～148 页。

② 马克思：《1844 年经济学哲学手稿》，人民出版社 1985 年版，第 120 页。

③ 马克思：《1844 年经济学哲学手稿》，人民出版社 1985 年版，第 121 页。

④ 马克思：《1844 年经济学哲学手稿》，人民出版社 1985 年版，第 124 页。

性活动中完成自身本质的确证。其次，马克思指出人为满足自身欲望从而进行实践活动，即是说人的需要是人进行劳动的驱动力，同时人的需要又有其目的性，所以这种需要在马克思看来是具体的人在现实生活中最真切的表现，是人的现实性需要，因此，人为满足现实性需要所进行的实践活动必定是现实性劳动。最后，马克思赋予了人类劳动的现实性，人只有在现实的实践活动中才能完成自我确证。也正是在这一意义上，马克思提出了劳动创造人本身的观点，由此将劳动视为人的本质，从而实现了对黑格尔抽象劳动的超越。

另一方面，马克思指出黑格尔另一局限就在于其“奴性劳动”缺失了“自由自觉”属性。首先，正如之前所述，黑格尔在论述劳动时，认为奴隶在自身的劳动中完成了自我确证，从而使奴隶自身脱离了物性。但在马克思看来，在主奴关系中奴隶本身就是主人的工具，是一种物性的存在，即使奴隶能够进行劳动，但被主人奴役下的劳动其实质也只是动物性行为。马克思说：“动物只是在直接的肉体需要的支配下生产，而人甚至不受肉体需要的支配也进行生产，并且只有不受这种需要的支配时才进行真正的生产……而人则自由地对待自己的产品。动物只是按照它所属的那个种的尺度和需要来建造，而人却懂得按照任何一个种的尺度来进行生产。”[①]也就是说，主奴关系中奴隶所进行的劳动，正如动物的生命活动一样，是听命于主人的劳动，奴隶完全按照主人的尺度和需要去改造和加工物。奴隶只具有动物式的肉体生存需要，由这种需要进行的劳动也就无异于动物的机械生理活动，所以在马克思看来，黑格尔并未真正使奴隶劳动脱离物性。其次，在马克思看来，黑格尔在主奴关系中论述劳动，而奴隶本身受制于主人，虽然奴隶在劳动中实现自我确证，但奴隶对何物进行加工改造、如何加工改造，其决定权仍在主人手中。同时，奴隶最初就是为满足主人欲望才从事劳动，且劳动成果由主人享用。所以，黑格尔的“奴性劳动”对真正从事劳动的奴隶来说是束缚其本质力量的枷锁，而且对于奴隶自身的发展毫无现实意义。最后，为消除黑格尔这一局限，马克思指出：“一个种的全部特性、种的类特性就在于生命活动的性质，而人的类特性恰恰就是自由的有意识的活动。”“有意识的生命活动把人同动物的生命直接区别开来。正是由于这一点，人才是类存在物。”[②]在这里，马克思强调了区别人与动物的关键就在于人能进行有意识的生命活动，人能够意识到自己的需要，进而根据自身需要有目的地进行实践劳动，从而促进自身发展，因此，在这一意义上，人为满足自身需要所进行的有意识的劳动是自由自觉的劳动。人正是在自由自觉的劳动中促进了自身的发展，实现了自身的本质，从而真

① 马克思：《1844年经济学哲学手稿》，人民出版社1985年版，第53～54页。

② 马克思：《1844年经济学哲学手稿》，人民出版社1985年版，第53页。

正脱离了动物性，并赋予了自身发展现实意义。

总之，马克思在批判黑格尔“抽象劳动”和“奴性劳动”的基础上，提出了劳动是人的现实的、“自由自觉”的属性，从而填补了黑格尔“奴性劳动”所缺失的劳动的“自由自觉”本质属性。

三、批判异化劳动，提出人的本质的全面复归

马克思认为，自由自觉的劳动是人的本质属性，但在资本主义私有制下，劳动丧失了“自由自觉”属性，由此造成劳动的异化和人本身的异化。

马克思在《1844年经济学哲学手稿》中从四个方面对异化劳动展开了具体分析：

第一，工人同自己劳动产品的异化。马克思指出，在此种异化中，工人与自身的劳动产品相分离，劳动产品外在于工人而存在，工人生产的产品越多，与之对立的异己力量就越大，工人自身的价值就越少。也就是说，工人越是渴望通过劳动占有更多的产品，他所真正占有的东西就会更少，工人自身的劳动产品非但不能供其享用，反而成为工人的束缚，即工人成为自身劳动产品的奴隶。因此，这一异化的实质是“奴性劳动”中人本质的异化。

第二，工人同自身生产行为的异化。马克思指出：“产品不过是活动、生产的总结。”[①]劳动产品的异化即劳动活动本身的异化，工人在劳动中不再肯定自身，而是否定自身，也就无法完成自我确证；劳动不再促进人自身的发展，不再释放人的本质力量，而是使人遭受痛苦与折磨。而劳动本身的异化反映到人身上，便是人本质的异化。正如马克思所说：“对工人来说，劳动的外在性质，就表现在这种劳动不是他自己的，而是别人的；劳动不属于他；他在劳动中也不属于他自己，而是属于别人……工人的活动也不是他的自主活动。他的活动属于别人，这种活动是他自身的丧失。”[②]

第三，工人同自身类本质的异化。马克思指出，人作为区别于动物的类存在物，就在于人能进行有意识的生命活动；但在异化劳动中，工人无异于动物，只保留动物性的基本生存需求，工人所进行的劳动也仅仅是为了维持自身生命延续。因此，工人的劳动不再是自由的有意识的活动，正如马克思所说：“异化劳动把自主活动、自由活动贬低为手段，也就把人的类生活变成维持人的肉体生存的手段”[③]，也就丧失了使自身区别于动物的类本质，而这也正是人自身的异化。第

---

① 马克思：《1844年经济学哲学手稿》，人民出版社1985年版，第50页。

② 马克思：《1844年经济学哲学手稿》，人民出版社1985年版，第51页。

③ 马克思：《1844年经济学哲学手稿》，人民出版社1985年版，第54页。

四，人同人相异化。马克思说："人同自己的劳动产品、自己的生命活动、自己的类本质相异化这一事实所造成的直接结果就是人同人相异化。"[①]在马克思看来，前三种异化最终造成人与人的异化，动物性的人为维持基本生存需要所进行的活动，是机械的、不自由的活动，而人作为身处社会中的现实性存在，在实践活动中必然会和他人建立联系，从而结成各种社会关系，因而个人自身的异化，必然引起有无数个体所构成的社会的异化，即人与人的异化。

由此可见，马克思所论述的异化劳动其实质正是人本质的异化。在他看来，资本主义私有制下人的劳动正如黑格尔的"奴性劳动"一样，抽离了人的"自由自觉"的劳动本质，束缚了人本质力量的释放，而马克思所要做的，正是在资本主义现实生活中，为世人寻求自身本质的全面复归指明方向，而这一方向，正是马克思所论述的共产主义。正如马克思所述："共产主义是私有财产即人的自我异化的积极的扬弃，因而是通过人并且为了人而对人的本质的真正占有；因此，它是人向自身、向社会的(即人的)人的复归，这种复归是完全的、自觉的而且保存了以往发展的全部财富的。"[②]由此，马克思将共产主义作为实现人本质全面复归的指路明灯。

当然，共产主义具有不同的形态。马克思认为，共产主义的最初形式是私有财产关系的普遍化，正如他所列举的用公妻制来反对婚姻，这种普遍的私有财产其实质是一种粗鄙的普遍化，是对人性的一种否定，"粗鄙的共产主义不过是这种忌妒和这种从想像的最低限度出发的平均化的顶点……恰恰证明私有财产的这种扬弃决不是真正的占有"[③]。也就是说，最初形态的共产主义所指的普遍化的私有财产并不能实现人本质的复归，反而是人自身的倒退，是人的"贪欲所采取的并且仅仅是用另一种方式来满足自己的隐蔽形式"[④]。

马克思在批判了粗鄙的共产主义之后，阐述了实现人本质复归的共产主义。他指出："这种物质的、直接感性的私有财产，是异化了的、人的生命的物质的、感性的表现。私有财产的运动——生产和消费——是以往全部生产的运动的感性表现，也就是说，是人的实现或现实……共产主义的博爱则从一开始就是现实的和直接追求实效的。"[⑤]可见，在马克思看来，与粗鄙的共产主义不同，只有具有现实性的私有财产运动，才能够实现私有财产的积极扬弃，也就是说，人只有在现实性的实践活动中把私有财产转化为对象性存在，才是真正意义上的占有自

① 马克思：《1844 年经济学哲学手稿》，人民出版社 1985 年版，第 54 页。

② 马克思：《1844 年经济学哲学手稿》，人民出版社 1985 年版，第 77 页。

③ 马克思：《1844 年经济学哲学手稿》，人民出版社 1985 年版，第 75 页。

④ 马克思：《1844 年经济学哲学手稿》，人民出版社 1985 年版，第 75 页。

⑤ 马克思：《1844 年经济学哲学手稿》，人民出版社 1985 年版，第 77 页。

身的本质。马克思说:“只有当对象对人来说成为人的对象或者说成为对象性的时候,人才不致在自己的对象里面丧失自身。”[①]因而,人只有在现实的实践活动中才能真正将外界资本占为己有,从而在对象性活动中重新占有自身的本质。

在这种共产主义社会中,人不再受到私有制的束缚,现实的人都能够为自身的全面发展去进行自由自觉的劳动。人通过实践活动外化自身,使自身的本质力量得以释放,从而创造了人自身、发展了人自身。具体来说,人创造的劳动产品为劳动者自身所占有和享用;劳动过程不再是对劳动者的折磨,而是自由自觉的劳动,是使劳动者彰显自身本质力量和完成自我确证的过程;对于劳动者自身来说,劳动者重获自由自觉的劳动本质,得以与动物区别,从而成为类存在物;个人本质的复归最终促进社会脱离异化,人与人的异化也得以消除。由此可见,马克思所论述的共产主义真正实现了人本质的全面复归,从而消除了资本主义制度下的异化劳动以及人本质的异化。

四、结语

综上,马克思人的本质学说的确立并不是一蹴而就的,而是在批判传统人学的过程中逐步建构起来的。正是在对“抽象的人”“奴性劳动”以及资本主义异化劳动下人本质丧失的批判过程中,马克思揭示了一个现实的人通过实践活动来挣脱奴性束缚,实现自身本质全面复归的动态进程,由此使人的现实性与自由自觉的劳动内在统一于人的本质之中,并使之与伟大的共产主义实践相结合,而这一过程也正是马克思关于人的本质的完整的建构过程。马克思的人的本质学说,无疑鼓舞着现实的人勇于在实践活动中创造美好生活以全面实现自身的本质。

① 马克思:《1844 年经济学哲学手稿》,人民出版社 1985 年版,第 82 页。

马克思的科学技术思想及其当代价值

刘子义　肖德武

摘要：马克思的科学技术思想是马克思主义科学技术观的重要内容之一。19世纪科学技术的发展及其在社会生产中的应用状况是马克思科学技术思想形成的重要条件。马克思的科学技术思想可以概括为三方面：关于科学技术的本质，认为它所体现的是"人与自然的关系"；关于科学技术的社会功能，认为它是推动社会前进的革命力量；关于科学技术的异化，认为它的不合理应用成为压迫和奴役工人的工具。上述思想产生了广泛而积极的社会影响，在今天仍然具有重要价值：它是现代新形势下人们深刻把握科学技术本质的指南；它是我们建设创新型国家的重要理论依据；它提醒人们时刻警惕科学技术的不恰当应用。

关键词：马克思；科学技术思想；当代价值

作者简介：刘子义，山东师范大学马克思主义学院科学技术哲学专业硕士研究生。肖德武，山东师范大学马克思主义学院教授，硕士生导师，主要研究方向为科学技术哲学。

马克思的科学技术思想是马克思主义科学技术观形成的重要基础，也是其基本内容之一。马克思科学技术思想的形成，既以当时西欧各国普遍确立了资本主义的社会制度为条件，更与近代自然科学进入了一个全面繁荣的新时期密切相关。马克思科学技术思想的具体内容深刻而全面，既有对科学技术本质特征的论断，也有关于科学技术与社会关系的深入分析。以此为起点，经过几代马克思主义者的不懈努力，形成了系统化、完整化的马克思主义科学技术观。当今时代，虽然社会发展形势日新月异，但马克思的科学技术思想对于我们正确认识科学技术的实质和把握其与各种社会现象的关系，仍然具有重要的现实意义。

一、马克思科学技术思想的形成

一种思想的形成往往是各种复杂因素共同影响的结果，促成马克思科学技术思想形成的因素包括政治、经济、文化、科技、社会发展等各个方面。但上述因素所发挥的作用显然不能等量齐观，其中资本主义经济的发展和科学技术的繁荣这两方面因素所起的作用居于最基础和最重要的地位。

（一）资本主义经济的发展及其对科学技术的应用

马克思所生活的时代，西方主要资本主义国家先后完成工业革命，资本主义经济飞速发展，伴随着19世纪后期的第二次工业革命，资本主义经济基础发生重大变化，生产和资本日益集中，社会化程度不断提高，从自由竞争过渡到垄断阶段，资本主义生产方式使自然科学能够为直接的生产过程服务。“只有资本主义生产方式才第一次使自然科学为直接的生产过程服务，同时，生产的发展反过来又为从理论上征服自然提供了手段。科学获得的使命是：成为生产财富的手段，成为致富的手段。”①

科学技术用于发展资本主义经济，体现出下述几方面的显著特点：一是科学作为独立力量应用于生产。在以前，“范围有限的知识和经验是同劳动本身直接联系在一起的，并没有发展成为同劳动相分离的独立力量”；而现在，“科学作为应用于生产的科学同时就和直接劳动相分离”。② “科学成为与劳动相对立的、服务于资本的独立力量，一般说来属于生产条件与劳动相对立的独立力量这一范畴。”③科学成为与劳动相分离的独立力量，在生产中应用时具有极为显著的优越性，最典型的表现在于其普适性，不再依附和服务于某方面的特定劳动，而是能够较普遍地应用于同一劳动类型的所有具体形式中，甚至是应用于不同类型的劳动中。二是应用范围的日趋广泛性。如马克思所分析的那样，18世纪时，包括数学、力学、化学以及技术发明等领域，在欧洲的许多国家都发展到了大致相同的程度，但它们的资本主义应用却只是出现在英国，“因为只有在那里，经济关系才发展到使资本有可能利用科学进步的程度”④。而在19世纪的工业革命以后，情况发生了显著的变化，伴随着科学各领域的全面繁荣，其发挥作用的触角延伸到了人们社会生产和生活的各个领域，极大地改变了社会发展的状况，这势必引起人们对科学技术作用的重视并对其展开专门化的研究，从而形成关

---

① 《马克思恩格斯文集》第8卷，人民出版社2009年版，第356～357页。

② 《马克思恩格斯文集》第8卷，人民出版社2009年版，第357页。

③ 《马克思恩格斯文集》第8卷，人民出版社2009年版，第366页。

④ 《马克思恩格斯文集》第8卷，人民出版社2009年版，第367页。

于科学技术的专门化认识。三是应用效果的显著性。马克思通过对农业生产活动的实际案例分析了科学技术应用的显著效果，用脱粒机脱粒同普通手工脱粒相比，谷物的损耗要少2.5%。“因此，几乎对于所有的机器都可以说，由于加工技术高，用同样的原料，机器生产出的产品量比手工劳动用不完善的工具生产出的产品量要多。”[①]很明显，科学技术对于生产的作用，绝不仅限于产品数量的增加，其更一般的显著效果在于劳动生产率的提高。没有科学技术参与的劳动常常显得微不足道，未来生产的发展有赖于科学的发展及其传播。

科学技术在推动资本主义经济发展的同时，也存在一些明显的弊端，马克思对此也有深刻的分析和揭露。一方面，“科学对于劳动来说，表现为异己的、敌对的和统治的权力”[②]。科学应用于物质生产过程，是建立在生产过程的智力同单个工人的知识、经验和技能相分离的基础上的，如此一来，与科学在生产过程中的应用相伴随的，是对工人任何智力发展的压制，虽然不能否认，这种情况下会造就少量的掌握较丰富科学知识的较高级的工人，但大量的工人却只能是处于“被剥夺了知识的”境遇之中。另一方面，科学被资本用作致富手段，为资本服务，受资本家支配来充当压迫工人阶级的工具。科学所武装起来的机器的使用，使得工人成为没有头脑和意志，只是作为工厂躯体的肢体而存在，劳动强度不但没有降低，反而与日俱增。“机器迫使工人连续劳动”[③]，并要求以过高的速度劳动，由此导致工人成为机器的附属品，受劳动的折磨。这种状况所反映出来的是资本主义生产方式的内在矛盾和不合理性。

(二)近代科学技术的全面繁荣

近代科学发展到19世纪，已从以往的搜集材料阶段发展到整理材料阶段。当人们能够对众多科学材料加以整理时，就会在不同材料、不同对象、不同科学概念、不同理论观点之间建立联系，而这样的联系往往意味着科学上的新发现或新突破，于是形成了19世纪近代科学发展的高潮，在化学、地质学、生物学、电磁学等各个学科领域，都取得了重大理论突破和新进展，自然科学无论是在规模上还是在成熟程度上，都远远超过以往的任何世纪，19世纪因之获得了“科学世纪”的美誉。

19世纪的众多科学成就中，最具典型意义的就是所谓的“三大发现”。细胞学说的创立在细胞水平上统一了整个生命界，阐明了一切生命物质的基本单位是细胞，无论动物和植物都是由单一细胞发展而形成的，从而揭示出了生命现象

① 《马克思恩格斯文集》第8卷，人民出版社2009年版，第368页。

② 《马克思恩格斯文集》第8卷，人民出版社2009年版，第358页。

③ 《马克思恩格斯文集》第8卷，人民出版社2009年版，第361页。

特别是动物与植物之间本质上的一致性，由此揭开了有机体产生、成长及其构造的秘密。能量守恒与转化定律的发现，把自然界中的热、光、电、化学等不同能量形式统一到一个理论体系中，由此有可能把自然界的一切运动变化归结为一种形式向另一种形式转化的过程。以自然选择为基础的达尔文生物进化论，揭示出生物界的任何物种都有其发生、发展和灭亡的历史，都是自然界长期进化的结果，否定了那种把动植物看作彼此无联系的、偶然的"神造的"、不变化的东西的观点，从而"证明了自然界的历史发展"[①]。除了上述"三大发现"，马克思也同时关注着其他科学领域的重大进展，比如，"他曾经密切注视电学方面各种发现的进展情况"[②]，正是电磁理论对电、磁和光等原本以为各自孤立的自然现象作出了统一的解释，完成了继万有引力定律、能量守恒与转化定律之后的物理学理论的又一次大综合。再比如，天文学方面由康德和拉普拉斯创立的"星云假说"阐明了地球和太阳系是在时间延续进程中逐渐生成的东西；地质学方面赖尔提出的地质渐变论以地球的缓慢变化这样一种渐进作用来说明整个地球、地球的表层以及地表上的动植物的变化都是自然力作用和演变的结果；化学方面门捷列夫创立的元素周期律把众多元素统一于一个完整的理论体系中，揭示出了不同元素之间的内在联系。

19 世纪的科学成就，颇让人有目不暇接之感，透过其表现上的复杂多样，深入探索其本质性内涵，可以概括出以下几方面的典型特征：(1)从存在到演化。以往的自然科学，比如久负盛名的牛顿力学对太阳系的研究，所关注的重点在于太阳系的结构和运行状况，而对其来龙去脉的演化问题则基本没有涉及，以至于一旦要对这一方面的问题提供答案时，就陷入了"第一推动"的陷阱。而新兴起的"星云假说"则有效地从这一陷阱中解脱出来。还有如地质渐变论、生物进化论等，也属于研究演化的理论。(2)从孤立到联系。处于搜集材料阶段的自然科学，其基本研究方式是分门别类的，把自然界进行分割，形成不同的领域和具体对象，相应地又形成不同的学科门类，每一学科针对一个相对孤立的研究对象而很少涉及其他领域。而 19 世纪所诞生的不少科学成就，却能够将不同领域的对象联系起来进行研究并得出普适性的结论。如能量守恒与转化定律、电磁学理论、元素周期律等都属于这一类型的成就。(3)从局部到整体。与上述第二方面的特征相关联，搜集材料阶段的科学活动倾向于将研究对象进行分割，很容易形成"只见树木不见森林"的思维模式和研究习惯，研究所得结论往往只适用于局部片段，而无法推广到整体，因而陷入片面性的泥潭。而 19 世纪的许多科学成

---

① 《马克思恩格斯全集》第 29 卷，人民出版社 1972 年版，第 503 页。

② 《马克思恩格斯文集》第 3 卷，人民出版社 2009 年版，第 602 页。

就有效地克服了这一缺陷，所形成的往往是适用于整体的普遍结论。如细胞学说适用于作为整体的生命界，能量守恒与转化定律则适用于自然界所有的能量形式。(4)从表层到内部。受制于认识能力和方法水平的限制，以往的科学认识大多停留在对对象现象的分析判断上，透过现象抓住本质只是偶尔出现的事情，因而对研究对象的认识往往流于表面。而19世纪的科学研究，伴随着认识能力和技术手段的不断提高，研究层次逐步深入，从而掌握了越来越多的深层次规律。如细胞学说就属于这类研究成果。(5)从兴趣到效用。17～18世纪的科学与技术基本处于相互脱节的状态，能够实际应用的技术主要来自实践经验的积累和总结而与科学无关，科学研究活动主要出于研究者的兴趣和好奇心，这一点与古希腊时期相比并无多大改观。而进入19世纪，科学与技术相脱节的现象虽依然很普遍，但两者开始相互影响却也是不争的事实，人们开始赋予科学活动以实用目的，致力于科学成果向技术手段的转化，提高效用成为此时科学研究的重要追求。如在能量守恒与转化定律的研究中探索热机效率的提高，就是这种转变的有效例证。

以追求全人类解放为己任的马克思，时刻关注社会各领域的发展状况并展开深入研究。对于所处时代自然科学的迅猛发展及其有效运用的状况，自然不会忽视，正如恩格斯所说："任何一门理论科学中的每一个新发现……都使马克思感到衷心喜悦，而当他看到那种对工业、对一般历史发展立即产生革命性影响的发现的时候，他的喜悦就非同寻常了。"[①]马克思对当时科学发展及应用状况的考察和研究，就形成了他全面而深刻的科学技术思想。

二、马克思科学技术思想的基本内容

马克思的科学技术思想，散见于其《资本论》《神圣家族》《政治经济学批判》等著作中，并没有进行专门化和系统化的论述，但其基本的思想内容是清楚的，大致可以概括为下述几个方面。

(一)科学和技术在本质上体现了"人对自然的关系"

马克思所处的时代，科学与技术之间是存在明显区别的，两者不能混为一谈，因此需要分别探讨科学和技术的本质。在《神圣家族》中，马克思将"自然科学"与"工业"并列使用，根据当时的实际情况和所论述的内容来看，马克思所说的"工业"基本可以等同于"技术"一词。与此同时，马克思又将"自然科学"和"工业"看成是"人对自然界的理论关系和实践关系"[②]，这就表明在马克思心目中，

---

① 《马克思恩格斯文集》第3卷，人民出版社2009年版，第602页。

② 《马克思恩格斯文集》第1卷，人民出版社2009年版，第350页。

科学的本质是“人对自然的理论关系”，而技术的本质是“人对自然的实践关系”，这就是马克思关于科学技术本质的思想。

从人与自然关系的角度来把握科学和技术的本质，是具有非常深刻的思想意蕴的。一方面，科学和技术绝不是某种外在于自然的神秘的东西，这一点对于科学而言尤其重要。科学的基本形态表现为科学概念、科学定律、科学假说、科学理论等观念性知识，它们的形成和发展则表现为人们头脑中的观念性操作。但是很明显，人的头脑在进行这样的观念操作时是需要材料的，这些材料从哪里来？一不是人的头脑中固有的，二不是外界的神秘力量赋予的，它们的真正来源是自然界，是人类在与自然事物打交道过程中获得的对自然界的认识。因此，科学虽然出自于人的大脑的思维活动，但却是反映自然界的，是对自然对象本质规律性的认识，这种认识的正确与否则依赖于诉诸自然界的验证。另一方面，科学也绝不是自然规律的简单“照相”或摹写，而是渗透着人的主体性作用的。科学是对自然对象本质规律性的反映，但这种所谓的“本质规律性”往往存在于对象的深层内部，它们绝不会自动地“飞入”人的头脑中而成为科学，这个过程需要人的参与，需要人的研究来透过现象抓住本质。而人的研究会遵循怎样的思路，使用怎样的方法，以至得出怎样的结论，却要受到研究者的目标宗旨、学科背景、时代环境条件、具体研究过程等因素的影响，那么最终所获得的科学成果从内容到形式都是会打上研究者个人烙印的。

从上述分析可以看出，科学既反映自然界的对象又反映人的认识活动，在本质上体现的是“人对自然的关系”，而这种关系以理论的形态表现出来，因而是一种“理论关系”。技术与此有所区别，在马克思所处的19世纪，技术发挥作用主要体现于工业发展和工人劳动中，而这是一种需要实际操作的“实践活动”，因而技术在本质上是“人对自然的实践关系”。

(二)科学和技术的社会功能在于推动社会历史不断前进

马克思提出了“科学是生产力”的重要思想：“资本是以生产力的一定的现有的历史发展为前提的——在这些生产力中也包括科学。”[①]在马克思看来，“科学是生产力”包括两方面含义：一是在还没有进入生产过程时，科学是知识形态的生产力，是潜在的生产力；二是一旦并入生产过程，科学就转化为直接生产力。而科学一旦成为直接生产力，就成为创造现实财富的重要力量，正如马克思所说：“随着大工业的发展，现实财富的创造较少地取决于劳动时间和已消耗的劳动量，较多地取决于在劳动时间内所运用的作用物的力量，而这种作用物自身——它们的巨大效率——又和生产它们所花费的直接劳动时间不成比例，而是

① 《马克思恩格斯文集》第8卷，人民出版社2009年版，第188页。

取决于科学的一般水平和技术进步，或者说取决于这种科学在生产上的应用。”①

科学作为生产力，其发展和应用必将推动社会生产力的大发展，以此为起点，它也成为历史发展的有力杠杆，推动人类社会不断进步。“在马克思看来，科学是一种在历史上起推动作用的、革命的力量。”②科学与技术相结合应用于社会生产，推动了产业革命的发生发展，而产业革命又促使市民社会在经济结构和生产关系上发生深刻的变革。马克思指出，科学技术在推动生产力发展的同时，必然引起生产关系的变革，“社会关系和生产力密切相联。随着新生产力的获得，人们改变自己的生产方式，随着生产方式即谋生的方式的改变，人们也就会改变自己的一切社会关系。手推磨产生的是封建主的社会，蒸汽磨产生的是工业资本家的社会”③。生产关系的总和构成经济基础，因而生产关系的变革也就意味着经济基础的变革。经济基础对上层建筑具有决定性作用，经济基础的变化必然带来上层建筑的变革。上层建筑包括政治上层建筑和思想上层建筑两个方面，前者指政治、法律制度以及国家机器和政治组织，后者即社会意识形态。就政治上层建筑而言，科学技术通过变革经济基础而对其产生作用，可以促成社会制度方面的变革甚至革命。社会制度方面的变革一旦超越国界产生世界性影响，还能够导致国际政治经济格局的变迁，由此影响到世界历史发展的进程。

（三）科学和技术的不适当运用导致其功能的异化

所谓科学技术功能的异化，是指科学技术作为人的创造物，在其与人的愿望和追求相吻合的正面功能得以实现的同时，产生了与人的意愿相违背的负面作用，一定程度上成为压抑人奴役人的异己性力量。马克思并没有对于科学技术的异化问题进行系统化的专门研究，但他对于相关现象洞若观火，在揭露社会现实矛盾的同时对这一问题也进行过深刻的分析论述：“在我们这个时代，每一种事物好像都包含有自己的反面。我们看到，机器具有减少人类劳动和使劳动更有成效的神奇力量，然而却引起了饥饿和过度的疲劳。财富的新源泉，由于某种奇怪的、不可思议的魔力而变成贫困的源泉。技术的胜利，似乎是以道德的败坏为代价换来的。随着人类愈益控制自然，个人却似乎愈益成为别人的奴隶或自身的卑劣行为的奴隶。甚至科学的纯洁光辉仿佛也只能在愚昧无知的黑暗背景上闪耀。我们的一切发明和进步，似乎结果是使物质力量成为有智慧的生命，而人的生命则化为愚钝的物质力量。”④能够清楚地看到，马克思关于科学技术异

① 《马克思恩格斯文集》第 8 卷，人民出版社 2009 年版，第 195～196 页。

② 《马克思恩格斯文集》第 3 卷，人民出版社 2009 年版，第 602 页。

③ 《马克思恩格斯文集》第 1 卷，人民出版社 2009 年版，第 602 页。

④ 《马克思恩格斯文集》第 2 卷，人民出版社 2009 年版，第 580 页。

化的论述是与他对资本主义社会制度的揭露和对劳动人民特别是工人阶级的深切同情密切联系在一起的。因此，要更充分地实现科学技术的造福于人的正面功能，消除其异化现象，一个重要前提是消灭资本主义制度。

科学技术成果的应用导致生态环境功能的退化，从而对人类产生不利影响，这也属于科学技术异化的重要表现。对于这一方面的问题，马克思并没有将生态环境恶化与科学技术的发展和应用直接联系起来，而是将其看成人们盲目行动的结果，“耕作如果自发地进行，而不是有意识地加以控制……接踵而来的就是土地荒芜，像波斯、美索不达米亚等地以及希腊那样”[①]。一个顺理成章的推论是，科学技术成果如果被自发地应用于工农业生产活动，在极大地提高人类作用于自然界的能力、提高劳动生产率的同时，势必也会极大地加重生态环境的负担，导致生态平衡遭破坏。因此，避免科学技术的不适当应用，保护生态环境，也是马克思科学技术异化思想的题中之义。

三、马克思科学技术思想的当代价值

在马克思科学技术思想的基础上逐步形成了马克思主义的科学技术观，为人们正确理解科学技术、恰当应用科学技术成果指明了方向。当今时代，科学技术发展日新月异，人类社会生活的各个领域被科学技术日益全方位地渗透和影响，可以不夸张地说：社会科技化了。在这样的新形势下重温马克思的科学技术思想，对于人们更全面深刻地理解科学技术，并在实践中有效应用其利而规避其弊，具有重要的现实意义。

(一)马克思关于科学技术本质的思想仍然是当代人们深入理解科学技术的思想指南

现代科学日益向两极拓展，在深度上能够对层次越来越深的微观粒子的运行规律展开研究，在广度上能够对大尺度宇宙空间的对象及其规律加以探索。但对这两方面与人的日常感知相去甚远的领域进行研究时，所形成的科学理论却常常让人深感困惑。比如量子力学研究微观客体所形成的理论，由于研究对象在人的研究过程中受到了研究者所施加的行为的干扰，因而这一理论所描述的就不仅仅是对象客体的行为，也包括了作为研究者的人的行为，于是有人惊呼：现代科学理论失去了客观性。这实际上是一种误解。按照马克思关于科学是“人对自然的理论关系”的思想来理解这一问题，科学既反映研究对象的行为，又反映作为研究者的人的行为，这是理所当然的事情。而人的行为绝不是主观随意的，而是符合客观规律的，因此，科学理论不会因为反映了人的行为而失去

① 《马克思恩格斯全集》第32卷，人民出版社1974年版，第53页。

客观性。于是困惑自然得以消除。

现代科学发展的另一重要特征是与现代技术的日益紧密结合，科学技术化，技术科学化，科学与技术实现了一体化。在此情况下，马克思的“科学和技术都是‘人对自然的关系’”的思想仍然是对科学技术本质的正确认识，只不过需要在理解思路上适当放宽，由原来“科学是人对自然的理论关系”和“技术是人对自然的实践关系”扩展为：科学和技术都既是人对自然的理论关系，又是人对自然的实践关系。其原因在于，一方面，技术化的科学已远远不再是人们头脑中的观念操作，而需要借助于日益复杂化的实验操作，科学研究活动在很大程度上变成了操作实验仪器的实践活动；另一方面，科学化的技术也早已不再是单纯的实际操作活动，而是包含了越来越多的诸如技术原理构思、技术预测和评估等方面的观念性操作。

（二）马克思关于科学技术社会功能的思想是建设创新型国家的指导理论

当前，包括中国在内的许多国家都在实施创新型国家建设战略。所谓创新型国家，是指把科技创新作为国家发展基本战略，大幅度提高科技创新能力，形成日益强大的竞争优势，从而在国际社会中保持强大竞争力的国家。一般说来，创新型国家都有如下几方面的基本特征：一是科技创新成为国家发展的主导战略，科技进步贡献率较高；二是创新资金投入达到较高标准，研发投入在GDP中占比较高；三是自主创新能力强，对外技术依存度较低；四是创新产出高，世界范围内授权专利数量占比较高。

创新型国家建设如何成功？需要在马克思科学技术社会功能思想的指导下逐层展开。(1)发挥科技的生产力功能，大力推动各生产部门的科技创新，提高劳动生产率，提高产品的数量和质量，提高产品的市场竞争力。(2)发挥科技的精神文明建设功能，不断提高人们的认识能力和水准，提高创新意识，培养起较强的创造动机、创造兴趣、创造情感和创造意志，为创造性思维的产生准备条件。(3)发挥科技的生产关系功能，改变不合理的生产资料所有制形式，协调生产活动中人与人之间的关系，促成产品分配形式的合理化，由此调动起人们的生产积极性。(4)发挥科技的上层建筑功能，稳步实现制度创新。制度创新是建设创新型国家的题中应有之义，通过制度创新形成良好的制度环境，可以激发起人们的积极性和创造性，不断创造出新知识和实现社会资源的合理配置，社会财富不断涌现，社会不断进步。

（三）马克思关于科学技术异化的思想时刻提醒人们对科学技术的负面影响保持警惕

马克思科技功能异化思想告诉人们，科技不总是以天使的面目出现，它有时也会变成魔鬼。与马克思所处的时代相比，今天的世界已经发生了天翻地覆的变化，科技功能异化的两方面内容，无论是规模还是程度也都有了显著变化，但就其实质而言却并没有变化，因而马克思科技功能异化思想仍可以作为我们降低甚至消除异化影响的指导思想。

先从科技功能异化的第一方面表现来看，科技发展及其成果的应用，对工人而言并不是福音，而是受剥削受奴役程度的加强，意味着资本家剥削方式的进步，工人阶级生活不但得不到改善，反而更加痛苦不堪。马克思指出，造成这种状况的原因，从根本上说由资本主义制度的剥削本性所决定。当今时代，各主要资本主义国家的劳资关系得到了不断调整和改善，工人的处境有了较大改观，同时又有部分国家建立起了社会主义制度，上述科技功能异化的现象理应得以逐步消除。但事实却并非如此，这方面的异化在世界各国仍有不同程度的表现。从科学技术自身来看，由以下几方面的原因所引起：(1)科技体系不完善。重视发展生产技术，而配套技术，特别是安全防护技术因得不到重视而发展迟缓，导致使用过程中机械单一，枯燥乏味，安全得不到保障。(2)应用方向单一。只用于生产过程，一般不用于改善劳动条件，更不用于劳动保护和提高生活水平，改善民生方面做得不好，甚至根本不做。(3)为少数人所把持、垄断。劳动者只能被动应付，无法根据自己的感受进行改革。所有者或管理者还可能拒绝技术设备的更新换代，以维持自己在同行业中的优势地位。因此，消除这方面的异化，仍然任重而道远。

再看科技功能异化的第二方面表现。如果说这方面的问题在19世纪表现还不突出，因而马克思对其论述还不是很明确很充分的话，那么在当今时代这个问题已经到了非常严重的程度。科技与生态环境的关系错综复杂，一般性的观点认为：科技发展、科技成果的应用会导致生态环境发生某种程度的变化。按照马克思的看法，如果科技被人们自发地应用，让其盲目发挥作用，会对环境产生不利影响，生态平衡遭到破坏。因此，要消除这方面异化现象的出现，就要对科技成果进行有规划的、有针对性的应用，这样甚至会对生态环境起保护作用。但从历史上看，人们对科技的应用在很大程度上是盲目的，目标单一，缺少规划或规划有缺陷，目光短浅，只注重短期效应，于是导致了生态环境的持续恶化。人们认识到这一点后开始有所改变，但距离避免盲目、形成完善的规划以规范应用，还有很长的路要走。这也从反面进一步显示出重视和应用马克思科技功能异化思想的必要性和迫切性。

马克思和恩格斯关于社会主义实现命题思想脉路考论

——纪念马克思诞辰200周年

王盛辉

摘要：社会主义从诞生到现在已经有500多年的历史了，然而无论从理论上还是从实践上对社会主义实现命题却存在着不同的理解。在这一命题上，马克思和恩格斯的认识也不断发生着变化。1848年马克思主义理论创立之初，他们坚信社会主义的实现必然是全世界同时革命同时胜利的观点，这实际上是典型的“西欧同时革命胜利论”；六月革命失败后，他们的目光开始关注东方，但是重点仍然是欧洲；19世纪六七十年代，针对俄国农村公社的发展前途问题，他们有了“跨越卡夫丁峡谷”的设想，注意力较多关注俄国，期望俄国村社成为共产主义（社会主义）起点，在俄国爆发革命，与西欧无产阶级革命互补，不通过资本主义而使俄国走上社会主义道路；19世纪七八十年代后俄国资本主义发展起来，革命可能性降低，与此同时西欧无产阶级运动得到发展，于是，他们的视线再次回到西欧，同时对斗争的模式进行了反思，赞同合法斗争，但是提出要警惕成为议会迷，仍然坚持创立之初的最后革命论。

关键词：社会主义实现命题；跨越卡夫丁峡谷；革命

作者简介：王盛辉，山东师范大学马克思主义学院副教授，博士。

社会主义理论从诞生到现在已经有500多年的历史了，怎样实现社会主义也历来是国际共产主义运动史上的一个重要命题。然而，无论从理论上还是从实践上来看，人们对这一重大命题却存在着不同的理解，历史上围绕着这一命题也发生过激烈的争论。马克思和恩格斯对这一命题也有着自己的原初理解。通过梳理马克思和恩格斯关于社会主义实现命题的思想轨迹，有助于更深刻地理解当前中国走上中国特色社会主义道路的必然性。

一

对于社会主义如何实现这一命题，由于立场、思维方法和所处环境不同，不同的学者都有着不同的理解。总体而言，马克思和恩格斯对于社会主义如何实现这一命题是建立在科学的历史唯物主义和剩余价值学说基础之上的，是在一种科学社会主义视野下来实现社会主义的思考。马克思和恩格斯最早在《德意志意识形态》中就科学社会主义即共产主义的实现问题最先表达了全世界同时革命胜利的思想。后恩格斯在1847年11月写成的《共产主义原理》中再次表明了他们对共产主义革命如何实现的最初想法。在恩格斯自问自答的第十九个问题中，他讲道，社会主义的实现是一种世界范围内的革命，“共产主义革命将不是仅仅一个国家的革命，而是将在一切文明国家里，至少在英国、美国、法国、德国同时发生的革命，在这些国家的每一个国家中，共产主义革命发展得较快或较慢，要看这个国家是否有较发达的工业、较多的财富和比较大量的生产力。因此，在德国实现共产主义革命最慢最困难，在英国最快最容易。共产主义革命也会大大影响世界上其他国家，会完全改变并大大加速它们原来的发展进程。它是世界性的革命，所以将有世界性的活动场所”①。马克思和恩格斯在1847年12月至1848年1月写成的德文版《共产党宣言》中也指出：“联合的行动，至少是各文明国家的联合的行动，是无产阶级获得解放的首要条件之一。”②在具体的革命进程方面，他们认为，“首先无产阶级革命将建立民主的国家制度，从而直接或间接地建立无产阶级的政治统治”③，然后“无产阶级将利用自己的政治统治，一步一步地夺取资产阶级的全部资本，把一切生产工具集中在国家即组织成为统治阶级的无产阶级手里，并且尽可能快地增加生产力的总量”④。在经过一系列的措施，最后阶级差别消失，全部生产集中在联合起来的个人手里，公众的权力失去政治性质，“代替那存在着阶级和阶级对立的资产阶级旧社会的，将是这样一个联合体，在那里，每个人的自由发展是一切人的自由发展的条件”⑤。

这便是马克思和恩格斯所倡导的“西欧文明国家社会主义革命同时胜利论”，即社会主义革命不可能在单独的一个国家取得胜利。它应当表现为首先在诸如当时工业文明比较发达的英国、美国、法国、德国等所谓资产阶级“文明国家”同时发生，并且迅速地影响世界上其他的国家，改变其他国家发展的历史进

① 《马克思恩格斯选集》第1卷，人民出版社2012年版，第306页。
② 《马克思恩格斯选集》第1卷，人民出版社2012年版，第419页。
③ 《马克思恩格斯选集》第1卷，人民出版社2012年版，第304页。
④ 《马克思恩格斯选集》第1卷，人民出版社2012年版，第421页。
⑤ 《马克思恩格斯选集》第4卷，人民出版社2012年版，第647页。

程，从而形成一种普遍的革命链条，并最后汇聚成国际社会主义革命的浪潮。之所以在“同时革命论”前面加上“西欧文明国家”的限定词，主要是基于这样一个原因：马克思和恩格斯虽然对于共产主义的实现是建立在一种世界性革命的理解基础之上，但是在实际的视野中，由于受到“西方中心论”的影响，他们认为东方国家是普遍的资本主义没有发展起来的国家，所以，他们在实际中关注的是西欧各个文明国家同时爆发社会主义革命，并取得同时胜利。

在1848年革命实践中，马克思和恩格斯也的确不断实践着这种想法，并不断丰富着这种思想，共产主义者同盟为此也参与到1848年革命中。在此期间，马克思还专门就1848年革命中无产阶级的六月起义撰写了《六月革命》一文，分析了六月起义的性质、失败的原因和重大影响。无产阶级爆发六月起义是必然的，因为“法国的工业是整个大陆上最发达的工业，而法国的资产阶级是整个大陆上最革命的资产阶级”①。这也就造成了法国无产阶级和资产阶级的利益对立最为明显，六月起义的爆发也就成了必然。六月起义失败的最重要原因是无产阶级还没有强大到可以战胜资产阶级的程度，自身发展也很不平衡。“法国无产阶级虽然在巴黎拥有实际的力量和影响，足以能够推动它超出自己所有的手段范围去继续前进，但是在法国外省各地，它却只是集聚在个别零散的工业中心，几乎完全消失在占压倒多数的农民和小资产阶级中间。”②因此，“在革命进程把站在无产阶级与资产阶级之间的国民大众即农民和小资产者发动起来反对资产阶级制度、反对资本统治以前，在革命进程迫使他们承认无产阶级是自己的先锋队而靠拢它以前，法国的工人们是不能前进一步，不能丝毫触动资产阶级制度的。工人们只能用惨重的六月失败做代价来换得这个胜利”③。马克思和恩格斯对于共产主义胜利的前景保持乐观态度：“只要法国发生任何一次新的无产阶级起义，都必然会引起世界战争。新的法国革命将被迫立刻越出本国范围去夺取欧洲的地区，因为只有在这里才能够实现19世纪的社会革命。”“只有六月失败才造成了所有那些使法国能够发挥欧洲革命首倡作用的条件。只有浸过了六月起义者的鲜血之后，三色旗才变成了欧洲革命的旗帜——红旗！”④从提出西欧文明国家社会主义革命的同时胜利，到关注法国为中心革命进程，马克思和恩格斯此时的考虑开始更为细致和实际。1851年12月至1852年3月，马克思在《路易·波拿巴的雾月十八日》中分析了1848～1851年革命后，又第一次提出

① 《马克思恩格斯全集》第7卷，人民出版社1959年版，第21页。

② 《马克思恩格斯全集》第7卷，人民出版社1959年版，第21页。

③ 《马克思恩格斯选集》第1卷，人民出版社2012年版，第455页。

④ 《马克思恩格斯选集》第1卷，人民出版社2012年版，第470、471页。

了胜利的无产阶级必须打破资产阶级国家机器的结论，但是在其中的段落显示了马克思的忧郁："无产阶级从这次失败后，就退到革命舞台的后台去了。每当运动好像又重新开始时，无产阶级就企图再向前推进，可是劲头越来越弱，成效也越来越小。每当无产阶级上面的某个社会阶层进入革命动荡时，无产阶级就跟它缔结同盟，从而分享了各个政党依次遭受到的全部失败。但是，这些相继而来的打击，随着力量分摊到全部社会的整个表面，也越来越弱了。无产阶级在议会和报刊方面的一些比较有影响的领袖，相继被捕判罪，代替他们挂帅的是些愈益模棱两可的人物。无产阶级中有一部分人醉心于教条的实验，醉心于成立交换银行和工人团体，换句话说，醉心于这样一种运动，即不去利用旧世界自身所具有的一切强大手段来推翻旧世界，却企图躲在社会背后，用私人的办法，在自身的有限的生存条件的范围内实现自身的解救，因此必然是要失败的。"[①]马克思很担心六月革命的失败会带来人们对革命热情和理想情绪的低落，因此努力撰文激励无产阶级的斗志，这在紧跟《路易·波拿巴的雾月十八日》之后于 4 月写成的《去年十二月法国无产阶级相对消极的真正原因》中有所体现。马克思在这里又一次重申了无产阶级没有发动起义以及路易·拿破仑成功复辟的原因。这一段时期，他们认为"只要法国发生任何一次新的无产阶级起义，都必然会引起世界战争。新的法国革命将被迫立刻越出本国范围去夺取欧洲的地区，因为只有在这里才能够实现 19 世纪的社会革命"[②]。可以说，这一时期，马克思和恩格斯主要坚持的是一种西欧先进文明国家同时革命胜利论，寄希望于欧洲主要发达国家率先爆发革命，并进而引发世界性的社会主义革命浪潮。不过，由于整个欧洲的资本主义正处于蓬勃发展时期，马克思和恩格斯认识到，此时任何一种社会主义性质的革命必然会遭到失败。为此马克思和恩格斯关于社会主义实现的视角的重心开始有所转移。

二

1848 年革命失败后，马克思和恩格斯一方面总结经验教训，另一方面也开始关注东方落后国家革命与欧洲革命的关系问题。[③] 1853 年 5 月 20 日，马克思在《中国革命和欧洲革命》中分析了中国革命和欧洲革命之间的关系，开始认真思考东西方革命的互动关系。这同时也表明，马克思认识到在西方相对"文明"

① 《马克思恩格斯选集》第 1 卷，人民出版社 2012 年版，第 676 页。

② 《马克思恩格斯选集》第 1 卷，人民出版社 2012 年版，第 470 页。

③ 这一段时期马克思和恩格斯也在关注着被压迫的波兰人民的民族解放和独立运动，并设想将社会主义运动与落后国家民族解放运动结合起来。

国家近期发动革命的内部动力不可能性之后，开始把视线放到东方“半文明”国家的革命。[①] 马克思提出了一个问题：“当英国引起了中国革命的时候，便发生一个问题，即这场革命将来会对英国并且通过英国对欧洲发生什么影响?”[②]他指出，英国对中国的入侵影响了“中国的财政、社会风尚、工业和政治结构”，“可以有把握地说，中国革命将把火星抛到现今工业体系这个火药装得足而又足的地雷上，把酝酿已久的普遍危机引爆，这个普遍危机一扩展到国外，紧接而来的将是欧洲大陆的政治革命”。[③]

此时，马克思和恩格斯的思想已经由原来的以西方“文明”国家为革命起点到扩散到世界上其他“非文明”国家的想法，发展到由于资本主义世界体系的逐渐建立而导致东方“非文明”国家革命性因素的诞生、爆发革命，再反过来促进西方世界的危机爆发，从而形成一个互动的革命链条的设想。相对于最初的设想来说，这可以说是马克思和恩格斯关于“西欧文明国家社会主义革命同时胜利论”深化的第一步，但也只限于初步，这一思想后来在分析俄国的时候得到了进一步的阐发。很明显可以看出，这一段时期马克思开始把精力放到研究东方主要是中国问题的研究之上，这一时期马克思的主要著作有《俄国的对华贸易》《英人在华的残暴行动》《波斯和中国》《鸦片贸易史》《中国和英国的条约》《新的对华战争》《不列颠在印度的统治》《不列颠在印度统治的未来结果》等。

不过，马克思和恩格斯所寄予厚望的还是欧洲革命的首先胜利。恩格斯早在《欧洲战争》《战争》《俄国的军事力量》中就表述了通过革命战争来实现欧洲民主改造的思想，恩格斯形象地把沉寂已久的欧洲革命比作“第六强国”，“它在一定的时刻将宣布它对全部五个所谓‘大’强国的统治并使它们个个战栗”[④]。1864 年，他们组建了国际工人协会，继续开展这样或者那样的革命活动。在 1864 年的《国际工人协会成立宣言》中，马克思再次总结了 1848～1864 年的经验，得出了革命的胜利不能靠个别工人的偶然努力，那样只能使他们分散的努力遭到共同的失败。“目前欧洲各个最发达的工业国工人阶级运动的新高涨，在鼓起新的希望的同时，也郑重地警告不要重犯过去的错误，要求立刻把各个仍然分散的运动联合起来。”[⑤]夺取政权已成为工人阶级的伟大使命”，为此，需要“工人

① 这也与当时的政治情况有关，当时英国对中国的侵略可以说是世界政治史上的大事，马克思不可避免地认识到了这一点。

② 《马克思恩格斯选集》第 1 卷，人民出版社 2012 年版，第 781 页。

③ 《马克思恩格斯选集》第 1 卷，人民出版社 2012 年版，第 780、783 页。

④ 《马克思恩格斯全集》第 10 卷，人民出版社 1962 年版，第 8 页。

⑤ 《马克思恩格斯选集》第 3 卷，人民出版社 2012 年版，第 172 页。

们兄弟般的合作”,需要“全世界无产者,联合起来!”[①]

在这一段时间内马克思写出了《工资、价格和利润》《资本论》(第1卷)等大部头著作,进一步从经济上来论证科学社会主义理论。这一段时期他们又把希望放在了德国的身上,认为“德国工人同欧洲其他各国工人比较起来有两大优越之处”[②]。在1871年《德国农民战争〈序言〉》中,恩格斯指出:“一方面由于德国工人具有这种有利的地位,另一方面由于英国工人运动具有岛国的特点,而法国工人运动又受到暴力的镇压,所以现在德国工人是处于无产阶级斗争的前列。”[③]后来在《给社会民主工党委员会的信》中,马克思和恩格斯又一次指出:“这场战争已经把欧洲大陆的工人运动的重心从法国移到德国。”[④]恩格斯在《致国际工人协会西班牙联合会委员会》中又一次分析了欧洲范围内包括德国、法国、奥地利、里昂、马赛、波尔多、图鲁兹、比利时、瑞士、捷克在内的社会主义运动。1871年3月18日巴黎公社一宣布建立,马克思就开始细心搜集和研究所有关于公社活动的消息,并对它报以热烈的欢迎。马克思对巴黎公社给予了高度评价:“公社简直是奇迹般地改变了巴黎的面貌!”[⑤]“在‘上等人’出走以后,工人阶级的巴黎才重新展现,工人阶级的巴黎是英勇的,富有自我牺牲的精神,对自己的艰巨任务满怀热情!尸体认领处里一具尸体也没有,街道上平安无事。巴黎界内从来没有这样平静过。”[⑥]后来在纪念国际成立七周年大会上,马克思作出总结:“在过去发生的一切运动当中,最近的和最伟大的运动是巴黎公社。巴黎公社就是工人阶级夺取政权——关于这一点不可能有任何异议。对巴黎公社有过很多不正确的理解。公社未能建立起阶级统治的新形式。通过把一切劳动资料转交给生产者的办法消灭现存的压迫条件,从而迫使每一个体力适合于工作的人为保证自己的生存而工作,这样,我们就会消灭阶级统治和阶级压迫的唯一的基础。但是,必须先实行无产阶级专政,才可能实现这种变革,而无产阶级专政的首要条件就是无产阶级的军队。工人阶级必须在战场上争得自身解放的权利。国际的任务就是把工人阶级的力量组织起来、团结起来,以迎接即将到来的斗争。”[⑦]在总结巴黎公社失败时,马克思说道:“巴黎公社之所以失败,就是

① 《马克思恩格斯选集》第3卷,人民出版社2012年版,第10、11页。

② 《马克思恩格斯选集》第3卷,人民出版社2012年版,第36页。

③ 《马克思恩格斯选集》第3卷,人民出版社2012年版,第37页。

④ 《马克思恩格斯全集》第17卷,人民出版社1963年版,第284页。

⑤ 《马克思恩格斯选集》第3卷,人民出版社2012年版,第109页。马克思在这里对巴黎公社的性质、机构设置等作了分析,是马克思对运动中的社会主义社会形态的第一次分析。

⑥ 《马克思恩格斯选集》第3卷,人民出版社2012年版,第160页。

⑦ 《马克思恩格斯全集》第17卷,人民出版社1963年版,第468页。

因为在一切主要中心，如柏林、马德里以及其他地方，没有同时爆发同巴黎无产阶级斗争的高水平相适应的伟大的革命运动。”①

从这里可以看出三点：其一，马克思和恩格斯对于社会主义实现这样一个命题始终是在科学社会主义视野下，也就是建立在历史唯物主义和剩余价值学说的基础之上的。其二，他们总是根据社会主义运动发展的实践进程不断地转换自己的视角，不断地思考和解释运动中出现的问题并作出设想和预见。其三，直到现在为止，我们可以得出这样的结论：虽然马克思和恩格斯已经开始关注东方国家的革命问题，但是他们仍然是坚持一种西欧先进国家社会主义革命同时进行并取得胜利的结论，对东方社会的研究还不是重点。

三

尽管马克思和恩格斯相信社会主义革命首先要在西欧取得胜利，但是他们从未放弃过关注东方国家未来可能兴起的社会主义因素和革命情势。早在1854年，他们就有关于俄国革命的论述。在1870年《给社会民主工党委员会的信》中，马克思和恩格斯在说到德国战争的意义时就已经在关注俄国，“它还会促进俄国社会革命的爆发(这一革命的因素只有靠这样一种外来的推动才能得到发展)，因而这对俄国人民也是非常有利的”②。从这里我们可以看到，马克思和恩格斯这时候还是以西欧为中心的。不过接下来的几年里，马克思和恩格斯很明显对俄国和东方社会倾注了更多的关注。在1875年《论俄国的社会问题》一书的导言中，马克思在谈到俄国时说道：“俄罗斯沙皇制度的覆灭，俄罗斯帝国的灭亡便成了德国无产阶级取得最终胜利的首要条件之一。但是，它的覆灭绝不能从外部引起，虽然外部战争有可能大大加速它的覆灭。俄罗斯帝国内部具有正在大力促使它崩溃的因素。”“俄国事态的发展，对德国工人阶级有极其重大的意义。”③1878年1月12日，恩格斯在《德国、法国、美国和俄国的工人运动》中预言：“只要俄国一发生革命，整个欧洲的面貌就要改变。”④同70年代初相比，俄国的革命情势在马克思和恩格斯的心中分量已经是大多了。

在1878年2～3月的《1877年的欧洲工人》中，恩格斯分析了欧洲和俄国的社会主义发展情况。在这篇文章中，恩格斯首先就西欧各国包括德国、意大利、西班牙、葡萄牙、丹麦、瑞士、比利时、奥地利、匈牙利，尤其是法国(恩格斯单独列

① 《马克思恩格斯全集》第18卷，人民出版社1964年版，第180页。

② 《马克思恩格斯全集》第17卷，人民出版社1963年版，第283页。

③ 《马克思恩格斯全集》第25卷，人民出版社2001年版，第35页。

④ 《马克思恩格斯全集》第25卷，人民出版社2001年版，第150页。

出一章来分析法国）的工人运动作了全面的分析，并得出结论："欧洲工人阶级的行动恢复了完全的协调一致，国际最后一次代表大会上的多数所宣布的政策，已完全被桩桩事件证明是正确的。现在又重新找到了一个基础，在这个基础上，欧洲各国工人又可以一起坚决行动，相互支援了，这种相互支援就是运动的主要力量。""国际已经完成自己的任务；它已完全达到自己的伟大目的——全世界无产阶级在反对其压迫者的斗争中联合起来了。"①从这里我们一方面可以看出，马克思和恩格斯仍然寄希望于西欧无产阶级的大联合以实现其西欧同时革命胜利的论点。另一方面，我们也看到恩格斯还特别拿出第五篇（中篇）来论述俄国的工人运动，"不是因为俄国存在着什么值得一提的工人运动，而是因为俄国的国内外形势非常特殊，并且孕育着不仅对俄国工人的未来而且对整个欧洲工人的未来都有极大意义的事件"②。恩格斯在分析了俄国的形势后指出："总之，它意味着欧洲整个形势发生这样一种变化，这种变化一定会受到每个国家的工人兴高采烈的欢迎，被看作是向他们的共同目标——劳动的普遍解放——迈出的巨大的一步。"③在这里，恩格斯向强调欧洲先进国家工人阶级联合起来一样又一次对俄国的革命给予了厚望。1879 年 3 月 21 日，恩格斯又说："德国工人必将……很好地准备了的革命。在俄国发出信号的时候，他们会准备就绪的。"④在这里可以看到马克思和恩格斯寄希望于俄国首先爆发革命，然后引发西欧现代国际的无产阶级联合革命，从而实现社会主义的设想。这同原先的"西欧同时革命胜利论"已经有明显不同。为什么此时马克思和恩格斯这么关注俄国呢？这源于马克思和恩格斯对俄国村社能够"跨越资本主义大峡谷"命题的探索。⑤

四

"跨越卡夫丁大峡谷"起初是马克思就俄国问题提出的，这是马克思和恩格斯关于社会主义实现问题的一个新探索和设想。至少在 1870 年 12 月下半月到 1 月初之间，马克思就预言俄国农村公社可能有两种发展前途。⑥ 后来马克思在给《祖国纪事》杂志编辑部的信（1877 年 10～11 月）中对这一问题作了表述："为

---

① 《马克思恩格斯全集》第 25 卷，人民出版社 2001 年版，第 169、175 页。

② 《马克思恩格斯全集》第 25 卷，人民出版社 2001 年版，第 181 页。

③ 《马克思恩格斯全集》第 25 卷，人民出版社 2001 年版，第 184 页。

④ 《马克思恩格斯全集》第 25 卷，人民出版社 2001 年版，第 343 页。

⑤ 恩格斯这一段时期写了《论德意志人的古代历史》，写于 1878 年中至 1882 年 8 月初之间，可能去研究德国的公社了。1880 年 1～3 月恩格斯写了《社会主义从空想到科学的发展》再一次从理论上证明科学社会主义。

⑥ 参见《马克思恩格斯与俄国政治活动家通信集》，人民出版社 1987 年版，第 69 页。

了能够对当代俄国的经济发展作出准确的判断，我学习了俄文，后来又在许多年内研究了和这个问题有关的官方发表的和其他方面发表的资料。我得到了这样一个结论：如果俄国继续走它在1861年所开始走的道路，那它将会失去当时历史所能提供给一个民族的最好的机会，而遭受资本主义制度所带来的一切灾难性的波折。"[①]1875年4月，恩格斯在《论俄国的社会问题》中在对特卡乔夫的民粹主义思想进行批判和对俄国"劳动组织"进行分析的基础上也预言了俄国公社的两种前途。恩格斯批判了特卡乔夫的社会主义革命可以在俄国很容易胜利的观点，指出俄国的社会主义革命"只有在社会生产力发展到一定阶段，发展到甚至对我们现代条件来说也是很高的阶段，才有可能把生产提高到这样的水平，以致使得阶级差别的消除成为真正的进步，使得这种消除持久巩固，并且不致在社会的生产方式中引起停滞或甚至衰落。但是生产力只有在资产阶级手中才达到了这样的发展水平"[②]。对"劳动组合"的分析，恩格斯认为"它总是产生这种专制制度"，"俄国的公社所有制早已度过了它的繁荣时代，看样子正在趋于解体。但是也不可否认有可能使这一社会形式转变为高级形式，只要它能够保留到条件已经成熟到可以这样做的时候，只要它显示出能够在农民不再是单独而是集体耕作的方式下向前发展；就是说，有可能实现这种向高级形式的过渡，而俄国农民无须经过资产阶级的小块土地所有制的中间阶段。然而这只有在下述情况下才会发生，即西欧在这种公社所有制彻底解体以前就胜利地完成无产阶级革命并给俄国农民提供实现这种过渡的必要条件，特别是提供在整个农业制度中实行必然与此相联系的变革所必需的物质条件。可见，特卡乔夫先生断言俄国农民虽然是'有产者'，但比西欧无财产的工人'更接近于社会主义'，完全是胡说八道。恰恰相反。如果有什么东西还能挽救俄国的公社所有制，使它有可能变成确实富有生命力的新形式，那么这正是西欧的无产阶级革命"[③]。1881年，马克思在《给维·伊·查苏里奇的复信》中，首次明确提出了在一定的条件下"跨越卡夫丁大峡谷"的设想。在初稿中，马克思在分析了俄国农村公社所处的历史现实条件和自身具备的"二重性"特点后指出："'农业公社'的构成形式只能有两种选择：或者是它所包含的私有制因素战胜集体因素，或者是后者战胜前者。先验地说，两种结局都是可能的，但是，对于其中任何一种，显然都必须有完全不同的历史环境。一切都取决于它所处的历史环境。"[④]然后分析得出结论："俄国'农

① 《马克思恩格斯全集》第25卷，人民出版2001年版，第143页。
② 《马克思恩格斯全集》第18卷，人民出版社1964年版，第610～611页。
③ 《马克思恩格斯文集》第3卷，人民出版社2009年版，第398～399页。
④ 《马克思恩格斯选集》第3卷，人民出版社2012年版，第824页。

村公社'的历史环境是独一无二的！在欧洲，只有俄国'农村公社'不是像稀有的残存的微缩模型那样以不久前在西方还可见到的那种古代形式零星地保存下来，而几乎是作为巨大帝国疆土上人民生活的占统治地位的形式保存下来的。如果说土地公有制是俄国'农村公社'的集体占有制的基础，那么，它的历史环境，即它和资本主义生产同时存在，则为它提供了大规模地进行共同劳动的现成的物质条件。因此，它能够不通过资本主义制度的卡夫丁峡谷，而占有资本主义制度所创造的一切积极的成果。……它能够成为现代社会所趋向的那种经济制度的直接出发点，不必自杀就可以获得新的生命。相反，作为开端，必须把它置于正常条件之下。"①看一看马克思 1877 年给编辑部的话（如前文），马克思是多么期望俄国农村公社可以成为共产主义的起点啊！可是，这需要条件，什么条件呢？

要挽救俄国公社，就必须有俄国革命。② 马克思甚至预言："如果革命在适当的时刻发生，如果它能把自己的一切力量集中起来以保证农村公社的自由发展，那么，农村公社就会很快地变为俄国社会新生的因素，变为优于其他还处在资本主义制度奴役下的国家的因素。"③在后来的二稿、三稿、四稿中，马克思作了进一步的证明。在《复信》中，马克思充满信心地预言："我根据自己找到的原始材料对此进行的专门研究使我深信：这种农村公社是俄国社会新生的支点；可是要使它能发挥这种作用，首先必须排除从各方面向它袭来的破坏性影响，然后保证它具备自然发展的正常条件。"④马克思和恩格斯这一时期对俄国利用农村公社直接过渡到社会主义是寄予厚望的。这种信念集中表现在 1882 年《共产党宣言》俄文版第二版序言中，马克思和恩格斯写道："俄国公社，这一固然已经大遭破坏的原始土地公共所有制形式，是能够直接过渡到高级的共产主义的土地所有制形式呢，还是它必须先经历西方的历史发展所经历的那个瓦解过程？对于这个问题，目前唯一可能的答复是：假如俄国革命将成为西方工人革命的信号而双方互相补充的话，那么俄国的土地所有制便能成为共产主义发展的起点。"⑤为了证实他们的理论，恩格斯于 1882 年 9 月中至 12 月 20 日期间又研究了德国土地所有制产生和发展的历史，写下了《马尔克》。马克思也在 1879 年至 1881 年 6 月写下《民族学笔记》《历史学笔记》。这都表明，马克思和恩格斯对这种新的设想充满信心和激情。他们热切地企盼着俄国革命的爆发，与此同时丰富他们的理论，以便在俄国革命爆发时能够给予理论支持。

---

① 《马克思恩格斯选集》第 3 卷，人民出版社 2012 年版，第 830 页。

② 《马克思恩格斯选集》第 3 卷，人民出版社 2012 年版，第 829 页。

③ 《马克思恩格斯选集》第 3 卷，人民出版社 2012 年版，第 832 页。

④ 《马克思恩格斯文集》第 3 卷，人民出版社 2009 年版，第 590 页。

⑤ 《马克思恩格斯选集》第 1 卷，人民出版社 2012 年版，第 314 页。

五

然而，马克思仅仅提出自己的设想后不久就去世了。马克思逝世后，恩格斯实际上成了共产主义运动的精神领袖。资本主义继续昂首阔步地发展着，社会主义运动随之不断地发展壮大。1890 年 5 月 1 日，恩格斯在《共产党宣言》1890 年德文版序言中感叹地说道："全世界的无产者现在真正联合起来了。……如果马克思今天还能同我站在一起亲眼看见这种情景，那该多好啊!"[①]然而此时的恩格斯对社会主义如何实现的观点与先前已经有了明显的不同。

首先，恩格斯不再认为俄国能够跨越资本主义的卡夫丁大峡谷而走上社会主义道路。1894 年 1 月，恩格斯在为《论俄国的社会问题》写的《跋》中，对当年在俄国问题上所抱的希望以及如今不得不放弃这种希望，作出了解释。这也可以说是他系统地论述俄国不可能跨越资本主义制度的一篇文章。在这篇《跋》中他尖锐地批评了民粹主义者，指出俄国已经不可避免地走上了资本主义的道路，"俄国进入了资本主义时代，从而也进入了土地公有制迅速灭亡的时代"。"现在世界上也没有一种力量能在俄国公社的解体过程达到一定深度时重建俄国公社。"[②]恩格斯回顾了在 1877 年马克思坚持由俄国村社过渡到社会主义的态度和原因，指出当时俄国革命的情势使得他们作出这样的判断是"不奇怪的"。但是俄国的革命没有发生。"在马克思写了那封信以后的 17 年间，在俄国，无论是资本主义的发展还是农民公社的解体都大有进展。"[③]然后，恩格斯作出判断：俄国在 1856 年克里木战争失败和皇帝尼古拉一世自杀以后，就不可避免地走上了资本主义的道路，因此，剩下的就只有一条道路，"俄国在短短的时间里就奠定了资本主义生产方式的全部基础。但是与此同时也就举起了连根砍断俄国农民公社的斧头"[④]。

1888 年 9 月 19 日，恩格斯在与《纽约人民报》编辑部代表的谈话中又谈到俄国近期不可能爆发革命了。从这里可以看出，恩格斯此时已经放弃了利用俄国村社跨越资本主义制度直接进入社会主义的设想。在文章的最后，恩格斯以不肯定的口气但是还是寄予希望地说道，俄国爆发革命，从而给西方的工人运动以新的推动，从而加速无产阶级的胜利，然后反过来促进俄国的发展，"没有这种胜利，目前的俄国无论是在公社的基础上还是在资本主义的基础上，都不可能达

① 《马克思恩格斯选集》第 1 卷，人民出版社 2012 年版，第 393 页。

② 《马克思恩格斯文集》第 4 卷，人民出版社 2009 年版，第 460、461 页。

③ 《马克思恩格斯文集》第 4 卷，人民出版社 2009 年版，第 463 页。

④ 《马克思恩格斯文集》第 4 卷，人民出版社 2009 年版，第 464 页。

到社会主义的改造”[①]。从这里可以看出恩格斯的无奈和现在思想的脉络，他又回到欧洲了。恩格斯不得不遗憾地说：“但对经济事实是无可奈何的。”[②]1891 年 10 月的《德国的社会主义》文章中，恩格斯写道：“俄国的战争热大大地冷却下来了。”“俄国的战争热将瘫痪若干年。”[③]而 1888 年 9 月 19 日恩格斯在与《纽约人民报》编辑部代表的谈话已经表明，他认为俄国近期不可能爆发革命。1893 年 5 月 11 日恩格斯在与法国《费加罗报》记者的谈话中更是认为俄国不会发生战争了，“俄国当前的状况是，如果它从国外拿不到钱，连一个月的仗也打不下去”[④]。在后来的文章中，我们可以看到恩格斯把注意力集中到对《资本论》的整理和西欧的社会主义运动上了。

在西欧国家无产阶级政党关于社会主义革命实现命题上，恩格斯越来越关注西欧各国无产阶级政党不通过革命手段，而是通过“合法”手段来开展的社会主义运动。恩格斯在给《社会民主党人报》读者的告别信中这样写道：“应当努力暂时运用合法的斗争手段来应对局面。不仅我们这样做，凡是工人享有某种法定的活动自由的所有国家里的所有工人政党也都在这样做，原因很简单，那就是运用这种办法收效最大。”[⑤]与此同时，他并没有放弃革命的思想，他指出，合法的行动“必须以对方也在法律范围内活动为前提”[⑥]。在 1891 年 10 月的《德国的社会主义》中，恩格斯指出：“相反，合法性在如此出色地为我们效劳，如果这种状况延续下去，而我们却要破坏合法性，那我们就是傻瓜。”[⑦]在这里，恩格斯根据当时社会主义运动发展的形势，已经是肯定合法性的斗争了。在《英国工人阶级状况》1892 年英国版序言中，恩格斯指出：“英国现在已经度过了我所描写的这个资本主义剥削的青年时期，而其他国家则刚刚进入这个时期。”[⑧]这说明，在恩格斯的眼中，英国已经不是原来的英国了，那么革命的手段就应当有所变化。他同时指明了新阶段新的革命形式，是同“富有而傲慢的”“旧”工联相对立的，在“他们的心里还是一块处女地”，丝毫没有沾染上传统的“体面的”资产阶级偏见的“新工联”。在同年《英国工人阶级状况》德文版第二版序言的最后，恩格斯在评价英国工人运动时欣喜地说：“几天以前结束的议会选举向两个官方的政

① 《马克思恩格斯选集》第 4 卷，人民出版社 2012 年版，第 321 页。

② 《马克思恩格斯全集》第 38 卷，人民出版社 1972 年版，第 310 页。

③ 《马克思恩格斯文集》第 4 卷，人民出版社 2009 年版，第 437、440 页。

④ 《马克思恩格斯文集》第 4 卷，人民出版社 2009 年版，第 559 页。

⑤ 《马克思恩格斯选集》第 4 卷，人民出版社 2012 年版，第 285 页。

⑥ 《马克思恩格斯选集》第 4 卷，人民出版社 2012 年版，第 285 页。

⑦ 《马克思恩格斯文集》第 4 卷，人民出版社 2009 年版，第 430 页。

⑧ 《马克思恩格斯选集》第 1 卷，人民出版社 2012 年版，第 68 页。

党——保守党和自由党——清楚地表明，今后他们对第三个政党即工人政党不能置之不理了。”[①]通过这种合法的斗争，“工人们从令人信服的实例中看到：只要他们提出要求，并且明白自己要求的是什么，他们在英国就成为一种决定性的力量；1892 年的选举已经在这方面开了一个头”[②]。恩格斯此时几乎是对合法性的斗争进行褒扬了。此时，恩格斯的重点是德国、德国的社会民主党。他不止一次地表扬了这个有效利用合法性进行活动的党，“德国社会民主党是全世界最统一、最团结、最强有力的党，由于它在斗争中有冷静的头脑、严格的纪律和蓬勃的朝气，它从胜利走向胜利。社会民主党人同志们！我确信今后你们也能履行自己的责任。最后让我高呼：国际社会民主党万岁！”[③]

这表明，随着工人运动的发展，恩格斯又把关注的重点回归到了西欧各国，后来又到了美国（因为美国资本主义发展的速度让人吃惊，令革命导师不得不关注）。在以后的文献里我们也会发现大多是恩格斯对西欧工人运动的指导和研究，而对东方社会和俄国的文献明显少了下来。由于俄国革命已经不成气候，所以对“跨越卡夫丁峡谷”和期望俄国村社成为“共产主义的起点”的愿望也落空了。不过，恩格斯并没有放弃对俄国的期望，在 1894 年 1 月 3 日《〈人民国家报〉国际问题论文集（1871～1875）》序中，恩格斯在谈到《论俄国的社会问题》时指出：“西方资本主义社会日益临近瓦解，也将使俄国有可能大大缩短它现在必然要经历的资本主义发展过程。”[④]恩格斯在情感上是希望俄国“跨越卡夫丁峡谷”的，可是历史规律如此，于是他退了一步，认为在外部环境下俄国能缩短这一过程。

六

1892 年 4 月 6 日，恩格斯在接受法国《闪电报》记者的采访中说：“我希望，经过十年左右，德国社会党将取得政权。”[⑤]然而，在恩格斯逝世前 4 个月的 1895 年 3 月 6 日写成的《卡·马克思〈1848 年至 1850 年的法兰西阶级斗争〉一书导言》系统地反映了恩格斯此时关于社会主义实现命题的真实思想。恩格斯在文中回忆了 1848～1849 年的革命时期，然后客观地说：“但是，历史表明我们也曾经错了，暴露出我们当时的看法只是一个幻想。历史走得更远：它不仅打破了我们当时的错误看法，并且还完全改变了无产阶级进行斗争的条件。1848 年的斗

① 《马克思恩格斯选集》第 1 卷，人民出版社 2012 年版，第 79 页。

② 《马克思恩格斯选集》第 1 卷，人民出版社 2012 年版，第 80 页。

③ 《马克思恩格斯全集》第 22 卷，人民出版社 1965 年版，第 484～485 页。

④ 《马克思恩格斯文集》第 4 卷，人民出版社 2009 年版，第 449～450 页。

⑤ 《马克思恩格斯全集》第 22 卷，人民出版社 1965 年版，第 622 页。

争方法，今天在一切方面都已经过时了，这一点值得在这里比较仔细地加以探讨。”“历史表明，我们以及所有和我们有同样想法的人，都是不对的。历史清楚地表明，当时欧洲大陆经济发展的状况还远没有成熟到可以铲除资本主义生产的程度；历史用经济革命证明了这一点，从 1848 年起经济革命席卷了整个欧洲大陆，在法国、奥地利、匈牙利、波兰以及最近在俄国刚刚真正确立了大工业，而德国简直就成了一个头等工业国——这一切都是以资本主义为基础的，可见这个基础在 1848 年还具有很大的扩展能力。”“在 1848 年要以一次简单的突然袭击来实现社会改造，是多么不可能的事情。”[①]之后，恩格斯又指出：“1871 年的送上来的胜利，也和 1848 年的突然袭击一样，都没有什么成果。”[②]接着，他提到欧洲工人运动重心从法国转移到德国，不仅仅诞生了一个最强有力、最有纪律并且最迅速增长的社会主义政党外，还发明了一个最锐利的武器——普选权。恩格斯把“有成效地利用普选权”看作是“无产阶级的一种崭新的斗争方式就开始发挥作用”[③]。“原来，在资产阶级借以组织其统治的国家机构中，也有许多东西是工人阶级可能利用来对这些机构本身作斗争的。……因为这里斗争的条件也已发生了本质上的变化。旧式的起义，在 1848 年以前到处都超过决定作用的筑垒的巷战，现在大都陈旧了。”[④]可见，恩格斯对以往革命的手段进行了反思，并且赞同用合法性的手段，然而这并不能表明恩格斯就放弃了革命思想；恰恰相反，恩格斯并没有否认巷战，他的真实意思是：因为现在的条件，使得采取合法的活动更有成效，而以前的手段不适应当前的条件了，所以才不采取革命的手段。以前我们革命不是没有价值，“流血牺牲”就是为了使群众明白他们为什么进行斗争，可是时代变了，那个时代已经过去了，但是主题没有变，仍然是启蒙大众。“我们现在正是在进行这种工作，并且进行得很有成效，已经使敌人陷于绝望。”[⑤]不过，这也不是恩格斯的最终目的，他的真正目的是：“如果这样继续下去，我们在本世纪末就能夺得社会中间阶层的大部分，小资产阶级和小农，发展成为国内的起决定作用的力量，其他一切势力不管愿意与否，都得向它低头。我们的主要任务就是不停地促使这种力量增长到超出现行统治制度的控制能力，不让这支日益增强的突击队在前哨战中被消灭掉，而是要把它好好地保存到决战的那一天。”[⑥]恩格斯在内心深处真正的思想还是要进行社会革命，但是现在

① 《马克思恩格斯选集》第 4 卷，人民出版社 1995 年版，第 382、512、513 页。

② 《马克思恩格斯文集》第 4 卷，人民出版社 2009 年版，第 542 页。

③ 《马克思恩格斯文集》第 4 卷，人民出版社 2009 年版，第 545 页。

④ 《马克思恩格斯全集》第 22 卷，人民出版社 1965 年版，第 603 页。

⑤ 《马克思恩格斯选集》第 4 卷，人民出版社 2012 年版，第 394 页。

⑥ 《马克思恩格斯选集》第 4 卷，人民出版社 2012 年版，第 396 页。

力量不够，各种条件不利，各国的资本主义都已经发展起来了，于是“韬光养晦”，暗中积蓄力量。不是不想革命，而是顺势而行。恩格斯幽默地说道：“我们是‘革命者’、‘颠覆者’，但我们采用合法手段却比采用不合法手段或采用变革办法要获得多得多的成就。……可是我们在这种合法性下却长得肌肉结实，两颊红润，好像是长生不老似地繁荣滋长。”[①]同时，恩格斯对可能不得已进行的斗争作了警惕性的提示：“如果你们破坏帝国宪法，那么社会民主党也就不再受自己承担的义务的约束，而能随便对付你们了。但是它那时究竟会怎样做——这点它今天未必会告诉你们。”[②]这里的“你们”狭义指的德意志帝国政府，“它究竟会怎么做”暗示如果德意志政府使用暴力，那么社会主义者也是从来没有说过放弃武力的。但是，恩格斯认为还是尽可能地避免使用暴力，因为，“对于目前我们和政府之间的力量对比，我们知道得太清楚了”[③]。最后，恩格斯举出基督教战胜罗马教廷成为世界宗教的例子来表明他希望共产主义有一天能够成为世界宗教。[④]当然，根据这些我们同样可以推测出，恩格斯在这里尽管没有说清楚“决战”的具体含义，可是就当时的条件来看，恩格斯心中的“决战”就是指的最后的革命。因为恩格斯在说这些话的时候，正值大多数人陶醉于普法权所带来的胜利成果，甚至有些人因此放松警惕的时候，此时恩格斯正确评价了普法权的历史作用，但是并不是如一些学者所认为的他因此成为一个“和平主义者”。相反，作为一个共产主义战士，他有着清醒的头脑，因为如他指出的，资产阶级政府在普法权威胁到它的利益的时候，极有可能会撕掉他们脉脉含情的目光，利用手中的统治工具对共产主义者实行镇压和围剿。恩格斯说这话的时候可能想起了拉萨尔主义的失败带来的教训，但是他又不能忽视当时运动所产生的伟大成果。所以，此时的恩格斯已经陷入一种十分矛盾的心态，既坚持暴力革命论，同时又希望能够通过和平手段达到过渡。可以说，导致恩格斯这种心态的原因是与当时资本主义和无产阶级状况的变化息息相关的。因此，当恩格斯在批判伯恩斯坦等人的时候，实际上自己也在反思他和马克思创建的理论体系到底哪个地方出了问题，到底要不要暴力革命。以往的经验告诉他一定要防止资产阶级政府的翻脸，可是那是在资本主义幼稚的阶段，在资本主义社会慢慢从蹒跚学步到成长为各方面逐步成熟的时候，他们理论中关于社会主义的实现方法到底应当是怎样的呢？他陷入了沉思。

---

① 《马克思恩格斯全集》第 22 卷，人民出版社 1965 年版，第 610 页。

② 《马克思恩格斯全集》第 22 卷，人民出版社 1965 年版，第 611 页。

③ 《马克思恩格斯全集》第 22 卷，人民出版社 1965 年版，第 626 页。

④ 到这个时候，我们也明白了为什么他研究早期基督教的历史了（恩格斯曾在 1894 年 6 月 19 日至 7 月 16 日之间写下《论早期基督教的历史》一文）。

在完成这篇文章以后不久，恩格斯逝世，马克思和恩格斯关于社会主义实现命题的思想逻辑也走向了终结，但他们亲手缔造的共产主义理论大厦在他们的继承人手里一代一代地传播下去。

七

现在我们来总结一下马克思和恩格斯关于社会主义实现命题的真实思想轨迹。1848 年理论创立之初，是典型的“西欧先进国家同时革命胜利论”；六月革命失败后，目光开始关注东方和中国，但是重点仍然是欧洲；六七十年代，针对俄国的革命情势和具体的环境，有了“跨越卡夫丁峡谷”的设想，注意力较多关注俄国，期望在俄国爆发革命，与西欧无产阶级革命互补，俄国村社成为共产主义起点；七八十年代资本主义发展，西欧无产阶级运动得到发展，俄国走上资本主义道路，视线再次回到西欧，同时对斗争的模式进行了反思，赞同合法斗争，但是仍然坚持创立之初的最后革命论。但此时的恩格斯也陷入了一种矛盾的心理：既要坚持革命论，又不能忽视和平手段所带来的伟大成果。他们关注的视角的重点国家轨迹是：法国—英国—德国—俄国—欧洲（德国，这一时期也开始了对美国的关注）。

我们敬仰马克思和恩格斯为了全人类解放事业而无私奉献斗争的伟大精神，我们佩服他们自我解剖的勇气，我们佩服他们严谨的科学态度，但我们更应当佩服他们尊重历史的品质。他们总是根据事实的发展不断地更新自己的理论，马克思和恩格斯（尤其是恩格斯）总是在不断地重复自己的这种观点：“我们没有最终目标。我们是不断发展论者，我们不打算把什么最终规律强加给人类。关于未来社会组织方面的详细情况的预定看法吗？您在我们这里连它们的影子也找不到。当我们把生产资料转交到整个社会的手里时，我们就会心满意足了。”[①]我想这是我们从马克思和恩格斯那里汲取到的最丰富的营养吧！

① 《马克思恩格斯文集》第 4 卷，人民出版社 2009 年版，第 561～562 页。

坚持以人民为中心，决胜全面建成小康社会

史家亮

摘要：坚持以人民为中心，是贯彻落实习近平新时代中国特色社会主义思想的基本方略，反映了决胜全面建成小康社会的价值追求。坚持以人民为中心决胜全面建成小康社会，需要坚持人民是全面建成小康社会的价值主体，在改革发展实践中推动人民共享发展成果，既满足人民美好生活的现实需要，又着力促进人的全面发展。

关键词：以人民为中心；小康社会；全面建成小康社会

作者简介：史家亮，山东师范大学马克思主义学院教授，博士，主要从事马克思主义中国化研究。

基金项目：国家社科基金项目“习近平全面深化改革思想研究”(14CXJJ09)。

坚持以人民为中心，是贯彻落实习近平新时代中国特色社会主义思想的基本方略，反映了决胜全面建成小康社会的价值追求。习近平总书记在党的十九大报告中指出：“把人民对美好生活的向往作为奋斗目标，依靠人民创造历史伟业。”[①]在全面建成小康社会的进程中，我们要始终牢牢把握以人民为中心的根本导向。

一、坚持人民是全面建成小康社会的价值主体

坚持以人民为中心的根本导向，首先要坚持人民是全面建成小康社会的价

① 习近平：《决胜全面建成小康社会 夺取新时代中国特色社会主义伟大胜利》，人民出版社 2017 年版，第 21 页。

值主体。主体是指能够通过借助物质和精神手段并运用思维能力来认识和改造世界的人。坚持人民的价值主体地位，归根到底要看全面建成小康社会的成果是否惠及人民，是否维护和实现人民利益。正如习近平总书记所指出的："小康不小康，关键看老乡。"①

十八大以来，以习近平总书记为核心的党中央把"人民对美好生活的向往"作为中国共产党的奋斗目标，强调指出："检验我们一切工作的成效，最终都要看人民是否真正得到了实惠，人民生活是否真正得到了改善，人民权益是否真正得到了保障"②，要求党在制定和贯彻落实一系列方针政策的过程中，必须以人民利益为核心，把人民利益作为党一切工作的出发点和落脚点。而维护和实现人民利益体现在全面建成小康社会的方方面面。由此，在全面建成小康社会的过程中，要切实维护好、实现好人民的经济、政治、文化、社会和生态利益。

全面小康社会要切实维护和实现人民的经济利益。习近平总书记指出："使人民群众不断获得切实的经济利益，就是在国家经济得到快速发展，综合国力显著增强的前提下，使人民群众的经济收入、社会福利和物质生活条件不断得到相应提高，过上共同富裕的现代化生活。"③从国家层面讲，人民的经济利益表现为国家经济的发展。国家经济的发展离不开生产力的解放和发展，"全面建成小康社会，实现社会主义现代化，实现中华民族伟大复兴，最根本最紧迫的任务还是进一步解放和发展社会生产力"④。从个人层面来讲，经济利益表现为不同阶层、不同地域以及城乡之间群体的收入、社会福利和物质条件。由此可见，个人层面的人民经济利益具有层次性、地域性和差异性，人民经济利益的不均衡性显而易见。因而在全面建成小康社会的过程中，要统筹城乡发展、统筹区域发展，促进工业化、信息化、城镇化、农业现代化同步发展，推动实现共同富裕，切实维护人民经济利益。

全面小康社会要切实维护和实现人民的政治利益。维护和实现人民政治利益，"就是在坚持四项基本原则的前提下，使人民群众充分享有宪法赋予的各项民主权利，在管理国家和社会事务方面发挥更加重要的作用"⑤。人民政治利益同样可以分为两个层面，即国家层面和个人层面。从国家层面讲，人民政治利益表现为四项基本原则框架下社会主义民主政治的发展，坚持党的领导、人民当家作主、依法治国有机统一是社会主义政治发展的本质要求。坚持党的领导，是人

① 中共中央文献研究室编：《十八大以来重要文献选编》(上)，中央文献出版社 2014 年版，第 658 页。
② 中共中央文献研究室编：《十八大以来重要文献选编》(上)，中央文献出版社 2016 年版，第 698 页。
③ 习近平：《使人民群众不断获得切实的经济、政治、文化利益》，载《求是》2001 年第 19 期。
④ 中共中央文献研究室编：《十八大以来重要文献选编》(上)，中央文献出版社 2016 年版，第 549 页。
⑤ 习近平：《使人民群众不断获得切实的经济、政治、文化利益》，载《求是》2001 年第 19 期。

民当家作主落实到国家政治生活和社会生活之中的根本保证。建设中国特色社会主义法治体系、建设社会主义法治国家、发展中国特色社会主义法治理论，是人民政治利益的重要体现。从个人层面讲，不同阶层和团体的人民群众在政治利益上有不同的诉求，农民会要求更广泛地参与到基层民主政治建设当中，职工则会要求参与企业的民主管理和民主监督，因而个人层面的人民政治利益具有多样性特征，这要求积极探索协商民主的有效途径。习近平总书记指出："在中国社会主义制度下，有事好商量，众人的事情由众人商量，找到全社会意愿和要求的最大公约数，是人民民主的真谛。"①协商民主发挥作用的过程，就是科学决策、民主决策的过程，是实现人民政治利益的过程。

全面小康社会要切实维护和实现人民的文化利益。切实维护和实现人民文化利益，"就是在坚持以马克思主义为指导的前提下，大力发展面向现代化、面向世界、面向未来的，民族的科学的大众的社会主义文化，使人民群众的思想道德素质、教育科学文化水平和精神生活质量得到相应提高"②。人民的文化利益表现为两个层面：一是社会主义文化的发展，二是人民素养和精神生活的进步。就社会主义文化发展来讲，它是人民文化利益的基本诉求。社会主义文化大发展大繁荣是人民群众素养和精神生活进步的前提，习近平总书记指出："满足人民日益增长的精神文化需求，必须抓好文化建设，增加社会的精神文化财富。"③另一方面，人民素养和精神生活的进步是人民文化利益的根本体现，是发展社会主义文化、建设社会主义精神文明的目的所在和价值追求。满足人民精神文化需求，促进人全面发展，是全面建成小康社会过程中文化建设的目标和追求。

全面小康社会要切实保障和改善民生。增进民生福祉是我们党立党为公、执政为民的本质要求。我们党团结带领人民建设全面小康社会，建设社会主义现代化，根本目的是让人民过上幸福生活。同时，抓民生也是抓发展。而全面建成小康社会的一个突出短板在民生领域。为了解决这一问题，习近平总书记指出："在整个发展过程中，都要注重民生、保障民生、改善民生，让改革发展成果更多更公平惠及广大人民群众，使人民群众在共建共享发展中有更多获得感。"④这为党的民生工作指明了奋斗方向和目标，有利于切实保障和改善民生。

全面小康社会要切实维护和实现人民的生态利益。人与自然关系是人类社会最基本的关系。良好的生态环境是人民生态利益的根本体现，保护生态环境

① 《习近平谈治国理政》第2卷，外文出版社2017年版，第292页。

② 习近平：《使人民群众不断获得切实的经济、政治、文化利益》，载《求是》2001年第19期。

③ 《习近平谈治国理政》第2卷，外文出版社2017年版，第315页。

④ 《习近平关于全面建成小康社会论述摘编》，中央文献出版社2016年版，第157页。

就是维护人民生态利益。习近平总书记指出:“良好生态环境是最公平的公共产品,是最普惠的民生福祉。”[①]这是对人民生态利益的重视和强调。重视生态文明建设,坚持人与自然和谐共生,建设美丽中国,是建设全面小康社会题中应有之义。伴随着全面小康的实现,人民的生态利益将得到切实维护和实现。

二、推动人民共享发展成果

中国共产党是全心全意为人民服务的党,始终为人民利益而不懈奋斗。建成人民认可的小康社会,根本在于推动人民共享改革建设发展的成果。共享是“五大发展理念”的核心内容之一,体现了中国特色社会主义的本质要求和以人民为中心发展思想的价值追求。

首先,积极推动全民共享。人民是中国特色社会主义建设的主体,全民共享是中国特色社会主义题中应有之义。全民共享回答了“由谁共享”这一事关国家发展、社会稳定、人民幸福的根本性问题,旗帜鲜明地宣告了国家发展必须坚持人民主体地位,强调共享的主体是全体人民,指明了共享发展的内在要义。

共享发展理念的实质就是人民创造的发展成果归人民所有。习近平总书记指出:“共享发展是人人享有、各得其所。”[②]在我国当前时期,人民既是价值创造的主体,也是价值享有的主体。由于在社会主义改革发展条件下人民的范围空前扩大,所以共享的主体也具有广泛性。习近平总书记指出,广大人民群众共享改革发展成果,是社会主义的本质要求。这是对共享重要性的深刻把握,有利于在实践中促进全民共享。在这里值得注意的是,全民共享不等于平均共享。新时代中国特色社会主义的共享要求解决发展的公平性问题,在追求经济发展的同时,切实保障个体及弱势群体的自由选择和谋求发展的能力和权利,做到小康路上一个也不能掉队,现代化进程中人人不掉队。

其次,积极推进全面共享。全面共享着重回答“共享什么”的问题。对此,习近平总书记指出:“共享发展就要共享国家经济、政治、文化、社会、生态各方面建设成果,全面保障人民在各方面的合法权益。”[③]

要积极推进经济意义上的共享。物质资料生产是人类生存与发展的基础。物质层面的需要得到充分保障是每一个社会成员的基本诉求,这也是人民群众最直接的利益问题。在整体社会资源相对有限的当前,共享的核心是实现经济

---

① 《习近平关于全面深化改革论述摘编》,中央文献出版社 2014 年版,第 107 页。

② 习近平:《在省部级主要领导干部学习贯彻党的十八届五中全会精神专题研讨班上的讲话》,人民出版社 2016 年版,第 27 页。

③ 习近平:《在省部级主要领导干部学习贯彻党的十八届五中全会精神专题研讨班上的讲话》,人民出版社 2016 年版,第 27 页。

层面的共享。为此，一方面要完善初次分配领域的公正合理的分配机制；另一方面要进一步完善分配补偿机制，在兼顾公平与效率的基础上促进人民共享物质文明发展成果。

要积极推进非物质性发展成果的共享。这主要包括政治权益、文化成果、社会发展成就以及生态权益等方面的共享。其中，政治权益的共享主要体现为权利与义务的一致性，体现为政治生活中能否真正意义上当家作主。文化成果的共享主要体现为公共文化产品和服务的均等化，还包括能否享有平等的受教育权。社会发展成就的共享主要体现为社会基本公共服务的均等化，以及民生的普遍改善。生态权益的共享主要体现为经济发展和环境保护的一致性，人民共享生态文明成果。

要积极推进机会与权利的共享。习近平总书记指出：要使人人"共同享有人生出彩的机会，共同享有梦想成真的机会，共同享有同祖国和时代一起成长与进步的机会"[①]。这实际是在强调公平正义问题。机会与权利的共享是对全面共享更高层次的要求，有利于为实践中的共享进一步理顺机制，建立常态化的共享机制。进一步而言，这样的共享机制还有利于促进人和社会的长远发展。因为，人的需要不仅是眼前的，而且有着发展的意蕴。随着当下需要的满足，人会形成更高的需求。而新的需求的形成和满足，又是个人和社会发展的动力。常态化的共享机制的建立，能够更好地实现人们在不同阶段的共享，具有更为深远的意义。

再者，积极推动共建共享。共建共享反映了中国特色社会主义共享的实现路径。也就是说，人民群众既是建设的主体，也是建设成果享有的主体，是价值创造主体和价值享有主体的有机统一。

一方面，"共建才能共享"[②]。经济基础决定上层建筑，一个社会的人民能够享有什么，既受社会制度和分配机制的制约，又受这个社会所能提供的物质文明的制约。而且从根本意义上看，物质基础对共享起着决定性的作用。中国特色社会主义的共享也要建立在一定的物质基础之上。而人民是物质财富的创造者，正是依靠人民各尽职责、各尽所能，我国改革开放各项事业才取得了日益辉煌的成就，奠定了共享的物质基础。

另一方面，"共建的过程也是共享的过程"[③]。共享是社会主义的本质要求。

---

① 习近平：《在第十二届全国人民代表大会第一次会议上的讲话》，载2013年3月18日《人民日报》。

② 习近平：《在省部级主要领导干部学习贯彻党的十八届五中全会精神专题研讨班上的讲话》，人民出版社2016年版，第27页。

③ 习近平：《在省部级主要领导干部学习贯彻党的十八届五中全会精神专题研讨班上的讲话》，人民出版社2016年版，第27页。

中国特色社会主义作为初级阶段的社会主义，建立了以公有制为主体，多种所有制并存的所有制基础，为促进人的自由平等和全面发展奠定了所有制前提。此外，通过大力发展生产力建设社会主义市场经济，为实现共享奠定了一定的物质基础。这客观上要求把共享理念贯彻于社会主义建设的全过程。同时，也只有实现共享，才能更好地激发人民建设社会主义的积极性，为共建社会主义提供不竭动力。

最后，积极推进渐进共享。渐进共享反映了共享的过程性和阶段性。共享是一个具体的、历史的范畴。人民共享发展成果是一个由低级到高级、由基本实现到全面共享的过程。把人民共享发展成果贯穿于决胜全面小康社会的全过程，是全面建成小康社会的必由之路。

把共享看作是一个具体的历史的过程符合我国初级阶段的国情。初级阶段的国情是我国最大的实际。这一阶段的主要特征，是一个由生产力水平低到实现现代化的阶段、由传统社会向现代社会转型的阶段、由发展中国家到中等程度发达国家过渡的阶段。这一过程的渐进性决定了实现共享的渐进性。由此，习近平总书记指出："共享发展必将有一个从低级到高级、从不均衡到均衡的过程，即使达到很高的水平也会有差别。"①

把共享看作是一个具体的历史的过程，要求立足国情、立足经济社会发展水平来思考设计共享政策。采取什么程度的共享政策，需要依据我国的经济社会发展水平。在这个问题上，既要克服因利益的羁绊而无所作为的倾向，也要克服因良好的愿望而脱离实际急躁冒进的倾向，扎实推进共享理念的践行和发展。

三、坚持满足人民美好生活需要与促进人的全面发展相结合

满足人民美好生活需要，是解决新时代中国特色社会主义主要矛盾的需要，也是全面建成小康社会的价值追求。这一价值追求和促进人的全面发展一起，共同作用于决胜全面建设小康社会的全过程。

满足人民美好生活需要是解决新时代我国社会主要矛盾的客观需要。中国特色社会主义进入新时代，我国社会主要矛盾已经转化为人民日益增长的美好生活需要和不平衡不充分发展之间的矛盾。一方面，我国社会生产力水平总体上显著提高，人民美好生活需要日益广泛。另一方面，发展不平衡不充分，已经成为满足人民日益增长的美好生活需要的主要制约因素。

人民美好生活需要的产生和满足是一个动态的过程，"已经得到满足的第一

---

① 习近平：《在省部级主要领导干部学习贯彻党的十八届五中全会精神专题研讨班上的讲话》，人民出版社 2016 年版，第 27 页。

个需要本身、满足需要的活动和已经获得的为满足需要而用的工具又引起新的需要”[①]。在新的历史时期，人民“期盼有更好的教育、更稳定的工作、更满意的收入、更可靠的社会保障、更高水平的医疗卫生服务、更舒适的居住条件、更优美的环境，期盼孩子们能成长得更好、工作得更好、生活得更好”[②]。当前，中国特色社会主义进入新时代，为人民成就美好生活提供了全新的发展基础。这个新时代，是不断创造美好生活的新时代，是满足人民日益增长的美好生活需要的新时代，也是美好生活的本质进一步彰显的新时代。

人民美好生活需要是一个多层面、多维度的有机整体，具有丰富的时代内涵。从需要的主体范畴看，人民是新时代美好生活的创造者、享有者和评判者，中国共产党是实现美好生活的领导核心和主心骨。从需要的层次看，人民美好生活需要分为物质需要、精神需要和环境需要三个方面。其中，物质需要强调物质生活富裕，社会保障充分，衣食住行无忧；精神需要强调满足人民过上美好生活的新期待，不断丰富精神文化生活，这是物质生活水平提高的必然结果；环境需要强调生态优良，在发展过程中提供更多优质生态产品以满足人民日益增长的优美生态环境需要。从需要的内容看，人民美好生活需要主要是指对经济、政治、文化、社会、生态文明等全面发展的要求，具体表现为经济持续健康发展、政治生态风清气正、文化事业繁荣兴盛、社会公平充满活力、生态环境优美和谐等。从需要实现的途径看，新时代人民美好生活需要既包括改造外部世界的实践，又涉及提升思想修养、道德境界、智慧德性等主观世界的改造。

满足人民美好生活需要，具有重要的理论意义。首先，满足人民美好生活需要，深化了中国共产党执政为民的宗旨意识。全心全意为人民服务是党的根本宗旨。党的十八大以来，以习近平总书记为核心的党中央，深刻把握社会矛盾运动规律，坚持发展为了人民、发展依靠人民、发展成果由人民共享，在共建共享美好生活的过程中持续增强人民获得感、安全感、幸福感，深化了党对“初心”“使命”的认识。其次，满足人民美好生活需要，彰显了马克思主义与时俱进的理论品格。改革开放以来，我国在稳定解决十几亿人的温饱问题、总体上实现小康的基础上，即将全面建成小康社会。这一历史过程，既体现了改革开放伟大实践对理论创新的决定作用，也彰显了先进理论和科学发展目标对经济社会发展的巨大引领作用。满足人民日益增长的美好生活需要，是立足中国新的历史方位和实践要求，对马克思主义人的全面发展理论的巨大创新。再次，中国人民对美好生活的价值追求、目标导向、理论探索和经验总结，为世界其他国家人民实现美

① 《马克思恩格斯文集》第1卷，人民出版社2009年版，第531～532页。

② 《习近平谈治国理政》，外文出版社2014年版，第4页。

好生活提供了中国智慧和中国方案。

满足人民美好生活需要，具有重要的实践意义。当前，发展不平衡不充分，是满足人民日益增长的美好生活需要的主要制约因素。这就启示我们，在新时代中国特色社会主义伟大实践中，一方面要大力解决好经济发展结构上的矛盾，着力推进区域协调发展、经济与社会协调发展、实体经济与虚拟经济协调发展、城乡协调发展、收入分配协调推进等；另一方面要大力解决好经济发展总量上的问题，坚决贯彻“五大发展理念”，保持适当经济发展速度，有效应对发展活力释放不充分、市场竞争不充分、经济发展方式转变不充分、有效供给不充分、经济社会发展动能转换不充分等难题，努力提升发展质量和发展效益，为更好满足人民日益增长的美好生活需要奠定坚实的物质基础。

如果说，满足人民美好生活需要更侧重于实现人民现实利益的话，促进人的全面发展则具有更为长远的历史意义。促进人的全面发展是新时代中国特色社会主义的本质要求。人的全面发展是与人的片面发展相对而言的，全面发展的人是精神和身体、个体性和社会性都得到普遍、充分而自由发展的人。马克思主义人的全面发展的实质是人“作为一个完整的人，占有自己的全面的本质”①。在内容上，人的全面发展主要包括三个方面的含义：一是人的劳动能力的发展，包括个人的体力、智力、个性和交往能力的发展等。这是人的全面发展的最基本含义。二是人的社会关系的丰富。生产力的发展和世界交往的形成日益造就了人类丰富而复杂的社会关系，社会关系的全面性使人的发展也日益呈现出全面性的特点。三是人的个性的全面发展，主要是指人自身中自然潜力的充分发挥、身心和谐发展、个人需要的相对全面和丰富、个人的精神道德观念和自我意识的全面发展、个性的自由发挥等。在党的十九大报告中，“促进人的全面发展”与满足人民日益增长的美好生活需要、实现人民对美好生活向往紧密关联，这就深刻揭示了人民的美好生活与人的全面发展的内在统一性，体现了马克思主义的价值取向和社会主义的本质要求。

满足人民美好生活需要与促进人的全面发展具有内在一致性。第一，满足人民美好生活需要与促进人的全面发展都着眼于实现人民利益。党的十九大报告指出：“为什么人的问题，是检验一个政党、一个政权性质的试金石。带领人民创造美好生活，是我们党始终不渝的奋斗目标。必须始终把人民利益摆在至高无上的地位，让改革发展成果更多更公平惠及全体人民，朝着实现全体人民共同

① 《马克思恩格斯文集》第1卷，人民出版社2009年版，第189页。

富裕不断迈进。"[①]人民日益增长的美好生活需要,其实质是实现人民利益的需要,包括物质利益、文化利益、政治利益、社会利益、生态利益等,它涵盖了社会生产、社会交往、社会生活的各个领域,具有多方面多层次的特点。一定意义上说,美好生活的实现与人的全面发展是同一个历史过程,二者都着眼于实现人民的现实利益。党的十九大报告通篇贯穿以人民为中心的发展思想,有力回应了新时代人民日益增长的美好生活需要,充分体现了我们党把人民利益摆在至高无上地位的价值理念,彰显了满足人民美好生活需要与促进人的全面发展的有机统一。

第二,满足人民美好生活需要与促进人的全面发展都体现了人民主体性。作为历史唯物主义大厦的基础,人民主体性是马克思主义真理性和价值性高度统一的集中体现。满足人民美好生活需要与促进人的全面发展,二者都坚持人民主体地位,都注重发挥人民主体作用,都通过人民主体利益的满足情况进行检验。首先,坚持人民主体地位,不仅是我们党在新的历史条件下向广大人民作出的庄严承诺,更是一种根本性的方向规定和价值指引。正如习近平总书记指出的:"坚持群众路线,就是要坚持人民是决定我们前途命运的根本力量。坚持人民主体地位,充分调动人民积极性,始终是我们党立于不败之地的强大根基。"[②]其次,发挥人民主体作用,表明人民是社会物质财富和精神财富的创造者,是社会发展的最终决定力量,同时也是创造新时代美好生活、促进人的全面发展的主体力量。再次,满足人民主体利益,强调既尽力而为又量力而行,更好满足人民在经济、政治、文化、社会、生态等方面日益增长的需要,接受人民监督和评判。以上三个环节有序衔接、无限循环,共同确证了满足人民美好生活需要与促进人的全面发展中的人民主体性。

第三,满足人民美好生活需要与促进人的全面发展反映了党的阶段性目标和总目标的统一。党的十八大以来,习近平总书记多次强调共产党员要坚定共产主义理想、马克思主义信仰和中国特色社会主义信念。中国共产党的最高理想和最终目标是实现共产主义,现阶段的任务是建设中国特色社会主义,全面建成小康社会,实现中华民族伟大复兴。就人类社会发展趋势而言,资本主义被社会主义、共产主义所取代的总趋势是不可移易的,但这并不意味着共产主义可以一蹴而就或毕其功于一役。相反,事物发展本身所具有的规律性以及人类社会由低级向高级转变的过程性,都决定了社会主义向共产主义的跃升必然表现为

① 习近平:《决胜全面建成小康社会　夺取新时代中国特色社会主义伟大胜利》,人民出版社 2017 年版,第 45 页。

② 《习近平谈治国理政》,外文出版社 2014 年版,第 27 页。

阶段性与连续性的统一。当前，我国处于并将长期处于社会主义初级阶段，我国是世界最大发展中国家的国际地位没有变，发展不平衡不充分问题突出。与之相适应，人民对美好生活的需要既是动态的发展的，又是具体的历史的。与共产主义"自由人的联合体"相比，这种需要还是相对低层次的。党的十八大以来，习近平总书记反复强调"初心""使命"。党的十九大报告进一步明确指出："必须坚持以人民为中心的发展思想，不断促进人的全面发展、全体人民共同富裕。"[①]这就将满足人民美好生活需要的阶段性目标同实现人的全面发展的总目标紧密关联起来，进一步凸显了新时代中国共产党人的自觉自信和使命担当。

决胜全面建成小康社会，要求在实践中推动满足人民美好生活需要与促进人的全面发展有机统一。人的全面发展的过程，实质上就是人的需要不断发展的过程。没有人的需要的发展，就没有人的全面发展。美好生活既以人的全面发展为旨归，又以人的全面发展为条件。推动满足人民美好生活需要与促进人的全面发展以人民的社会实践为基础，二者辩证统一。着眼于人的全面发展，需要将满足人民美好生活需要与促进人的全面发展统一于全面建成小康社会的实践。

新时代促进人的全面发展，首先要坚持以人民为中心的发展思想。人民是历史的创造者，是决定党和国家前途命运的根本力量。强调以人民为中心的发展思想，既是习近平新时代中国特色社会主义思想的重要内容，也是新时代坚持和发展中国特色社会主义的基本方略。在新的时代条件下，要坚持人民主体地位，坚持立党为公、执政为民，践行全心全意为人民服务的根本宗旨，把党的群众路线贯彻到治国理政的全过程，始终把人民对美好生活的向往作为奋斗目标，在共建共享过程中不断促进人的全面发展。

其次，着力解决好发展不平衡不充分问题。发展不平衡不充分是中国特色社会主义进入新时代要着力解决的主要矛盾问题。为此，要认真贯彻新发展理念，加快转变经济发展方式，提升发展质量和发展效益，破除制约经济社会发展的体制机制障碍，弥补发展短板和薄弱环节，在有效解决发展不平衡不充分问题的基础上，不断满足人民日益增长的美好生活需要。

再者，坚持在发展中保障和改善民生。改善民生是我们党永恒不变的价值追求。保障和改善民生不仅需要在思想上高度重视，而且需要在实践中提供充足的支撑。实践证明，发展才是硬道理。要实现高水平民生，最根本的是要推动经济持续健康发展。因此，既要科学分好"蛋糕"，更要努力做大"蛋糕"。只有实

① 习近平：《决胜全面建成小康社会　夺取新时代中国特色社会主义伟大胜利》，人民出版社 2017 年版，第 19 页。

现改善民生与经济发展的良性循环，民生改善才会拥有源源不断的动力，也才能让改革发展成果更多更公平惠及全体人民。

最后，推动社会主义精神文明和物质文明协调发展。推动物质文明和精神文明协调发展是坚持和发展中国特色社会主义的必然要求，也是促进新时代人的全面发展的必然要求。二者密切联系，有机统一。其中，物质文明为精神文明提供物质条件和实践经验，是精神文明的基础；精神文明为物质文明提供精神动力、智力支持和思想保证。只有推动物质文明和精神文明相互促进、相映生辉、形成合力，才能有效推动人的全面发展向更高水平迈进。

习近平关于社会治理的重要论述探析

马德坤

摘要:习近平关于社会治理重要论述是马克思主义中国化的重大理论创新。十八大以来,习近平总书记面对时代课题,高瞻远瞩,在不同场合多次论述了社会治理的科学内涵、治理价值、治理主体、治理途径等,形成了其结构完整、内容丰富、论述严谨、思想深刻的社会治理理论。从理论分析的视角,习近平总书记关于社会治理重要论述具有以下四大基本维度:坚持以人民为中心的价值维度、实施多元主体参与的实践维度、推进社会治理法治化的目标维度、借鉴传统文化治理精华的方法维度。习近平关于社会治理的重要论述,是马克思主义理论和当代中国实际相结合的最新典范,推动了中国化马克思主义社会治理理论的新发展,开创了中国特色社会主义伟大事业的新局面。

关键词:习近平;社会治理;维度解读

作者简介:马德坤,山东师范大学马克思主义学院副教授、硕士生导师,历史学博士、马克思主义理论博士后,主要从事中共党史和马克思主义中国化研究。

基金项目:山东省社会科学规划项目"习近平新时代社会治理思想创新发展研究"(项目编号:18CXSXJ08)。

党的十八大以来,以习近平总书记为核心的党中央开启了实现"两个一百年"的奋斗目标和中华民族伟大复兴中国梦的新征程。在全面深化改革的背景下,社会治理创新急需推进。社会治理是一门科学。习近平总书记面对时代课题,高瞻远瞩,在不同场合多次论述了社会治理的科学内涵、治理价值、治理主体、治理途径等,形成了结构完整、内容丰富、论述严谨、思想深刻的社会治理理论。习近平总书记关于社会治理重要论述的新观点、新论断、新思路,是其治国理政思想的重要组成部分,是马克思主义中国化的又一次理论飞跃,是在新的历史条件下推进国家治理体系和治理能力现代化建设的思想源泉和实践指南。如何理解习近平总书记关于社会治理重要论述的科学内涵，具体而言，从价值、实践、目标、方法四个维度对其社会治理理论作一解析，以期深化对这一问题的认识。

一、价值维度：始终坚持以人民为中心

坚持以人民为中心，就是满足广大人民群众的需求，保障人民群众的根本权益，依法确保公平正义。习近平总书记强调："创新社会治理，必须着眼于维护最广大人民根本利益，最大限度增加和谐因素，增强社会发展活力，提高社会治理水平，全面推进平安中国建设，确保人民安居乐业，社会安定有序。"[①]这一重要论述深刻阐明了创新社会治理的价值维度，就是要始终坚持以人民为中心。

以人民为中心的价值治理目标解决了为谁治理的问题。社会治理的根本目的就是要满足人民群众的需要，这也是我们党的奋斗目标。为人民服务是我们党的根本宗旨，忘记了人民，脱离了人民，离开了人民的支持，我们党的工作和事业将一事无成，我们的党也将失去生命力。没有人民群众的拥护和支持，我们的党就成了无源之水、无本之木。因此，推进创新社会治理，必须坚持以人民为中心的价值目标，毫不动摇地坚持践行群众路线，始终保持同人民群众的血肉联系，对损害人民利益坚持零容忍，这既是由我们党的宗旨决定的，也是社会治理必须坚持的基本原则。

习近平总书记一再强调，我们党带领全国各族人民进行中国特色社会主义现代化建设的根本目的，就是要不断提高人民的生活水平，让改革开放和社会发展带来的文明成果惠及每一个老百姓，让人人共享改革发展的成果。2016 年 10 月 21 日，习近平总书记出席纪念长征胜利 80 年周年大会时强调，长征精神是一笔伟大精神的财富，走好今天的长征路，就是要继承和发扬党的人民至上的优良传统，坚持事事为人民、时时靠人民，为人民的美好生活而不断奋斗。习近平总书记提出的中国梦、"五位一体"总体布局、"四个全面"战略布局、"五大发展理念"等，其落脚点和出发点都是坚持以人民为中心，让人民幸福。他一再强调："我们要坚持一切为了人民、一切依靠人民，永远保持对人民的赤子之心，永远同人民站在一起"[②]，也是这个道理。治理的效果如何，由谁来评判和检验，对于衡量治理效果至关重要。习近平总书记提出检验这些治理效果好坏的评判者是人民，党的各级领导干部，无论职务高低，都务须坚持把"人民拥护不拥护、赞成不

① 中共中央文献研究室编：《十八大以来重要文献选编》（上），中央文献出版社 2014 年版，第 539 页。

② 习近平：《在纪念孙中山先生诞辰 150 周年大会上的讲话》，载 2016 年 11 月 12 日《人民日报》。

赞成、高兴不高兴、答应不答应作为衡量一切工作得失的根本标准”①。

保障人民群众的根本权益，做好民生工作是基础和前提。民生是人民幸福之基、社会和谐之本。解决民生问题，回应民众期待是从根源上创新社会治理。为此，习近平总书记强调：“社会治理必须为了人民、依靠人民、造福人民、保护人民，以保障人民根本权益为出发点和落脚点。”②社会治理必须始终围绕保障和改进民生，发展各项社会事业，坚决打赢脱贫攻坚战。2015 年 9 月 30 日，习近平总书记在会见基层民族团结优秀代表时强调指出：“全面建成小康社会，一个民族都不能少。”③不分地域、不分民族，全部实现小康，这是习近平总书记提出“四个全面”战略布局的根本出发点和落脚点。他重视广大农村和贫困地区的小康建设，他在湖南考察时强调指出：“全面建成小康社会，实现第一个百年奋斗目标，一个标志性的指标是农村贫困人口全部脱贫。”④习近平总书记一直关注贫困地区的人民群众生活的改善，支持和扶植贫困地区的发展，为此针对新时期中国贫困问题提出了“精准扶贫”战略，通过《关于打赢脱贫攻坚战的决定》战略部署，要求全社会形成支持合力，到 2020 年全部实现脱贫，走向共同富裕。新形势下，抓好民生必须高度重视与人民群众息息相关的就业、收入分配、食品安全、教育、住房、养老等民生工程，依法充分保障广大人民群众的权利和自由，促进社会的公平和正义，凸显人民利益至上。

习近平总书记强调人民利益至上，就是为最广大的人民群众谋利益。中华民族伟大复兴的中国梦，不是哪一个人、哪一小部分人的愿望，而是全体人民的梦想。习近平总书记指出：“生活在我们伟大祖国和伟大时代的中国人民，共同享有人生出彩的机会，共同享有梦想成真的机会，共同享有同祖国和时代一起成长与进步的机会。”⑤“三个共享”充分体现了习近平总书记中国梦的“以人民为中心”的思想，而且习近平总书记的“以人民为中心”思想中的“人民”是指各个民族的人民。

二、实践维度：多元主体参与

随着经济市场化、思想多元化的发展，传统的社会管理方式难以解决日益增多的社会问题，需要培育更多的社会治理主体，构建完善的运作机制才能满足实

① 习近平：《在纪念朱德同志诞辰 130 周年座谈会上的讲话》，载 2016 年 11 月 30 日《人民日报》。

② 中共中央文献研究室编：《十八大以来重要文献选编》(中)，中央文献出版社 2016 年版，第 158 页。

③ 习近平：《中华民族一家亲　同心共筑中国梦》，载 2015 年 1 月 1 日《人民日报》。

④ 习近平：《万众一心埋头苦干　切实把精准扶贫精准脱贫落到实处》，载 2016 年 10 月 17 日《人民日报》。

⑤ 中共中央文献研究室编：《十八大以来重要文献选编》(上)，中央文献出版社 2014 年版，第 235 页。

际需求。2015 年 10 月 29 日，习近平总书记在第十八届中央委员会第五次会议上强调："建设平安中国，完善党委领导、政府主导、社会协同、公众参与、法治保障的社会治理体制。"①这一重要论述阐明了在推进国家治理体系和治理能力现代化进程中，必须坚持党委领导、政府主导、社会参与的实践维度，形成治理多元主体参与的新体制，拓展社会治理领域的空间。

党委是社会治理的领导核心。基于我国仍处于社会主义初级阶段的基本国情及长期形成的体制运行模式，可以说在未来很长一段时间内，党在社会治理中的角色都将是任何组织机构所无法替代的。这是因为"无论使用何种概念，处于何种理论立场，从实践来说，以中国政党与社会等形成的体制性调适为基础的社会治理模式，恰恰是理解中国自改革开放以来'建构奇迹'的重要视角"②。意大利学者安东尼奥·葛兰西也指出："现代国家制度运行无不以政党为其主角。"③国际社会发展的实践表明，坚强的领导力量和政党团体是保持社会稳定与发展的重要条件。十八届四中全会强调指出："党的领导是中国特色社会主义最本质的特征，是社会主义法治最根本的保证。"④中国共产党是中国特色社会主义事业的领导核心，党的性质决定了党在国家政治生活中处于领导核心地位。中国特色社会主义发展与实践也充分证明，中国共产党始终发挥着坚强的领导和引导作用。创新社会治理体制，必须始终坚持党的领导、加强党的领导，发挥党委战斗堡垒的核心力、凝聚力、协调力、影响力，这不仅仅关乎党的执政地位的巩固，而且能确保社会治理的正确方向和运行轨迹。因此，坚持党委对社会治理的领导，发挥党委对社会治理的领导核心作用，中国社会才能长期稳定、持久和平，人民才能安居乐业。

政府是社会治理的主导者。"在任何社会中，政府有不可替代的社会功能，即使在网络化治理体系成熟完善的制度条件下，政府依然是网络系统的中枢，是发动、引导、激励和监管各种社会组织合作的重要力量。"⑤我国的基本国情和社会发展阶段决定了我国社会治理主要依靠政府的推动，但已不是传统意义上的单一主体制，社会治理的多元化打破了政府在社会治理中的垄断地位。因此，政府要结合目前我国社会发展的新形势，充分发挥自身的优势，遵循十八届三中全会提出的"加强党委领导、发挥政府主导作用，鼓励和支持社会各方面参与，实现

---

① 中共中央文献研究室编：《十八大以来重要文献选编》(中)，中央文献出版社 2016 年版，第 819 页。

② 杨志军：《中央与地方、国家与社会：推进国家治理现代化的双重维度》，载《甘肃行政学院学报》2013 年第 6 期。

③ [意大利]安东尼奥·葛兰西：《狱中札记》，葆煦译，人民出版社 1983 年版，第 121 页。

④ 中共中央文献研究室编：《十八大以来重要文献选编》(中)，中央文献出版社 2016 年版，第 157 页。

⑤ 蓝志勇、魏明：《中国现代化治理体系的方向和策略》，载《新华文摘》2014 年第 9 期。

政府治理和社会自我调节、居民自治良性互动”①的原则，推进社会治理体系创新。政府在经济建设、政治建设、社会建设、文化建设、生态文明建设等各领域中依然扮演着第一责任主体角色，必须尽快转变政府职能，创新行政管理方式，摒弃旧式的社会管理观念，树立以人为本、依法治理的理念。改进治理手段，注重法治方式的运用，强化政府在公共服务中的主导作用，尤其在食品、卫生、安全等领域中起关键作用。

社会组织是社会治理的中坚力量。社会组织是社会治理的重要载体和体现，社会组织的发展水平代表和制约着社会治理的水平。随着我国经济体制改革和政府职能的转变，我国社会组织的发展也已经进入快车道，社会组织的数量及种类不断增多，在社会治理中的作用越来越重要，正成为参与社会治理的中坚力量。据民政部统计，截至 2016 年底，全国共有社会组织 70.2 万个，比上年增长 6.0%。其中，社会团体 33.6 万个，比上年增长 2.3%；基金会 5559 个，比上年增长 16.2%；民办非企业单位 36.1 万个，比上年增长 9.7%。② 创新社会治理体制，在推进国家治理的进程中发挥社会组织参与的积极性和主动性，完善内部组织结构、强化自身管理水平、拓宽参与治理渠道，按照十八大报告的要求，“加快形成政社分开、权责明确、依法自治的现代社会组织体制”③。激发社会组织活力，实现政社分离，“不断推进社会组织明确职权、依法自治、发挥作用”；还权于社会组织，凡是“适合由社会组织提供的公共服务和解决的事项，交由社会组织承担”。④ 由此使社会组织真正享有独立性和自主性，不断提高自身能力建设，更好地服务于社会，使其朝着规范化、专业化、科学化的方向健康有序发展。

公众参与是社会治理的主要依靠力量。改革开放之所以取得如此巨大成就，靠的就是公众的广泛参与。今后社会的治理，依然需要公众参与到社会治理的各个领域。十八大报告提出：“开展形式多样的基层民主协商，推进基层协商制度化，建立健全居民、村民监督机制，促进群众在城乡社区治理、基层公共事务和公益事业中依法自我管理、自我服务、自我教育、自我监督。”⑤随着公众法治观念和文化素质的提升，目前公众参与已成为社会治理的主要依靠力量，并成为中国特色社会主义伟大实践的主体。因此要动员组织公众依法有序地参与社会治理、拓宽参与渠道，发挥公众参与社会治理的积极作用，形成社会治理人人参与、发展成果人人共享的良好局面。

---

① 中共中央文献研究室编：《十八大以来重要文献选编》(上)，中央文献出版社 2014 年版，第 539 页。

② 参见《2016 年社会服务发展统计公报》，民政部门户网站，http://www.mca.gov.cn/，2017 年 7 月 20 日。

③ 中共中央文献研究室编：《十八大以来重要文献选编》(上)，中央文献出版社 2014 年版，第 27 页。

④ 中共中央文献研究室编：《十八大以来重要文献选编》(上)，中央文献出版社 2014 年版，第 539 页。

⑤ 中共中央文献研究室编：《十八大以来重要文献选编》(上)，中央文献出版社 2014 年版，第 528 页。

三、目标维度:推进社会治理法治化

社会治理现代化要依靠法治化推进。十八大以来,法治成为社会治理改革的中心。习近平总书记强调:“法律是治国之重器,法治是国家治理体系和治理能力的重要依托。”[①]这一重要论述深刻阐明了创新社会治理的目标维度,必须坚持法治化。社会治理是国家治理的重要内容,也需要遵循法治这一基本原则。因此,坚持法治化是社会治理的重要环节,也是推进国家治理体系和治理能力现代化的应有之义和核心内容。如何实施社会治理法治化,需要我们从多方面努力加以推进。

1.建设中国特色社会主义法治体系。十八届四中全会《中共中央关于全面推进依法治国若干重大问题的决定》指出:“全面推进依法治国,总目标是加快建设中国特色社会主义法治体系,建设社会主义法治国家”[②],首次提出了“法治体系”这一重大科学命题。“法治体系”相较于“法律体系”而言,其内涵更加丰富,具有动态、立体和多向度等特点。习近平总书记强调,“法治体系是国家治理体系的骨干工程”,必须加快形成“完备的法律规范体系、高效的法治实施体系、严密的法治监督体系、有力的法治保障体系、完善的党内法规体系”[③]的中国特色社会主义法治体系,使得国家治理体系法治化、规范化、程序化。实施社会治理法治化是一个系统工程,是国家治理领域一场广泛而深刻的革命,需要做到“坚持依法治国、依法执政、依法行政共同推进,坚持法治国家、法治政府、法治社会一体建设”[④],相互协调发展。

2.形成利用法治思维化解社会矛盾的氛围。着力构建与人民群众利益相关的纠纷解决机制,保证群众合理诉求畅通,确保矛盾纠纷依法得以调解。不断拓宽群众诉求渠道,发挥国家、政府、社会治理作用,树立法治权威,形成化解矛盾纠纷机制的大格局。运用法治思维和法治方式努力提升社会治理的法治能力,积极推进社会各领域依法治理,通过制度化、法治化建设来引导人民群众敢于用法、善于用法来解决社会问题。习近平总书记强调指出:“要充分调动人民群众投身依法治国实践的积极性和主动性,使全体人民都成为社会主义法治的忠实崇尚者、自觉遵守着、坚定捍卫者,使遵法、信法、守法、用法、护法成为全体人民的共同追求。”[⑤]通过法治引导,形成人人遵法、人人依法,遇事依法解决纠纷、化

① 中共中央宣传部:《习近平总书记系列重要讲话读本》,学习出版社、人民出版社2016年版,第85页。
② 中共中央文献研究室编:《十八大以来重要文献选编》(中),中央文献出版社2016年版,第157页。
③ 中共中央文献研究室编:《十八大以来重要文献选编》(中),中央文献出版社2016年版,第187页。
④ 中共中央文献研究室编:《十八大以来重要文献选编》(中),中央文献出版社2016年版,第157页。
⑤ 中共中央文献研究室编:《十八大以来重要文献选编》(中),中央文献出版社2016年版,第184页。

解矛盾的询法、知法、依法、用法的良好社会氛围。

3.开展依法治理活动，提高法治化水平。一要提高法治化水平，这就要在社会治理过程中坚决维护宪法的最高法律地位和权威性。宪法是我国的根本大法，是保护人民权利和保障人民主体地位的基础和前提。宪法是人民享有公民基本权利的根本保证，宪法的核心内容就是确保人民的基本权利得以实现。我们贯彻落实依宪治国和依法执政，根本目的都是要保障宪法的权威性，要求按照宪法赋予的权限行事，这样才能确保人民群众的利益不受侵害。弘扬宪法精神，就要抓住立法这个关键环节，在不断提高立法科学性、民主性的进程中逐渐完善立法程序，健全立法体制，使得每一部立法都能既符合宪法精神，又体现人民意志、反映人民意愿。习近平总书记强调指出："宪法是国家的根本法，是治国安邦的总章程，具有根本性、全局性、稳定性、长期性。"①通过加强维护宪法的自觉性，为实现社会治理提供良好的法治氛围。二要树立法治观念，提高干部的依法治国的法治思维和法治理念。各级领导干部要转变传统"人治"管理观念，树立法治理念，增强法治意识，自觉学法、知法、懂法、守法。领导干部是实施依法治理的关键因素，关乎依法治理基本方略的贯彻落实、关乎依法治理前进的方向。依法开展各项活动，全面贯彻法治精神。领导干部不仅要自觉遵法守法，更要严格执法、公正司法，提升法治能力和水平，按法定程序办事，自觉接受人民群众的监督。同时领导干部更要敢于同那些危害、破坏及践踏法治的不法行为作斗争，言明立场，毫不退缩。特别是全国政法机关更要做依法治理的担当者和实践者、法治思想的宣传者和示范者。我们通过营造法治为人民、法治保公平、法治扬正义的良好氛围，使法治在中国特色社会主义事业的伟大建设中担负起它应有职责和使命。

四、方法维度：借鉴传统文化治理精华

中国优秀传统文化中蕴含了朴素的社会治理思想，比如：治国之道，必先富民，民富则易治，民贫则难治；为政之道，以顺民心为本，以厚民生为本，以安而不扰为本等。这些古代的社会治理思想是可以与现代各种治理政策相通的。我们可以借助传统文化的潜在功能解决社会治理中存在的问题。为此，2014 年 2 月 17 日，习近平总书记在省部级主要领导干部学习专题研讨班上强调指出："一个国家选择什么样的治理体系，是由这个国家的历史传承、文化传统、经济社会发展水平决定的，是由这个国家的人民决定的。我国今天的国家治理体系，是在我

---

① 习近平：《恪守宪法原则弘扬宪法精神履行宪法使命　把全面贯彻实施宪法提高到一个新水平》，载 2012 年 12 月 5 日《人民日报》。

国历史传承、文化传统、经济社会发展的基础上长期发展、渐进改进、内生性演化的结果。”[①]这一重要论述阐明了创新社会治理的方法维度，必须借鉴优秀传统文化治理的精华。这充分表明优秀传统文化在推进国家治理体系和治理能力现代化进程中的突出地位及重要作用。

治理中国这样的文明大国，决不能忽略优秀传统文化的深厚影响和历史烙印。实践也足以证明：“在带领中国人民进行革命、建设、改革的长期历史实践中，中国共产党人始终是中国优秀传统文化的忠实继承者和弘扬者，从孔夫子到孙中山，我们都注意汲取其中积极的养分。”[②]无论是党的指导思想还是治国理政的方针政策，都深受我国优秀传统文化中所蕴含思想精华的滋养，成为中国特色社会主义社会治理实践的渊源和独特标识。

站在新的历史起点，针对全面深化改革、推进国家治理体系和治理能力现代化的实践课题，创新社会治理需要借助中国优秀传统文化创造有效治理。习近平总书记在孔子诞辰2565周年国际学术研讨会上指出：“包括儒家思想在内的中国传统思想文化中的优秀成分，对推动中国社会发展进步、促进中国社会利益和社会关系平衡，都发挥了十分重要的作用。”[③]习近平总书记又强调：“要治理好今天的中国，需要对我国历史和传统文化有深入了解，也需要对我国古代治国理政的探索和智慧进行积极总结。”[④]因此，我们需要深入挖掘优秀传统文化的治理功能，善于汲取中华优秀传统文化中的治理智慧、借鉴传统文化中治理的经验来夯实社会治理基础，更好地服务于社会治理实践。我们需要借助优秀传统文化，挖掘治理思想精髓，不断赋予其新的时代特征和表现形式，进行“创造性转化、创新性发展”来推动社会治理，丰富我们的治理智慧，为推进中国特色社会主义社会治理伟大实践提供丰厚的文化滋养，更好地坚持道路自信、理论自信、制度自信和文化自信。我们还需要通过实施文化发展战略，创作优秀的文艺作品，促进文化繁荣。发挥文艺作品的影响力、感召力、吸引力，满足群众精神层面的需求，有利于心理和情绪的疏导。这样更好地发挥优秀传统文化治理功能，促进社会治理创新。

---

① 习近平：《完善和发展中国特色社会主义制度　推进国家治理体系和治理能力现代化》，载2014年2月18日《人民日报》。

② 习近平：《从延续民族文化血脉中开拓前进　推进各种文明交流交融互学互鉴》，载2014年9月25日《人民日报》。

③ 习近平：《从延续民族文化血脉中开拓前进　推进各种文明交流交融互学互鉴》，载2014年9月25日《人民日报》。

④ 习近平：《牢记历史经验历史教训历史警示　为国家治理能力现代化提供有益借鉴》，载2014年10月14日《人民日报》。

习近平总书记关于社会治理重要论述的内涵丰富，进一步回答了“什么是社会治理，怎样进行社会治理”这个重大理论和现实问题，充分体现出其对中国特色社会主义社会治理的科学认识、精准把握，是马克思主义理论中国化的最新理论成果。这些新观点、新论断、新思路，是进行中国特色社会主义社会治理实践的理论遵循和行动指南，有助于“两个一百年”奋斗目标和中华民族伟大复兴中国梦的早日实现。

论中国特色社会主义制度的人民价值取向

丁兆梅

摘要：人民性作为中国特色社会主义制度的本质属性，既是一种价值追求，又是一种价值实现。它体现为中国特色社会主义制度在改革完善过程中对人的自由全面发展的价值追求，以及在实践中对人民生活水平的提高、对人民民主的巩固和扩大、对人的精神境界的提升、对人民主体地位的保障、对人与自然和谐的推动、对人的素质和能力的提高。

关键词：中国特色社会主义制度；人民；价值取向

作者简介：丁兆梅，山东师范大学马克思主义学院讲师，博士，主要从事马克思主义中国化研究。

基金项目：国家社科基金项目“习近平全面深化改革思想研究”(14CXJJ09)。

人民性作为中国特色社会主义制度的本质属性，既是一种价值追求，又是一种价值实现。它体现为中国特色社会主义制度在改革完善过程中对人的自由全面发展的价值追求，以及在实践中对人民生活水平的提高、对人民民主的巩固和扩大、对人的精神境界的提升、对人民主体地位的保障、对人与自然和谐的推动、对人的素质和能力的提高。习近平总书记指出：“经过改革开放近40年的发展，我国社会生产力水平明显提高；人民生活显著改善，对美好生活的向往更加强烈，人民群众的需要呈现多样化多层次多方面的特点。”[①]这些成就的取得，离不开制度的有力保障，这也充分体现了中国特色社会主义制度的人民价值取向。

---

① 习近平：《高举中国特色社会主义伟大旗帜，为决胜全面小康社会实现中国梦而奋斗》，载2017年7月28日《人民日报》。

一、着力提高人民生活水平

马克思主义认为，人们为了能够创造历史，首先就需要衣、食、住以及其他东西。因此，第一个历史活动就是生产满足这些需要的资料，即生产物质生活本身。物质生活生产的高下，直觉决定着人们的生活水平。中国特色社会主义制度人民性价值的首要表现，是这一制度对物质资料生产的促进，由此对人民生活水平的提高。

"人民生活水平的提高，主要取决于两大因素：一是生产力和经济发展水平；二是社会经济制度的状况，这里的制度包括基本制度和经济体制。前者是提高人民生活水平的物质基础，后者是提高人民生活水平的制度保证。"①这两方面的关系，实质上就是生产力与生产关系之间的关系。而人民生活水平的提高，则是综合反映这两方面状况的最主要指标之一。从经济学的角度分析，生产力和经济发展是具有深刻的制度因素的，不同的制度安排会对生产力和经济的发展产生不同的影响，制度变革的目的就在于更好地解放和发展生产力。因此，从这一意义上说，人民生活水平的提高离不开制度因素。

首先，社会主义市场经济体制的不断完善，为人民生活水平的提高奠定了物质基础。1992 年党的十四大，明确了我国经济体制改革的目标是建立社会主义市场经济体制。党的十四大以来，我国经济体制改革在理论和实践上取得重大进展。社会主义市场经济体制初步建立，公有制为主体、多种所有制经济共同发展的基本经济制度已经确立，全方位、宽领域、多层次的对外开放格局基本形成。党的十八大再次强调，深化经济体制改革的目标是加快完善社会主义市场经济体制，推动各方面制度更加成熟更加定型。党的十八届三中全会指出，要紧紧围绕使市场在资源配置中起"决定性"作用和更好发挥政府的作用深化经济体制改革。"一带一路"的提出、亚洲基础设施投资银行的建立也进一步促进了中国经济体制的转型和升级，推动了中国经济和世界经济的深度融合。建立和完善社会主义市场经济体制，极大地激发了经济社会发展蕴藏的巨大潜力，使我国现代化建设取得巨大进步。我国经济社会发展在较长的时间里呈现增长平稳、结构优化、质量提升、民生改善的态势。

其次，社会主义法治建设大力推进，为人民生活水平的提高提供了法治保障。改革开放以来，我国大力推进法治建设，着力为经济社会发展和人民生活水平的提高提供完善的法治保障。在长期探索的基础上，党的十八届四中全会提出了全面推进依法治国的总目标，并研究部署深化法治建设的重大课题，通过了

① 顾钰民：《人民生活水平提高的制度因素》，载《社会科学》2000 年第 5 期。

《关于全面推进依法治国若干重大问题的决定》,开启了"法治中国"建设的新征程。回顾我们走过的路,无论是市场经济体系的培育与发展、公共权力的设置与运行、社会公正的构建与体验,还是公民诉求的表达与实现,都离不开"法治"这个基础。尤其是近年来,我国国民经济持续平稳发展,人民生活水平不断提高,以及全面小康社会的建设,更离不开法律制度和社会公平规则的构建。全面推进依法治国、建设法治中国,对于推动我国政治、经济、文化和生态文明的建设及民生的改善而言,是在明确目标、达成共识的基础上扎扎实实的实践。随着全社会法律意识和法治水平的提高,信仰法治、推进法治、践行法治氛围的形成,人权和公民各项合法利益将得到更为有力的保障,社会的公平与正义将在更高水平上得以体现。

最后,社会主义文化体制建设的加强,丰富了人民群众的精神文化生活。改革开放以来,党和政府深刻把握文化发展的新阶段新形势新要求,树立新观念、确立新目标、采取新举措,形成推进文化发展的正能量,不断推动文化建设取得新进展。党的十八大以来,特别是党的十八届三中全会以来,党中央紧紧围绕社会主义核心价值体系、社会主义文化强国深化文化体制改革,不断满足人民的文化需求、改善文化民生,在满足群众文化需求过程中提升群众的幸福感,推进了和谐社会建设。

二、大力推动实现人民当家作主

人民当家作主是科学社会主义的基本原则,也是社会主义民主政治的本质和核心。中国特色社会主义制度的制度价值在政治意义上体现,就是积极发展人民民主,保障和实现人民当家作主的权利和地位。

新中国成立后,我国确立了社会主义制度,为巩固和保障人民当家作主奠定了根本的政治前提和制度基础。1954 年我国第一部宪法就明确规定:中华人民共和国的一切权力属于人民。这揭示了我们国家制度的核心内容和基本准则。随着经济、政治、文化、社会建设和民主法制的发展,广大人民群众要求参与政治、公共事务管理的民主诉求日趋明显。有效疏导、实现人民群众的诉求,必然要求党和政府以尊重人民主体地位、保障人民民主权利为基础。

中国特色社会主义制度坚持党的领导、人民当家作主和依法治国的有机统一,奠定了人民当家作主的政治制度基础。党的十六届四中全会通过的《中共中央关于加强党的执政能力建设的决定》提出,坚持党的领导、人民当家作主和依法治国的有机统一,不断提高发展社会主义民主政治的能力。坚持党的领导、人民当家作主和依法治国的有机统一,抓住了发展社会主义民主政治的根本,抓住了不断提高发展社会主义民主政治能力的关键,奠定了人民当家作主的政治制度基础。

首先，党的领导是发展社会主义民主政治的根本保证。中国共产党执政，是历史的选择、人民的选择。在我们这样一个人口众多、经济文化比较落后且发展又很不平衡的大国，人民利益的广泛性、多样性，实现人民利益的复杂性、艰巨性，必然要求有一个能够代表最广大人民利益、体现和反映最广大人民意愿的政治集团和政治核心来团结和带领人民把革命、建设和改革事业不断推向前进，实现人民当家作主。历史和现实反复证明，在中国，离开了中国共产党的领导，就不可能顺利地完成国家和民族发展的各项目标，也谈不上真正实现人民当家作主、维护最广大人民的根本利益。

其次，人民当家作主是社会主义民主政治的本质要求。民主政治建设包含多方面的内容，其核心和本质就是人民当家作主。在社会主义国家，人民在政治上当家作主，享有管理国家和社会事务的最高权力。国家的一切权力属于人民，是我国社会主义国家制度的核心内容，是我国宪法所确立的根本准则。为了切实保障人民当家作主的各项权利，必须推进社会主义民主的制度化、规范化和程序化。民主就其本义而言，是指多数人的统治，即按照多数人的意志，通过预定的程序和方式，对国家和社会进行管理。作为国家制度的民主，从来都是具体的，有其特定的内容和形式、原则和规则。国体意义上的民主，表明各阶级在国家中的政治地位，体现国家的阶级本质；政体意义上的民主，表明怎样组织、运作和实现国家权力，体现国家的治理方式和形式。我国社会主义民主是国体与政体相统一的民主，也就是宪法确定的人民民主专政和人民代表大会制度。

最后，依法治国是社会主义民主的基本实现方式。邓小平同志在深刻总结历史经验和教训的基础上明确提出："为了保障人民民主，必须加强法制。必须使民主制度化、法律化……"[①]社会主义民主和社会主义法制是不可分割的。从制度上和法律上保证民主的实现，这是我们党对社会主义民主政治建设规律认识的一个重大转变。党的十八届四中全会首次以依法治国为主题，指出要坚持依法治国、依法执政、依法行政共同推进，促进国家治理体系和治理能力现代化。在中国，实现社会主义现代化是一项伟大而又极其复杂、艰巨的系统工程。要实现人民当家作主的各项权利，只有通过宪法和法律，使国家的各项工作在法治的轨道上进行，使全社会成员在宪法和法律范围内活动，才有可能做到。没有社会主义法制，国家就不可能形成安定团结的局面，就不可能有序地推进各方面的建设，也不可能真正巩固和发展社会主义民主政治。

① 《邓小平文选》第2卷，人民出版社1994年版，第146页。

三、不断提升人们的精神境界

人的精神境界是人的存在和发展状态在思想精神方面的反映。一个社会人们精神境界的高低直接反映了这个社会精神文明建设的程度。中国特色社会主义制度推进了社会主义精神文明的发展,促进了人们精神境界的提升。

中国特色社会主义制度极大提高了人们的科学文化素质。科学文化素质是决定人的思维方式和行为方式的重要因素,是人们过上美好生活的前提,更是实施创新驱动发展战略的基础。在科技日新月异、迅猛发展的今天,科技深刻地影响着经济社会生活的方方面面,公民科学素质已经成为国家综合实力的重要组成部分,成为先进生产力的核心要素之一,成为影响社会稳定、国计民生和生活品质的直接因素。

中国特色社会主义制度是提升人们精神境界的重要动力,改革开放以来国家采取了一系列措施加强公民的科学文化素质,取得了显著成效。根据中国科协于2015年3～8月开展的第九次中国公民科学素质抽样调查,我国公民科学素质总体水平大幅提升,圆满完成了"十二五"我国公民科学素质水平超过5%的目标任务。2015年我国具备科学素质的公民比例达到了6.20%,比2010年的3.27%提高了近90%,进一步缩小了与西方主要发达国家的差距。①

中国特色社会主义制度开拓了人们的思想观念。随着社会的进步,人们的思想观念也发生了巨大的变化。与社会主义市场经济相适应的自主意识、创新意识、开放意识和先进的思想文化意识,促进社会生产力发展的效率观念、效益观念、法制观念等文明进步的社会观念逐渐深入人心。这些变化是全方位的,既有政治的、经济的,同时还有文化方面的。

一是不断提升的民主法治意识。改革开放以来,随着中国特色社会主义制度和国家法制建设的发展,公民的民主意识也不断增强。广大人民群众以前所未有的历史主动性,以对实现中华民族伟大复兴的高度责任感,从实际出发,研究新情况,解决新问题。畅所欲言、议论风声,正是我们党民主政治建设的重要目标。经过多年的努力,我们已经开创了党和国家历史上最生动、最活跃、最有创造力的民主政治局面。人们已经习惯独立地思考、判断和决策,而不是人云亦云。人们也逐渐学会用法律武器维护自身的权益,国家法制的日益健全和完善,党和政府执政方式的转变,赋予了公民更大的活动空间,在很大程度上助长了公民的民主意识,近些年依法维权的事例层出不穷。当然,我们的民主是在宪法规

---

① 《中国科协发布第九次中国公民科学素质调查结果》,新华网,http://www.edu.cn/rd/zi_xun/201509/t20150921_1318399.shtml.

定范围内的民主，是在拥护中国共产党的领导和社会主义制度基础上的民主。相信随着我国政治制度的改革和法治建设的进一步深化，我们的民主制度也会进一步得到完善。

二是形式多样的就业观念。改革开放以来，随着中国特色社会主义制度的不断完善，各项改革开放措施的实施和经济状况的日益好转，人们就业的渠道呈现出多元化的趋势。在取消就业分配制的同时，政府逐步建立和完善就业指导体系，设立劳动力市场、就业中心等，各种民办就业中介机构也应运而生，通过报刊、电视、互联网发布招聘信息，网上就业已成为一种时尚。现在的人们足不出户就可以和用人单位签订劳动合同，真是世界变得越来越小。自谋职业形式已被广泛接受，人们承受失业压力的能力也不断增强。

三是五彩缤纷的审美观念。改革开放的春风使饱受“文化大革命”十年浩劫的人们重新获得了新生。人民思想获得了空前的解放。随着时间的推移，人们的审美观念日趋成熟，不再盲目跟从，学会了根据各自的特点选择服饰和打扮。随着生活水平的提高，人们的欣赏水平也随之提高，彰显个性、追求时尚、讲究实用成为人们普遍的选择。

中国特色社会主义制度提升了人们的道德水平。道德是提高人的精神境界、促进人的自我完善、推动人的全面发展的内在动力。一个社会是否文明进步，一个国家能否长治久安，很大程度上取决于公民思想道德素质。改革开放特别是党的十八大以来，党高度重视思想道德建设，作出一系列重要部署，要求“深入开展中国特色社会主义理想信念教育，培育和践行社会主义核心价值观，弘扬中华优秀传统文化，开展以职业道德为重点的‘四德’教育，深化‘中国梦·劳动美’教育实践活动，不断引导广大群众增强中国特色社会主义道路自信、理论自信、制度自信。”[①]各地区各部门认真贯彻中央精神，紧紧围绕中国梦和社会主义核心价值观建设，深入开展社会主义荣辱观宣传教育，不断深化群众性精神文明创建和志愿服务活动，广泛开展道德模范评选表彰和学雷锋活动，切实加强未成年人思想道德建设和大学生思想政治教育，有力促进了公民道德素质的提升，巩固和发展了积极健康向上的思想道德主流。爱国、敬业、诚信、友善等道德规范深入人心，民族精神、时代精神广为弘扬，人民群众展现出良好的精神风貌。

四、切实保障人民的主体地位

中国特色社会主义制度的形成和完善，靠的是中国共产党在社会主义建设

① 习近平：《在庆祝“五一”国际劳动节暨表彰全国劳动模范和先进工作者大会上的讲话》，载 2015 年 4 月 29 日《人民日报》。

过程中积极听取人民意见、反映人民愿望、汲取人民智慧。中国特色社会主义制度在改革发展过程中，为广大群众依法管理国家和社会事务、管理经济和文化事业以及管理自身的能力提供了重要的制度保障。

第一，保障人民当家作主的地位。人民当家作主是迄今为止国家治理实践中最大范围的政治民主。只有当大多数的人成为主体，治理国家权力由全体人民授予，乃至于人人享有治理国家权力的时候，人民当家作主的地位才意味着实现。人民代表大会制度就是这样一种保障人民当家作主地位的政治制度。作为我国根本政治制度的人民代表大会制度，保障人民通过全国人民代表大会和地方各级人民代表大会行使国家权力，全国人民代表大会和地方各级人民代表大会都是由民主选举产生，对人民负责，受人民监督，能够充分代表人民的意志，是最具有民主性质的国家权力机关。人民代表大会制度的核心是保证国家的一切权力属于人民，人民参与国家事务的管理，行使当家作主的权力。

第二，推动人民群众首创精神的实践运用。尊重人民群众的历史主体地位，实际上就是把尊重社会发展规律的马克思主义真理观与着眼于实现人民利益的马克思主义价值观完全贯通起来[①]，就是承认人民群众的实践主体力量，人民群众是先进的生产力和先进文化的创造主体。人民是社会实践的主体，实践不只是维持生命的手段，更是表现生命的方式。换言之，人们不仅是物质生活资料的生产者，还有从事政治、哲学、科学等能力，自觉参与国家事务和社会事务的管理，自觉遵守法律制度，自觉进行文化艺术创造。这种自觉意识的觉醒意味着人民真正当家作主，将推动社会主义民主政治的发展，为实现最广泛的人民民主提供思想基础。在社会生活中表现为人民的自主意识、平等意识、参与意识、选择意识日益增强。广大人民维护自身利益、行使合法权利愿望不断提高。这样，人民在民主选举、民主决策、民主管理、民主监督中发挥更加积极的作用，促使民主制度得到有效实施。[②] 中国特色社会主义制度始终坚持尊重人民群众的首创精神，不断获得事业发展的新动力，永葆制度的生机与活力。

第三，促进人民共享改革发展成果。“国家建设是全体人民共同的事业，国家发展过程也是全体人民共享成果的过程。”[③]中国特色社会主义制度及其运作的根本目的，是让人民共享改革发展成果，走共同富裕之路。人民共享改革发展成果，是让实际贡献存在差异的每个个体都能从经济社会发展中受益，让每个社

---

① 参见王克群、张磊：《尊重人民主体地位和首创精神》，载《中共石家庄市委党校学报》2011 年第 5 期。

② 参见王纯静：《“坚持人民主体地位”的哲学意蕴及现实意义》，载《理论与改革》2013 年第 3 期。

③ 习近平：《在庆祝“五一”国际劳动节暨表彰全国劳动模范和先进工作者大会上的讲话》，载 2015 年 4 月 29 日《人民日报》。

会成员得到尊重和认可，让每个人从改革开放取得的成就中受益。它是以社会公平正义、实现最广大人民的根本利益为归宿。社会主义社会的本质是共同富裕，人民共享改革发展成果是社会主义制度优越性的体现。改革开放以来，人民对改革发展的成果共享普遍表现在人民物质生活水平不断提高，人民在民主选举、民主监督等方面的政治参与权利有了实质性的扩大，文化生活成果显著等。

五、致力于推动人与自然和谐发展

人与自然的和谐是中国特色社会主义的价值追求，符合人的全面发展的价值理想。中国特色社会主义制度关注人的发展，把实现人与自然的和谐作为制度建设的重要价值目标，推动了人与自然的和谐统一。

1.围绕建设美丽中国深化生态文明体制改革

改革开放以来，我国在保持高速的 GDP 增长同时也付出了高昂的环境代价。环境问题凸显出生态文明建设的急迫性，我们要不断深化生态文明体制改革，也是实践“科学发展观”和建设“美丽中国”的必要条件之一。

《关于全面深化改革若干重大问题的决定》指出：“健全国家自然资源资产管理体制，统一行使全民所有自然资源资产所有者职责。完善自然资源监管体制，统一行使所有国土空间用途管制职责。改革生态环境保护管理体制。建立和完善严格监管所有污染物排放的环境保护管理制度，独立进行环境监管和行政执法。建立陆海统筹的生态系统保护修复和污染防治区域联动机制。健全国有林区经营管理体制，完善集体林权制度改革。及时公布环境信息，健全举报制度，加强社会监督。完善污染物排放许可制，实行企事业单位污染物排放总量控制制度。对造成生态环境损害的责任者严格实行赔偿制度，依法追究刑事责任。”①

自 2014 年 2 月中央全面深化改革领导小组第二次会议审议通过《关于经济体制和生态文明体制改革专项小组重大改革的汇报》以来，围绕中央对生态文明制度建设的部署，各地区积极行动，生态文明体制迎难而上，积极试点，稳慎探路。在提高排污费征收标准、扩大征收范围、加大处罚力度，推进排污权有偿使用和交易试点等一项项改革探索中，生态文明制度建设的总体思路日益清晰，经济与社会发展的生态效益得到一定程度的提高。

2.加快生态文明制度与法制建设

没有规矩，不成方圆。依法治国，依法治污，应成为全党全民的共识。完善

① 中共中央文献研究室编：《十八大以来重要文献选编》(上)，中央文献出版社 2014 年版，第 541～542 页。

生态文明立法体系建设是生态文明建设的一个重要方面，好的法律体系是依法保护环境的根本保障。现在，中国已经拥有了较为完备的环境法律体系。但是我们仍有一些不足需要改进，要树立正确的环境立法理念，积极推进政策法规的修订和完善，坚持立法工作的与时俱进。加强环境执法和监管的力度，加强环境问责制，防止权力寻租。2014 年修订通过的《环境保护法》已于 2015 年 1 月 1 日正式实施，这一环境领域的基本大法将环境保护融入经济社会发展，明确规定国家建立跨行政区域的重点区域、流域环境污染和生态破坏联合防治协调机制，实行统一规划、统一标准、统一监测，实施统一的防治措施，释放出了更强有力的环保监控信号。

在制度建设方面，《决定》指出："建设生态文明，必须建立系统完整的生态文明制度体系，实行最严格的源头保护制度、损害赔偿制度、责任追究制度，完善环境治理和生态修复制度，用制度保护生态环境。"①

健全源头保护制度，能够有效防止损害生态环境的行为，提高资源配置效率。第一，进行确权登记，对自然生态空间包括对水流、森林、山岭、草原、荒地、滩涂等进行统一的确权登记。第二，明确产权关系，明确国土空间自然资源资产的所有者、使用者、监管者及其权责利关系，形成归属明晰、权责明确、监管高效的自然资源资产产权制度。第三，对用途进行管制，明确各类国土空间开发、利用及保护的边界，实现能源、水资源及矿产资源按质量进行分级，实现梯级利用。第四，严格准入制度，实行最严格的土地用途管理、资源节约管理，强化规划，严格审查，禁止不符合用途管制和节约标准的开发活动。

健全损害赔偿制度和责任追究制度。首先，加强资源环境监管，整合自然资源及环境保护的监管资源，加强法律监督、行政监察、公众监督，加大违法行为查处和惩罚力度；加强对浪费能源资源、违法排污、破坏生态环境的执法监察，建立资源环境监管机构统一且独立开展行政执法的机制，加强行政执法与刑事司法的衔接，加强基层执法队伍建设。其次，实行最严格的环境损害赔偿制度，减少对环境的污染和生态的破坏。对于污染破坏环境的任何企业或个人，处以巨额环境损害赔偿罚款，让违法者付出沉重的代价，使其不能为、不敢为。最后，制定严格的环境损害赔偿制度实施办法，完善"环境公益诉讼"制度，解决环保责任不落实、守法成本高、违法成本低等问题，把间接财产损害和环境健康损害等因素考虑进去，具有可操作性和威慑力。

完善环境治理和生态修复制度，加大自然生态系统和环境保护力度。实施重大生态修复工程，增强生态产品生产能力，推进荒漠化、石漠化、水土流失综合

① 中共中央文献研究室编：《十八大以来重要文献选编》(上)，中央文献出版社 2014 年版，第 541 页。

治理。加快水利建设,加强防灾减灾体系建设。坚持预防为主、综合治理,以解决损害群众健康突出环境问题为重点,强化水、大气、土壤等污染防治。坚持共同但有区别的责任原则、公平原则、各自能力原则,同国际社会一道积极应对全球气候变化。

3.健全人与自然和谐发展的机制

习近平总书记指出:"保护生态环境就是保护生产力,绿水青山和金山银山绝不是对立的,关键在人,关键在思路。"①健全人与自然和谐发展的机制,体现了思维方式的变化,由单目标的思维方式转变为辩证的全面的思维方式,由以往的经济增长为唯一目标变为经济增长与生态系统保护相协调。在改造自然满足人类需要的同时,约束人类自身的行为,兼顾自然界的和谐与稳定,保证人与自然和谐发展。生态环境的优劣,影响到子孙后代的生存空间,影响到一个国家和地区人与自然能否协调发展,经济社会能否实现可持续发展,我们需要抱定对人的健康和生命负责的态度、对历史和未来负责的态度,转变发展观念,为子孙后代留下蓝天净土、绿水青山。

大力推进绿色技术创新。作为一个发展中国家,中国在制定和实施环境政策时必须保证环境保护与经济增长的动态平衡。经济增长是收入增长和国民就业的保证,不考虑经济增长的环境政策是难以实施的。但是,中国目前的经济增长方式已经对环境和资源造成了巨大压力,不计环境和能源代价的经济增长注定是不可持续的。在生产技术给定的情况下,经济增长和环境保护存在着难以避免的两难冲突,追逐更快的经济增长必将面临更严峻的环境压力。但考虑到技术进步的作用,社会就可能实现经济增长与环境保护的长期双赢。借助于"绿色技术",在经济增长的同时环境质量也有可能得到改善。

加大自然生态系统和环境保护力度。实施重大生态修复工程,增强生态产品生产能力,推进荒漠化、石漠化、水土流失综合治理。加快水利建设,加强防灾减灾体系建设。坚持预防为主、综合治理,以解决损害群众健康突出环境问题为重点,强化水、大气、土壤等污染防治。坚持共同但有区别的责任原则、公平原则、各自能力原则,同国际社会一道积极应对全球气候变化。

群众要树立科学的生态文明观念,提高生态文明意识。从小事做起,树立现代理性环保消费意识,反对浪费,不能只考虑满足当前需求,而要将眼光放长远,要让我们的后代对消费和安全健康的需求也得到满足。在城乡居民和企业中利用各种办法和途径进一步普及、深化生态道德文化宣传教育。向全社会宣传普

① 《习近平参加贵州团审议》,新华网,http://cpc.people.com.cn/n/2014/0307/c64094-24560495.html.

及生态道德、生态文化、生态文明方面的知识，具有重大现实意义和深远的战略意义，应当作为一件大事加大工作力度，切实抓好。

倡导健康合理的消费模式，根据自己的实际情况适度消费，绿色消费，选择对生态环境没有危害的产品，选择对健康有益的产品，拥有低碳的生活方式。低碳的生活方式是指在资源的消耗上、效率上与以往相比都越来越好，低能量、低消耗。这种生活方式是健康且绿色的，是有利于人与自然和谐相处的生活方式。家庭是国家的细胞，所以，每个家庭的生活方式总合起来会对国家产生巨大的影响。因此，生态文明建设要倡导低碳生活方式，首先应从家庭开始，从个人做起。生态文明的生活方式，要靠每个人思想觉悟的提升，要靠自身素养的提升。保护我们的生活环境才能使我们更好地发展下去。

六、全面提高人的素质和能力

一个社会的进步发展与这个社会中人的素质和能力是辩证统一、密切相关的。当社会中人的素质和能力满足这个社会发展的要求时，它就能促进社会的进步发展；反之，则会阻碍社会的发展进程。当然，社会的进步发展也有利于提升人的素质和能力，促进人的全面发展。正如马克思所说，人创造环境，同样，环境也创造人。

提高人的素质和能力是社会主义现代化的重要保证。人的能力与素质密切相关，人的能力的发展总是以一定的素质为基础。素质是用来衡量一个人的综合能力，各方面能力强，素质就高，只有在工作生活中不断加强和提高自己的能力，才能提高自己的综合素质。能力是在实践中不断培养的，素质也是在不断实践中提高的。

人的素质和能力不是从来如此和固定不变的，它是人在社会实践中经历的一个从较低层次到较高层次、从有限到比较充分、从片面到全面的逐步实现和提升过程。改革开放以来，在中国共产党的正确领导下，我们始终坚持中国特色社会主义的正确道路，不惧艰难险阻，团结奋斗，在20世纪末整体上进入了小康社会。党的十八大又提出了全面建成小康社会的伟大目标。今天我国民众的生活水平已经显著提高，人的整体素质也有了极大的进步。

从身体素质方面看，随着人们生活水平、医疗条件等的提高和改善，我国国民健康的重要指标已跃居世界发展中国家的前列。据统计，2014年全国人口出生率、死亡率、平均预期寿命等几项指标均已达到了国际上通行的英格尔斯现代化标准。不仅如此，当代青少年的生理素质和生理机能水平都有不同程度的提高和增强。习近平总书记在会见参加全国群众体育先进单位和先进个人表彰会时强调："增强人民体质，是我国体育工作的根本方针和任务。全民健身是全体人民增强体魄、健康生活的基础和保障，人民身体健康是全面建成小康社会的重要内涵，是每一个人成长和实现幸福生活的重要基础。”[①]我国各级党委和政府高度重视体育工作，把体育工作放在重要位置，国民素质大大增强。

从精神面貌和思想道德素质方面看，改革开放以来，人们的主体意识、竞争意识不断增强，逐渐塑造了独立的人格和个性。在市场经济规律的调整下，主动思考、判断、决定和作为，为改善社会境遇而奋斗，为实现自身价值而努力，使自身潜力得到更好的发挥。社会主义精神文明建设，还推动了当代中国人的爱国主义、集体主义和奉献精神的增强，世界观、人生观、价值观趋向健康科学，思想道德水准提高，人际关系改善，人们的思想观念现代化程度明显提高。

从科学文化素质方面看，经济的发展带动了我国教育事业的不断发展，人们的科学文化素质也得到普遍提高。中国在融入世界经济全球化的趋势和潮流中，频繁地开展与世界各国的技术、管理经验、教育、体育、法律、文学、艺术、旅游等的交流。这使人们走出了自己狭小的空间，超越地域性、传统性的范围，投入到国际大交往之中，结成广泛的经济、科技、法律等社会关系，在继承中华民族优良文化传统的同时，接触到了世界的先进文化成果，在中西文化的撞击和融合中把外部积极因素内化成为自身科学文化素质。

在影响人的素质提高的社会环境因素中，制度起着重要作用，通过建立和完善社会主义市场经济体制提高了人们的市场经济活动能力，人们的市场意识获得了较大的提升，我们已经成为世界市场经济链条中不可或缺的一环，我们已经生活在经济交往全球化的世界。通过建立和完善民主政治制度提升了人们的政治参与能力，人们的民主意识有了较大的提高，随着社会主义民主制度的确立和完善，人民群众取得了主人翁地位，人民当家作主，参与国家管理的权利得到了保证，民众对自身利益表达的愿望越来越强烈，通过新型方式（如互联网）表达对国家或社会事务管理的意见，人们的民主意识在政治领域得到了体现和发展。通过建立和完善尊重自由、科学精神的文化制度，提升了人们的精神文化创造活动能力。人需要依赖于环境，受自然规律制约，环境的优化促进了人的素质和能力的提升，为人们创造了更加广阔的发展空间，推动了社会的发展。

① 习近平:《在全国体育先进单位和先进个人表彰会上的讲话》，载 2013 年 9 月 1 日《人民日报》。

当代中国马克思主义哲学的生成逻辑

——恩格斯《费尔巴哈论》引发的思考

周　栋

摘要:改革开放以来,当代中国马克思主义哲学的发展异彩纷呈,但是并没有形成被学界广泛接受、主体内容一致、核心特征明确和实践指导性强的哲学理论。如何思考建构当代中国马克思主义哲学成为当前学界的重要问题,从哪些视角运思,就成为建构问题的首要关注点。恩格斯在创作《费尔巴哈论》时的过程以及内容,充分展示了他对以往的哲学和同时代德国哲学与马克思主义哲学的关系梳理,是建构和阐述新思想新哲学的经典著作,他与马克思的思想发展历程为当前中国马克思主义哲学的发展带来了重要借鉴。从恩格斯《费尔巴哈论》的创作和内容展开思考,分析中国的马克思主义哲学发展,提示我们可以从四个视角运思当代中国马克思主义哲学的生成逻辑,即"源—流—源"的视角、"问题—哲学—问题"的视角、"吸取—扬弃—创新"的视角、"逻辑—历史—逻辑和历史的统一"的视角,四个方面涵盖了当代中国马克思主义哲学生成逻辑的起点、内容、过程和结果,是建构当代中国马克思主义哲学的整体运思,也是重要生成原则。

关键词:当代中国马克思主义哲学;《费尔巴哈论》;生成逻辑

作者简介:周栋,山东师范大学马克思主义学院讲师,中央党校马克思主义哲学博士生,主要研究方向为马克思主义哲学、马克思主义中国化理论。

当代中国马克思主义哲学是中国哲学的最新理论,是当代中国继承创新马克思主义哲学、中国传统文化和总结概括当代中国社会实践发展的哲学思想。它是历史地产生和逻辑地形成的,是对当代中国问题研究分析的理论结果,是对中国社会发展的哲学思考,具有客观清晰的生成逻辑。恩格斯 1886 年发表的《路德维希·费尔巴哈和德国古典哲学的终结》(以下简称《费尔巴哈论》),充分论述了马克思主义哲学的生成逻辑。通过对恩格斯《费尔巴哈论》的创作及其内容研究，我们可以对比思考当代中国马克思主义哲学的产生及其内容指向，可以尝试分析当代中国马克思主义哲学的生成逻辑。

一、《费尔巴哈论》的创作及其现实价值

1886 年初，恩格斯在德国社会民主党的机关刊物《新时代》杂志的第 4 期和第 5 期上发表了《路德维希·费尔巴哈和德国古典哲学的终结》(以下简称《费尔巴哈论》)，之后又于 1888 年经过修订以单行本出版，很快被视为阐述马克思主义哲学理论的经典著作。在这本著作中恩格斯系统地阐述了马克思主义哲学与德国古典哲学尤其是与黑格尔哲学、费尔巴哈哲学的关系，并对马克思主义哲学产生的自然科学前提、社会历史条件和哲学理论渊源作了细致梳理，对辩证唯物主义特别是历史唯物主义原理作了科学的论述。当前面对中国的马克思主义理论的发展现状和当代中国马克思主义哲学的生成，《费尔巴哈论》的创作和内容应该被重视并予以借鉴、思考。

19 世纪 40 年代开始，费尔巴哈对黑格尔的唯心主义哲学进行了批判，引发了德国思想界对费尔巴哈的巨大反对，学界对费尔巴哈的态度出现分歧。但是，丹麦哲学家施达克支持费尔巴哈的思想，并对其展开辩护，甚至在 1885 年出版了《路德维希·费尔巴哈》一书，详细阐述费尔巴哈的思想。在其著作之中，施达克把费尔巴哈看作唯心主义者，这是对费尔巴哈的误读和误解。与此同时，德国思想界也出现了对唯物主义和唯心主义的界限的混淆，于是，德国社会民主党机关刊物《新时代》杂志的编者请恩格斯著文评述施达克的著作。

德国古典哲学对马克思和恩格斯的哲学思想产生了重大影响，尤其是黑格尔和费尔巴哈的哲学，马克思的辩证唯物主义和历史唯物主义几乎都来源于德国古典哲学。1845 年，马克思决定与恩格斯“共同阐明我们的见解与德国哲学的意识形态的见解的对立，实际上是把我们从前的哲学信仰清算一下”[①]。他们清算的具体结果就是马克思的《关于费尔巴哈的提纲》和他们共同完成的《德意志意识形态》手稿，虽然最终没有出版，但是，马克思认为，“既然我们已经达到了我们的主要目的——自己弄清问题，我们就情愿让原稿留给老鼠的牙齿去批判了”[②]。40 多年后，1886 年，恩格斯再次意识到：“关于我们和黑格尔的关系，我们曾经在一些地方作了说明，但是无论哪个地方都不是全面系统的。至于费尔巴哈，虽然他在好些方面是黑格尔哲学和我们的观点之间的中间环节，我们却从

① 《马克思恩格斯文集》第 2 卷，人民出版社 2009 年版，第 593 页。

② 《马克思恩格斯文集》第 2 卷，人民出版社 2009 年版，第 593 页。

来没有回顾过他。”[①]尤其是伴随着德国哲学的影响日益扩大和马克思主义哲学的广泛传播，人们对马克思主义哲学和德国哲学之间关系的认识愈发混乱，对德国古典哲学的发展演变以及黑格尔、费尔巴哈哲学的认识评价模糊不清。所以，1886年，恩格斯发表了《路德维希·费尔巴哈和德国古典哲学的终结》，在其中梳理了马克思主义哲学同德国古典哲学的关系，并且对黑格尔和费尔巴哈也作出了正确的评价。

在《费尔巴哈论》中，恩格斯明确提到了他们对德国古典哲学的继承和发展，也严格清算了德国古典哲学特别是黑格尔和费尔巴哈哲学对他们的影响。他承认他和马克思都曾经跟随过黑格尔，也曾经追随费尔巴哈批判过黑格尔，但是他们并没有真正地变成纯粹的费尔巴哈派。而是随着对社会和革命的认识的深入，不断地克服费尔巴哈，最后在1845年的春天，彻底摆脱了费尔巴哈，创立了自己的理论——历史唯物主义。在1845年之后，马克思和恩格斯就开始了对崭新的历史唯物主义的研究，在研究过程中不断地对费尔巴哈的旧唯物主义展开清理和对黑格尔展开根本的批判。但是，直到马克思去世，他们也没有真正公开地系统阐述历史唯物主义，历史唯物主义甚至被一再误读和误解。从19世纪40年代到80年代，工人阶级的阶级斗争、政治思想斗争实践不断风起云涌，理论的追随就显得更为重要，工人阶级对马克思主义哲学的理解和认识虽然也有很多正确的内容，但是，当时的黑格尔、费尔巴哈哲学的影响也带给了工人阶级许多迷茫。于是，为了澄清当时德国社会民主党的思想，恩格斯决定梳理马克思主义理论体系，为工人阶级提供一套正确的革命体系。

从《费尔巴哈论》的内容来看，单行本分为序言、正文和附录三部分。序言是1888年恩格斯为本书单行本的出版而写的。介绍了写作的具体原因和背景，以及发行单行本的重大意义。正文部分包括四章和一个结束语，第一章首先分析黑格尔哲学，指出了黑格尔哲学的资产阶级思想实质，剖析了黑格尔辩证法的“合理内核”，阐述了唯物辩证法的基本思想，也进一步分析了黑格尔哲学的破产原因和过程，同时分析了黑格尔哲学带给我们的实际价值。他指出：“总之，哲学在黑格尔那里完成了，一方面，因为他在自己的体系中以最宏伟的方式概括了哲学的全部发展；另一方面，因为他（虽然是不自觉地）给我们指出了一条走出这些体系的迷宫而达到真正地切实地认识世界的道路。”[②]恩格斯不仅揭示了黑格尔辩证法的问题所在，还进一步指出了黑格尔辩证法的真正价值：“归根到底，黑格

① 《马克思恩格斯文集》第4卷，人民出版社2009年版，第265页。

② 《马克思恩格斯文集》第4卷，人民出版社2009年版，第273页。

尔的体系只是一种就方法和内容来说唯心主义地倒置过来的唯物主义。”①黑格尔用辩证哲学真正揭示了历史的发展逻辑。

第二章和第三章则系统概括了哲学的基本问题、分类和具体内容，并从各个方面分析了费尔巴哈哲学，也作出了客观的系统评价。恩格斯系统地阐述了哲学的基本问题，他指出：“全部哲学，特别是近代哲学的重大的基本问题，是思维和存在的关系问题。”②他还明确指出：“哲学家依照他们如何回答这个问题而分成了两大阵营。凡是断定精神对自然界来说是本原的，从而归根到底承认某种创世说的人，组成唯心主义阵营。凡是认为自然界是本原的，则属于唯物主义的各种学派。”③同时思维和存在是否具有同一性问题也把不同的哲学家分成了两派，即可知论和不可知论。对于费尔巴哈，恩格斯则指出：“费尔巴哈的发展进程是一个黑格尔主义者走向唯物主义的发展进程，这一发展使他在一定阶段上同自己的这位先驱者的唯心主义体系完全决裂了。”④他分析了18世纪唯物主义的庸俗性和机械性局限，对费尔巴哈的唯物主义特点展开论述，揭示了费尔巴哈的不彻底性。在历史观上，费尔巴哈是典型的唯心主义者，尤其是他的“宗教哲学和伦理学”，他甚至还试图把人与人之间的关系直接“看做新的、真正的宗教”。对于政治领域，费尔巴哈则完全搞不懂其实质，甚至施达克也认为，是一个“不可通过的领域”。道德对于费尔巴哈也同样是虚伪的，没有任何根基。因此，恩格斯指出：“对抽象的人的崇拜，即费尔巴哈的新宗教的核心，必定会由关于现实的人及其历史发展的科学来代替。这个超出费尔巴哈而进一步发展费尔巴哈观点的工作，是由马克思于1845年在《神圣家族》中开始的。”⑤

第四章在对前三章综合的基础上，阐述了马克思主义哲学是批判地继承黑格尔辩证法的“合理内核”和费尔巴哈唯物主义的“基本内核”的，是一套全新的哲学观点。恩格斯在思想的脉络上回顾了他们的理论构建过程，他们的理路是从黑格尔出发，到达费尔巴哈，而后扬弃他们，完成建构，这也可以说是德国古典哲学的终结和马克思主义哲学产生的统一的历史过程。恩格斯以史为线索，把逻辑和历史统一了起来。在结束语中，恩格斯总结道：“德国的工人运动就是德国古典哲学的继承者。”⑥这恰恰是马克思主义的理论对实践的把握和意义。

通过恩格斯的《费尔巴哈论》的主要内容，我们通常都会大体概括马克思主

① 《马克思恩格斯文集》第4卷，人民出版社2009年版，第280页。
② 《马克思恩格斯文集》第4卷，人民出版社2009年版，第277页。
③ 《马克思恩格斯文集》第4卷，人民出版社2009年版，第278页。
④ 《马克思恩格斯文集》第4卷，人民出版社2009年版，第281页。
⑤ 《马克思恩格斯文集》第4卷，人民出版社2009年版，第295页。
⑥ 《马克思恩格斯文集》第4卷，人民出版社2009年版，第313页。

义哲学的基本内容：主要包括哲学的基本问题，以及唯心主义的错误和合理性，还阐述了唯物主义的大体发展和正确理论，从而提出了辩证唯物主义和历史唯物主义。尤其是阐述了历史唯物主义的主要基本原理：(1)唯物史观的根本任务：发现历史中的客观规律，一般运动规律；(2)社会历史发展规律是客观的；(3)社会发展的动力是表面动机后面的物质动因；(4)人民群众是历史的创造者；(5)阶级斗争是阶级社会发展的动力；(6)生产方式是社会发展的最终原因；(7)经济基础决定国家、法律、哲学、宗教等等。

《费尔巴哈论》体现了恩格斯对马克思主义哲学的概括和阐述，它是在批判地继承当时思想理论的基础上，对马克思主义哲学的科学论述。它明确了唯物主义历史观的内涵和核心特征，是对当时德国古典哲学的发展和扬弃。恩格斯对德国古典哲学的态度是非常值得赞扬和学习的，他从思想史展开思考，对黑格尔、费尔巴哈等德国哲学家的思想进行了系统科学考察，结合马克思的哲学思考研究当时的思想问题，概括总结了全新的哲学观——唯物史观。恩格斯的论述充体现了思想传承、问题意识、创新发展和历史思维等特点，这是真正继承发展旧思想旧理论的科学态度和程序，是完整表述新思想新观点的重要原则和思路。这对当代中国马克思主义哲学的生成具有极其重要的借鉴意义，它完全可以成为中国发展当代马克思主义哲学的实践原则和具体思路。

二、当代中国马克思主义哲学的内涵演变

20世纪初，马克思主义开始在中国广泛传播，新中国成立之后，马克思主义哲学逐渐成为中国的主导哲学思想。当代中国马克思主义哲学的基本演变进程主要包括：

改革开放前，计划经济时代，基本是以斯大林的《联共党史》第四章第二节《辩证唯物主义和历史唯物主义》的基本内容为主要内容的，也就是我们常说的教科书体系。苏联哲学主张从本体论思维出发，集中对实体性哲学展开研究，把唯物论中的物质决定性作为第一出发点，系统论述唯物主义自然观，强调历史唯物主义是辩证唯物主义在历史观领域的应用。因此，马克思主义哲学的基本原理简化为辩证唯物主义和历史唯物主义。辩证唯物主义主要表现为物质观、实践观、主观能动性和客观规律的统一性、辩证唯物认识论等，历史唯物主义则主要表现为社会运动规律论、基本矛盾论、历史动力论、人民主体论等。但是，这一体系化的马克思主义哲学并没有彰显人的主体性，客观性、自然性成为世界的基础，自然辩证法完全掩盖了人性。后来，中国基本全盘接受过来，把这一套教科书体系照搬过来，并且加以研究推广应用。我们也认为，社会历史发展的规律同自然规律完全一样，我们必须消除自我、消除个体、服从集体。直到现在我们的哲学教科书体系仍然延续这一体系，即把马克思主义分为三大部分——马克思主义哲学、马克思主义政治经济学、科学社会主义理论等，其中马克思主义哲学又分为唯物论、辩证法、认识论、唯物史观等。

改革开放后，我国哲学研究又进入了认识论研究领域。中国的改革开放要求展开对社会主义建设的认识反思，如何思考社会主义、如何进行改革建设，成为当时中国各界广泛思考的问题。这个问题体现在哲学上，就是认识论问题，就是如何认识社会主义和社会主义建设的问题。哲学是时代问题的理论解答，这就要求认识论的理论研究和理论解答。因此，认识论的大发展就成为实践和理论的必然。20 世纪 80 年代，我国学术界展开了大量的认识论哲学研究，马克思主义哲学也出现了认识论转向；甚至一些学者认为马克思主义哲学就是认识论哲学，他们认为应该从认识论视角重新阐述马克思主义哲学体系。比如吉林大学高清海教授的《马克思主义哲学基础》一书明确把认识论提到了较高的地位。80 年代中后期也兴起了价值论研究，价值论也属于认识论的一个路向，甚至一度成为中国马克思主义哲学研究的重要内容，国内也出现了大量的价值论研究机构、团队等。

20 世纪 90 年代开始，中国马克思主义哲学又转向实践哲学研究。随着中国社会主义建设的不断推进，人们越发意识到主体的重要性、人的理性能力在社会历史发展中的重要作用。因此 90 年代初的马克思主义哲学中，人的主体性得到凸显，开始出现人学研究，对人的完整性、独立性、理性能力等展开大量研究。人学“是在综合和提升各门人的科学的基础上，建立一门以完整的人及其本质、存在和历史发展规律为研究对象的新的科学，这门科学应克服抽象人道主义的局限，达到对人的完整的科学理解”[①]。人学并不是独立于马克思主义哲学之外的一门新思想，“实际上，哲学研究的既往成果是人学建立和发展的思想史基础和思想资料，这些成果既服从于人学的主题，又作为部分因素和思想资料存在于人学之中”[②]。20 世纪 90 年代末之后的人学，再与价值论结合，即寻求人的价值、能力等等，再到哲学的不断攻城略地，比如扩展到经济、政治、社会发展哲学等领域。可以说哲学的实践性开始彻底绽放，尤其是进入 21 世纪以来，马克思主义哲学更多地被视为一种实践哲学，“当代中国马克思主义哲学的发展当然也不会例外”[③]。直到现在，我们的哲学研究百花齐放，学术界也进入百家争鸣的阶段。

而在中国的马克思主义研究历程中，20 世纪 70 年代末才真正开始进入原

---

① 韩庆祥：《马克思的人学理论》，河南人民出版社 2011 年版，第 7 页。

② 韩庆祥：《马克思的人学理论》，河南人民出版社 2011 年版，第 10 页。

③ 王南湜：《马克思主义哲学中国化的历程及其规律研究》，北京师范大学出版社 2012 年版，第 145 页。

典的细致研究阶段，从而开始提出马克思的存在论、主体论、认识论、实践论、整体论转向等观点，而这些观点其实都有合理性内容，甚至可以说都是马克思主义哲学中的某一视角的阐述。这些阐述也都紧紧围绕马克思和恩格斯的著作进行了系统梳理和追根溯源，都合乎马克思和恩格斯的理论意蕴，但仍然没有抓住根本，那就是马克思和恩格斯的一切理论的出发点和落脚点仍然没有被我们重视。从《费尔巴哈论》的写作来看，表面上恩格斯是在针对错误理论和误解阐述马克思的理论，但是他背后的深层内涵更是对 40 年前的理论的再梳理和发展，是基于一些人的理论倒退、马克思和恩格斯自身理论的再思考的有意更新。从这个角度来看，其实无论对马克思还是恩格斯，他们都是认为理论产生后要起作用抑或要继续发展才是更重要的，而且，恩格斯在 1888 年也的确认为他们的理论没有被真正理解和使用，所以他就继续系统梳理和再强调。

如何思考认识进入中国的马克思主义理论？马克思主义的传入理所当然地应该为我所用，结合当时的革命情形运用其中的诸多有效理论，是对这一理论的革命性意义的发挥。社会主义建设时期同样如此，从苏联那里继续借用马克思主义理论来为我所用，来为我们的社会主义建设保驾护航，毫无异议，因为当时的中国社会制度就是基于马克思主义理论建构的。但是，任何一个理论的产生都有其时代性特点，就像恩格斯写作《费尔巴哈论》一样，他也是有针对性地基于当时的具体情形来写作的。尤其是在经过对当时资本主义的研究也就是经济问题的研究之后，他们分析了资本主义经济的产生、发展及其趋势。他们更加清楚地认识了唯物史观，把握了社会历史发展的客观规律，看清了人类的思想意识。马克思和恩格斯开始从哲学思想和历史观领域思考社会，对整个哲学发展史认识愈发清晰，对自身哲学思想的发展演化以及本质特点的总结概括就尤为重要，对自身哲学的科学性和正确性的认识就愈发明确，对马克思主义哲学的误读就愈加引起恩格斯的烦恼和愤慨，对马克思主义哲学的系统梳理和阐述就颇为必要。这也给我们提供了借鉴思考，可以让我们从这一历史和理论发展中吸取经验、总结反思。

三、当代中国马克思主义哲学的生成性思考

中国在社会主义建设方面，自建国伊始到改革开放是一个颇为曲折的过程。概括来看，中国社会经历了惯性思维式的模仿、水土不服的危机、痛定思痛的反思、回归原点的制度研究、大刀阔斧的改革与大开国门的开放；在对社会主义的认识上也经历了盲目的定性式思维、理论与现实的差异、回归理论的原典研究、合理合史的注解；在马克思主义哲学的研究上也理应源于历史的实践进程归思，也理应借鉴和关照现实，在反思、总结、扬弃、创新的过程中逐渐生成。即像恩格

斯在《费尔巴哈论》的写作以及内容所揭示给我们的那样，应该去基于我们中国的社会主义建设进程来重新思考当代中国的马克思主义哲学其内涵是什么，通过什么原则去建构，以及应该涵盖中国理论和实践的哪些方面。

对此，笔者认为应该从以下四个视角展开运思：

1.“源—流—源”的视角。这是从理论渊源和思想发展的演进方面谈论思想发展的。比如马克思和恩格斯创作自己的理论，他们也是系统学习了德国古典哲学、英国政治经济学、英法空想社会主义的理论、当时欧洲的自然科学和其他思想理论之后才产生自己的思想理论观点的。他们之前的哲学、经济学、历史学甚至自然科学等都是他们思想的“源”，这些思想之“源”又受到其他学者、思想家的研究、解读、发展，又会形成诸多的思想流派。虽然这些思想流派不尽正确或者合理，但终归是依“源”之“流”，尽可借鉴参考，甚至使人豁然开朗。马克思和恩格斯恰恰就是基于这些思想之“源”和发展之“流”，展开自身的理论创作的，甚至他们的理论也一度成为某种发展之“流”，这一思想之“流”经历一番过程性思考和作用后，又汇集成一个理论整体，能够充分揭示规律和适用于社会实践（革命和建设），自然得到重视、继承和发扬光大，又变成了其后的思想之“源”。马克思主义哲学对德国古典哲学的许多思想都进行了大量借鉴和批判，然后才真正创作出来。就像恩格斯指出的：“我感到越来越有必要把我们同黑格尔哲学的关系，我们怎样从这一哲学出发又怎样同它脱离，作一个简要而又系统的阐述。同样，我也感到我们还要还一笔信誉债，就是要完全承认，在我们的狂飙突进时期，费尔巴哈给我们的影响比黑格尔以后任何其他哲学家都大。”[①]同样的道理，马克思主义传入中国之时，中国也有许许多多的思想理论，中国传统的、西方引进的，都被我们思考甚至使用，并且在中国革命中确实都起到了作用。基于这些理论渊源，以毛泽东同志为核心的中国共产党人继承和运用了马克思主义理论，并且结合中国实际创造性地概括提出了毛泽东思想。当前社会新的建设时期，依然面临着如此之多的思想理论，尤其是马克思主义哲学实现了大发展，我们基于马克思主义哲学创新提出了太多新思想新观点，比如认识论、本体论、实践论、价值论等等。这些又毫无疑问应该成为当代中国马克思主义哲学发展和创新的理论之“源”。对众多思想“源”“流”而言，我们不能只是坚持“重回”“回归”“回到”等态度，因为如果只是一味地回归马克思、回到马克思文本，马克思对我们而言就永远是遥不可及的，就像孟子讲的，“尽信书则无书”。只有展开研究马克思主义哲学的创作和发展历程，真正回到马克思对马克思主义哲学的创作之中，才是真正回到马克思，马克思才会真正被我们理解；只有像马克思和恩格斯对待马克

① 《马克思恩格斯文集》第 4 卷，人民出版社 2009 年版，第 266 页。

思主义哲学一样去对待马克思主义哲学，才是真正的马克思主义者。所以现在就必须要基于马克思主义哲学这一主要的“源”和其他现时代我们所面临的可能的“源”，去厘清现时代的“流”，在对这些“流”的省思基础上提炼概括，才可能真正建构出当代中国马克思主义哲学的历史之“源”。

2.“问题—哲学—问题”的视角。这是从思想的来源和现实的发展来谈论哲学的发展。我们通过对马克思主义产生和发展历程的研究分析，对马克思主义哲学的真正来源和本质特征已经相对清晰。我们指出马克思主义哲学是面向时代的哲学，就像马克思所讲的，“任何真正的哲学都是自己时代的精神上的精华”①。马克思和恩格斯对当时面临的个人问题、社会性问题直至时代性问题的关注和持续关注，使他们不断地去试图解决问题，并且对自己解决思路进行不断调整、深入，最终上升到了问题的最终源头，进入了对问题的真正解决之中。比如恩格斯的《费尔巴哈论》写作，恩格斯是基于当时德国古典哲学的历史背景对施达克的批判分析，这种分析又的确是针对了德国当时的哲学困境以及由古典哲学思维主导下社会发展困境来谈理论的。这就是问题思维之后的面向问题的解决，问题的解决就开始产生解决思维。如果问题是终极问题，那么问题的解决当然也是终极解决，这就是哲学的高度，因此，对问题的上升才是哲学的生命，哲学又是问题解决仰仗的大脑。当前中国亦是如此，马克思主义哲学要想继续引领中国的哲学高度，只有通过对问题的上升，也就是对当前中国问题的上升；这种上升，是在马克思主义哲学的思维之上对整体社会问题理性思考的上升，当问题上升到中国问题的终极高度时，即中国社会发展的主体性维度和终极性维度时，这一问题的解决也就是现时代中国发展的终极解决，就是中国问题的哲学式解决，或者说是当代中国的马克思主义哲学。这就不再只是对马克思主义哲学的重复讨论、反复研究、多次翻新，而是对马克思和恩格斯在当时进行真正的哲学创造的致敬和继承。

3.“吸取—扬弃—创新”的视角。这是从理论发展的规律和趋势角度来谈论思想发展的。青年时期的马克思和恩格斯一直如饥似渴地吸取学习当时的各种理论思想。马克思在中学、大学期间把古希腊罗马哲学和黑格尔、费尔巴哈等古典哲学基本是完全的“拿来主义”式地学习，甚至把他们的理论当作自己未来的人生方向，一度成为青年黑格尔学派的一员，但是批判精神让他很快觉醒过来，认识到了以往哲学的问题。尤其是在马克思大学毕业之后，他的关注点进入物质领域和社会领域时，在遭遇了沉重的打击之后，开始更加冷静地思考自身的旧有思想，使他开始反思，逐渐对以前的理论开始了怀疑、分析以及批判。于是，他

① 《马克思恩格斯全集》第1卷，人民出版社1995版，第220页。

们就进入了扬弃的阶段。只有高举扬弃的大刀,才能斩断“拿来”的迷茫,马克思和恩格斯重新找到方向、道路,最终创新性地提出了扬弃资本主义的未来社会理想。马克思和恩格斯其实就是在对德国古典哲学进行吸取、扬弃、创新,这也应该成为学习和运用马克思主义哲学的持续性原则。我们中国的马克思主义学界经过了 20 世纪 80 年代以来的不断学习、不断回归、不断反思、再回归、再反思,已经是反复地进行了理论和实践的扬弃,应该进入理论的创新阶段。就像毛泽东同志所说的:“马克思主义一定要向前发展,要随着实践的发展而发展,不能停滞不前。停止了,老是那么一套,它就没有生命了。”[①]基于马克思主义哲学所揭示的理论价值和实践意义青春依旧,因此,有必要在对马克思主义哲学充分学习的基础上,运用时代的臂膀高举扬弃的大刀斩下迷茫的缠绕,继续书写当代中国马克思主义哲学的理论新篇章。

4.“逻辑—历史—逻辑与历史的统一”的视角。这是从历史的发展逻辑视角概括理论逻辑和历史逻辑的统一性谈论思想的发展的。从时代的进程来看,马克思和恩格斯所处的时代已经是科学的时代,马克思和恩格斯认清了时代的脉络,把握了时代的脉搏,运用了时代的武器,高扬了时代的精神,即实证科学的逻辑。正是在自然科学的基础上,马克思和恩格斯对当时的德国古典哲学进行了合时代性思考,作出了合时代性批判,把哲学理论的逻辑真正统一于自然科学的历史,在逻辑与历史的统一之后,真正地完善了逻辑,提出了统一之上的关于历史发展的崭新逻辑。这个逻辑就是马克思主义哲学,它正是把一般逻辑性正确地用于历史,并把被证明了的历史性正确的逻辑用到实践中,进而继续发展,这就是马克思主义哲学产生的逻辑。比如恩格斯在《费尔巴哈论》中对马克思主义哲学的论述,他就明确了以往哲学(黑格尔、费尔巴哈等古典哲学)的一般逻辑,在历史中又进行了逻辑的运用,但是结论是,推翻了那些以往的部分逻辑,提出了新的历史基础上的完全正确的一般性逻辑;这种逻辑的正确性在欧洲被用于多次革命,来到中国后也在革命中被证实过。但是,当历史进入了新的阶段后,这一生成逻辑就再一次要求按照原有逻辑顺序再来一遍。在当代中国,也就必须把这个一般性逻辑拿到这个新的历史基础上,像马克思和恩格斯一样继续实现逻辑和历史的统一。由于中国的社会发展是基于马克思主义的一般性逻辑建构的,那么这种新的统一就更有必要了,因为这既是一种对既有逻辑的验证,又是一种对既有逻辑的丰富和提升。因此,我们就必须把马克思主义哲学放到中国的情形上,既要运用这种逻辑来探讨中国实际,又要在中国实际中把这一逻辑统一于历史;可以统一于历史的,当然继续坚持;不能统一于历史甚至背离历史

① 《毛泽东文集》第 7 卷,人民出版社 1999 年版,第 281 页。

的或者导致历史的偏离的就只能改造或者抛弃了；最终得到的，就是在新的条件下实现了新的逻辑与历史统一的新的逻辑了，这就是真正的当代中国的马克思主义哲学。

以上四个视角看似独立成论，其实他们又是相互补充共成一体的。“源—流—源”的视角是对当代中国马克思主义哲学发展的理论渊源思考，“问题—哲学—问题”的视角是对当代中国马克思主义哲学发展的实践内容操作，“吸取—扬弃—创新”的视角是对当代中国马克思主义哲学发展的过程方法统筹，“逻辑—历史—逻辑和历史的统一”的视角则是对当代中国马克思主义哲学发展的最终落脚概括。四个方面涵盖了当代中国马克思主义哲学生成逻辑的起点、内容、过程和结果，是建构当代中国马克思主义哲学的整体运思，也是重要生成原则。要真正建构当代中国马克思主义哲学，就必须在针对大量时代理论的思考上，面向时代问题的实践，运用过程统筹的方法，上升到逻辑和历史统一的高度，最终概括、落脚到社会历史的发展，让时代为理论开路，让理论为时代领路。

论“中国梦”的齐鲁文化传统*

孙天蕾

摘要：儒家文化之“仁、义、礼”的核心范畴将个体与社群之间的关系看成是一种相互依存、和谐共进的关系，强调精神修养和规则秩序，主张个人与群体的和谐相处、共同发展。国家、民族、个人三位一体的“中国梦”继承了儒家文化的基因，注重个人和民族、国家的相互依存、共同发展，开启了不同于西方的中国特色发展模式。齐鲁文化特别重视物质需要的满足和发展经济对于治国安邦的重要作用。富强的“中国梦”蕴含此意，就是要坚持中国特色社会主义道路，大力发展经济，不断提升人民群众的物质生活水平，为实现人的全面发展铺好道路、奠定基础。齐鲁文化有着鲜明的人文主义传统，她从满足人的需要出发，并且特别强调人的精神发展。“中国梦”是引领精神之梦，在熙熙攘攘的繁华中人们以“中国梦”来充实自己的精神世界，她是聚心之梦，折射出齐鲁文化关注人的精神发展的人文主义传统。

关键词：“中国梦”；爱人乐群；物质基础；人文主义；天人合一

作者简介：孙天蕾，山东师范大学马克思主义学院讲师，博士，主要从事大学生思想政治教育、马克思主义基本原理等相关领域的研究。

齐鲁大地是华夏文明的重要起源地，齐鲁文化是中华民族文化的主要代表。齐鲁文化在其发展过程中，由于连续性和累积性，形成了自己的特色或者个性，这就是齐鲁文化传统。习近平提出的“中国梦”凝结了千百年来形成的齐鲁文化传统，如爱人乐群的群己关系理念、重视物质基础的发展主张、关注人的精神境界的人文主义传统、“天人合一”的传统自然观。

* 本文为山东省社科联人文社会科学课题“中国梦的儒家文化传统研究”(17-ZX-RX-07)的阶段性成果。

一、三位一体的“中国梦”蕴含着爱人乐群的齐鲁文化传统

“中国梦”是三位一体的梦想，“基本内涵是实现国家富强、民族振兴、人民幸福”[①]。“历史告诉我们，每个人的前途命运都与国家和民族的前途命运紧密相连。国家好，民族好，大家才会好。”[②]苦难深重、命运多舛的历史事实印证了：国家富强、民族振兴与人民幸福息息相关，国家穷弱之时、民族危难之中，人民群众连生存都是奢望，更别谈什么“幸福”了。所以，中国人民能够发自内心地拥护强国富民的中国梦、伟大复兴的中国梦，因为这一梦想的最终指向是人民幸福。可见，“中国梦”包含有国家、民族、个人等不同层面的梦想，是立体的、多维的。“中国梦是国家的、民族的，也是每一个中国人的。”[③]儒家文化是齐鲁文化的主流，“中国梦”中内含着儒家传统文化的基因，继承了仁、义、礼等儒家文化的核心范畴的基本要义，强调个人和群体的和谐相处、共同发展。

仁、义、礼是儒家文化的核心范畴，而这三者都是围绕着处理个人与他人、个人与群体的关系而提出的。孔子将和谐人际关系的基础确定为“爱人”，指出，“仁者爱人”，“克己复礼为仁”。《说文解字》中这样解释“仁”：“亲也，从人二。”段玉裁注释：“独则无偶，偶则相亲，故字从人二。”[④]人不能孤立地存在，人是群居的动物，人必须存在于群体之中。儒家认为，人要与他人相处、要在群体中生存就必须爱人，只有爱人才能化解矛盾，才能与他人、与群体和谐相处。仁爱之心从爱自己的家人出发，尊父母、敬兄长、友弟妹，然后扩之到爱自己的亲朋好友，再到爱陌生之人。人与人之间有了爱的感情维系，社会秩序才会顺畅，和谐的社会景象才能出现。儒家的仁爱不是仅仅停留在口头上，而是内化于心，外化于行。具体说来，践行仁爱是需要克己的，不能总是从自己的利益出发，要设身处地为他人着想，己所不欲，勿施于人。更深一层的仁爱就是在必要时让渡自己的利益，使得他人和群体获得更大的利益（相对于自己让渡的利益）。所以，儒家讲求“义”，必要时舍生取义。当鱼和熊掌不能兼得的时候，那只能选择相对价值更大的熊掌，以此相喻，义就是仁爱之心外化的行为选择。仁义互为内容和形式，

① 中共中央文献研究室编：《习近平关于实现中华民族伟大复兴的中国梦论述摘编》，中央文献出版社 2013 年版，第 5 页。

② 中共中央文献研究室编：《习近平关于实现中华民族伟大复兴的中国梦论述摘编》，中央文献出版社 2013 年版，第 3 页。

③ 中共中央文献研究室编：《习近平关于实现中华民族伟大复兴的中国梦论述摘编》，中央文献出版社 2013 年版，第 16 页。

④ 段玉裁：《说文解字注・人部》，上海古籍出版社 1988 年版，第 365 页。

不可分离,“仁,人心也;义,人路也。舍弃路而弗由,放其心而不知求”①。群处中的人各有不同的利益诉求,有时这些诉求之间还存在矛盾,对此,儒家文化崇尚的是仁义之行,进行利益权衡选择相对更大的利益。儒家文化将仁爱之心与仁义之行作为和谐社会关系的道德基础,但是,道德建立在个人修养之上,是需要自律的,对于某些人,在某些时候它的约束力是有限的。所以,仁义需要规则的保障,规则被人们接受后就会化解一些矛盾、避免一些纷扰,从而和谐群己关系,“礼”正是儒家提供的确保仁义顺畅践行的规则。春秋战国时代是我国历史上大动荡、大变革之时,西周时期的礼乐制度遭到践踏和破坏,礼崩乐溃,君不君臣不臣,各方国之间战火频发,社会动荡不安,社会秩序一片混乱。儒家在战火纷飞的混乱之世,倡行仁道,主张复礼,目的就是要增进人们的亲缘关系,调整各阶级之间的政治关系,从而和谐家庭、安定社会,保障人民的生产和生活秩序。仁为里、礼为表,儒家构建起仁礼一体的和谐社会机制,虽然这一机制因为时代的局限包含着很多糟粕的思想,然而,其寻求人与人之间、人与群体之间的和谐有序是值得我们继承和发扬的。

可见,“仁、义、礼”为核心范畴的传统儒家文化将个体与群体之间关系看成一种相互依存、和谐共进的关系,强调精神修养和规则秩序,主张个人与群体的和谐相处、共同发展。“中国梦”继承了儒家文化基因,注重个人和民族、国家的相互依存、共同发展,开启了不同于西方的中国特色发展模式。在实现个人梦想的过程中,不可避免地与周围的环境(包括自然的和人文的)发生各种各样的关系。在与他人的社会互动中,既会有情感方面的交融,也会有物质利益之间的纠合,喜怒哀乐、爱恨情仇、合作共赢、矛盾对抗,是任何人也难以绕开的复杂关系。幸福的人生、满足的心理大概都是向往喜乐情爱、合作共赢的,要规避怒哀恨仇、矛盾对抗的。既然如此,那就需要抱有我们老祖宗探索出的“仁、义、礼”相处之道,与他人、群体和谐相处:能够为他人着想,实现自己的梦想又能助力别人的梦想,让渡自己的小利益帮助他人的大利益;着眼大局,必要时让渡自己的眼前利益,换取民族和国家的全局利益。抱有仁爱之心、敬存规则之意、见诸仁义之行,才能处理好不同诉求之间的关系,社会秩序才会顺畅,人民才可以安居乐业,民族和国家才能得以发展,个人的梦想才会实现,人民才会感受到幸福。这样,每个人都能实现自己的梦想,共同汇聚成民族和国家的梦想,我们在国家、民族、个人三个层面的梦想才能真正实现。

① 杨伯峻:《孟子译注》,中华书局1960年版,第267页。

二、富强的“中国梦”内含着重视人的物质需要的齐鲁文化传统

“中国梦”是富强之梦，富强就是民众富足、国家强盛。习近平总书记在参观《复兴之路》时告诫全党：“回首过去，全党同志必须牢记，落后就要挨打，发展才能自强。”①中国梦是发展富强的梦想，“我们将坚持把发展作为第一要务”②。民富国强是建立在经济发展基础之上的，习近平的“中国梦”理念就是要坚持中国特色社会主义道路，大力发展经济，使人民群众拥有富足的生活，国家发展具有雄厚的经济基础。“中国梦”重视经济基础在国家发展中的基础性地位的理念承接着重视物质基础的齐鲁文化传统。

春秋第一相管仲通过正、反两方面对比，强调了重视物质、发展经济的重要性。一方面，“善为政者，田畴垦而国邑实”，“于是财用足，而饮食薪菜饶”。③ 善于治理国家的君主，鼓励百姓开垦土地、勤劳耕作，产出更多粮食，百姓吃喝无忧、采邑殷实、国家富裕，君主的统治才能稳固而长久，社会安定有序，国家才能发展。另一方面，“不能为政者，田畴荒而国邑虚”④。不善于治理国家的人忽视经济发展，田地荒芜而不管，百姓物质生活匮乏，心性不安、民风不淳，君主的意志得不到贯彻，社会秩序混乱，国家无从发展。可见，管子把善政的基础放在经济发展上，经济发展才能保障百姓基本物质需要得到满足，基本需要得到满足之后，人民才能安心于劳作，相信君主并拥护君主的决策。社会秩序井然有序，上下一心发展国家，国家才能强盛，在乱世交战中才能取胜。仁政是孟子在孔子德治思想的基础上提出的政治理想，孟子说：“夫仁政，必从经界始。”⑤孟子认为，仁政是一种最理想的政治。如果统治者实行仁政，就可以得到人民的拥护；相反，倘若不顾人民死活推行虐政，则会失去民心而变成独夫民贼，而被民众推翻。孟子指出，这样的一种政治理想必须从整理田地开始，让百姓有地可种、有屋可住，田地和房屋就是他们的“恒产”，有了“恒产”人们才会有“恒心”，在自己住宅里安居，在自家的田地上耕作，吃饱饭穿暖衣。有了物质生活的保障，然后再对他们进行孝悌的教化，从而达到“人人亲其亲、长其长，而天下平”⑥，这样的仁政

① 中共中央文献研究室编：《习近平关于实现中华民族伟大复兴的中国梦论述摘编》，中央文献出版社 2013 年版，第 23 页。

② 中共中央文献研究室编：《习近平关于实现中华民族伟大复兴的中国梦论述摘编》，中央文献出版社 2013 年版，第 7 页。

③ 黎翔凤撰，梁运华整理：《管子校注》，中华书局 2004 年版，第 192 页。

④ 黎翔凤撰，梁运华整理：《管子校注》，中华书局 2004 年版，第 192 页。

⑤ 杨伯峻：《孟子译注》，中华书局 1960 年版，第 118 页。

⑥ 杨伯峻：《孟子译注》，中华书局 1960 年版，第 173 页。

便会天下无敌。可见，仁政的基础就是物质需要的满足，仁政的实施也是从发展国家的经济开始的。

经济不发展，生存没有保障，当人们还在为生死而搏、为吃饭穿衣而奔时，人何以“自由”？何以“全面”？20世纪直到70年代末，吃不饱、穿不暖的民生危机还是我们国家亟待解决的头等大事。在那时那地的境况当中，重视物质基础主张优先发展经济的齐鲁文化传统又一次彰显出其巨大的理论威力。发展才是硬道理！以邓小平同志为核心的第二代领导集体鉴古知今，在总结历史经验的基础上，探寻出了中国特色社会主义的发展道路。以经济建设为中心进行改革开放，我们国家开始融入国际发展的潮流之中，中国大地的面貌悄然发生着变化。经济发展了，温饱解决了，小康即将实现了，贫穷落后的面貌被蒸蒸日上的世界第二大经济体所取代。习近平在广东考察时高度评价了邓小平探索中国发展道路的历史功绩：“邓小平同志不愧为中国改革开放的总设计师，不愧为中国特色社会主义道路的开创者。”[①]习近平认为，这条路来之不易，是强国之路、富民之路，“我们不仅要坚定不移地走下去，而且要有新举措、上新水平”[②]。

“中国梦”坚持以经济为中心的发展理念，就是承认物质需要是人的第一需要的命题，将基本物质需要的满足作为人发展的基础。脍炙人口的管仲名言“仓廪实则知礼节，衣食足则知荣辱”[③]，就是在强调物质基础对于人发展的重要作用。仓库粮食充足，人们能够吃得饱，吃饱穿暖后人们才有精力去学习礼节，从而知道哪是荣誉哪是耻辱，人才会发展得更加全面。荀子在其名篇《富国》中说道：“上下俱富，交无所藏之，是知国计之极也。”[④]荀子认为，国计民生的最高道理就是上到政府要富裕，下到民众要殷实，上交给国家的和自己手中的财富极其丰裕，都没有地方可以存放得下了。“中国梦”理念蕴含着传统文化中治国先富民的思想，认为民生连民心，乃固邦之本，解决好民生问题是社会和谐的基础，也是人更加全面发展的前提。习近平总书记多次提到人民群众对美好生活的追求就是我们党努力的方向和奋斗的目标。“在学有所教、劳有所得、病有所医、老有所养、住有所居上持续取得新进展，不断实现好、维护好、发展好最广大人民根本

---

① 中共中央文献研究室编：《习近平关于实现中华民族伟大复兴的中国梦论述摘编》，中央文献出版社2013年版，第24页。

② 中共中央文献研究室编：《习近平关于实现中华民族伟大复兴的中国梦论述摘编》，中央文献出版社2013年版，第24页。

③ 黎翔凤撰，梁运华整理：《管子校注》，中华书局2004年版，第4页。

④ 张觉：《荀子译注》，上海古籍出版社2012年版，第133页。

利益，使发展成果更多更公平惠及全体人民。”[①]民生问题得到解决，吃穿住行用无后顾之忧，人民群众才能深层次地反省自身，才可能开始考虑与自然、与他人、与社会和谐相处，营造平衡发展的自然生态和人文生态环境，促进人的自由而全面的发展。民生不保，基础不牢；社会不稳，地动山摇。习近平的“中国梦”理念就是要坚持中国特色社会主义道路，大力发展经济，不断提升人民群众的物质生活水平，为实现人的全面发展铺好道路、奠定基础。

三、引领精神之梦折射出人文主义的齐鲁文化传统

“中国梦”是引领精神之梦，它的提出是在关怀人们的思想和心灵，引领人们寻求充实的精神生活。在这个以和平与发展为主流的社会中，充分发挥个人的主观能动性，利用现实条件克服困难创造有利条件，实现个人的梦想。这样的人生才是充实的，充实的人的精神世界才是富足的。“中国梦”引领精神的内涵和功能，延续了齐鲁文化关注人之需要、重视人之精神的人文主义文化传统。

齐鲁文化有着鲜明的人文主义传统，她从满足人的需要出发，并且特别重视人的精神发展。孔子的弟子子路曾向孔子请教侍奉鬼神和有关生死的问题。孔子告诉他：“未能事人，焉能事鬼？”[②]要求自己的弟子多多关心人世间的事情，不要去考虑虚无缥缈的鬼神和死后的事情。以孔子为代表的儒家文化在人与神的问题上态度鲜明——“务民之义，敬鬼神而远之。”[③]致力于民众的实际生活，敬重鬼神但是要远离它们，这才是智慧的人所做的事情。可见，传统文化首先就要关注人，从人出发，这一点与西方传统的神本主义有着显著的区别。从人出发思考和行事就要考虑人的需要，人的需要有千千万，概括起来不外乎物质需要和精神需要。中国传统文化关注人，既要关注人的物质需要，也要关注人之为人的精神需要。孔子说：“仁者，人也。”[④]孔子认为，爱人之心是人所具有的，这是人与其他物种的区别所在。人不能孤立地存在，而是存在于群体之中的，人之所以为人，是因为群处的人类有着更高级的诉求，那就是精神的愉悦、心理的满足。所以，爱是不能缺少的精神元素，相互亲近的感情能够慰藉人的心灵，精神方能愉悦从而获得心理满足。除了爱心，人还要有精神上浩然之气——“富贵不能淫，贫贱不能移，威武不能屈”[⑤]，坚守自己的原则，持之以恒，永不懈怠。

---

① 中共中央文献研究室编：《习近平关于实现中华民族伟大复兴的中国梦论述摘编》，中央文献出版社 2013 年版，第 15 页。

② 杨伯峻：《论语译注》，中华书局 1980 年版，第 113 页。

③ 杨伯峻：《论语译注》，中华书局 1980 年版，第 61 页。

④ （清）孙希旦：《礼记集解》（下），中华书局 1989 年版，第 1302 页。

⑤ 杨伯峻：《孟子译注》，中华书局 1960 年版，第 141 页。

“中国梦”承接着关注人的精神的文化传统，在新的时代引领人的精神。人是要有点精神的，人没精神与动物无异，丰富的精神世界是人之为人最为重要的属性。人的精神世界需要支柱的支撑和引领，理想和信念构筑起引领人们前进的精神支柱。“理想指引人生方向，信念决定事业成败。没有理想信念，就会导致精神上‘缺钙’。”[①]人若没有了理想和信念，物欲洪流中被物奴役，失去人的独立和自由；灯红酒绿中被感官快乐所左右，丧失了人应有的格调。我们国家在经济建设领域的巨大成就，使中国人民过上了好日子，但是，好多人没了精神追求，这个国家这个时代需要聚心之梦。“中国梦是全国各族人民的共同理想，也是青年一代应该牢固树立的远大理想。中国特色社会主义是我们党带领人民历经千辛万苦找到的实现中国梦的正确道路，也是广大青年应该牢固确立的人生信念。”[②]“中国梦”解决的是中国人的精神引领问题，带领广大人民群众走向物质、精神全面发展的美好生态化状态。习近平总书记指出：“实现我们的发展目标，不仅要在物质上强大起来，而且要在精神上强大起来。”[③]

精神上强大起来，人民才能真正幸福，人民幸福是“中国梦”的最终指向。幸福是愉悦的心理享受，不仅包括吃喝玩乐等初级的本能满足的幸福，还包括人之为人的高级幸福，在自己的劳动和创造中感受幸福，在真挚情感中感受幸福，即精神的充实和满足。孟子在与弟子讨论人格时认为，“充实之谓美”[④]，具有仁义之心、浩然之气、爱民保民等思想的人，其精神境界是充实的，这才能称得上“美”。我们党和国家一直以满足人民群众的需要作为自己的努力方向，在中国特色社会主义建设实践中，取得了举世震惊的伟大成就，但是也出现了一些亟待解决的负面问题。如在精神领域，有的领导干部在经济大潮的冲击下，信念丧失，贪污腐败，官僚主义严重；有些人甚至党员干部面对改善的物质生活，精神却空虚了，理想缺失，玩物丧志，享乐主义泛起；有的人以自己为中心画圈子，不考虑别人和集体甚至不顾忌父母亲情，缺乏集体意识和责任感；有的人不讲诚信，缺乏规则意识，敢冒天下之大不韪，违法犯罪，扰乱秩序，危害社会。可见，要让人民群众真正幸福还必须充实人们的精神世界，大力加强思想道德建设。幸福需要梦想的牵引，没有梦想的人的幸福是随机的，有梦想的人的幸福是有指向

① 中共中央文献研究室编：《习近平关于实现中华民族伟大复兴的中国梦论述摘编》，中央文献出版社2013年版，第37页。

② 中共中央文献研究室编：《习近平关于实现中华民族伟大复兴的中国梦论述摘编》，中央文献出版社2013年版，第37页。

③ 中共中央文献研究室编：《习近平关于实现中华民族伟大复兴的中国梦论述摘编》，中央文献出版社2013年版，第37页。

④ 杨伯峻：《孟子译注》，中华书局1960年版，第334页。

的，有伟大梦想的人幸福是高级的、自由而全面的。“中国梦”是中国人的精神追求，在熙熙攘攘的繁华闹市中，人们以“中国梦”来充实自己的精神世界，她是聚心之梦。“中国梦”理念正引领人们在火热的社会主义建设中大胆创新，遵守规则，勤劳致富，适度消费，爱护环境，追求人之为人的高级幸福。

四、美丽的“中国梦”彰显了天人合一的齐鲁文化传统

“走向生态文明新时代，建设美丽中国”[①]是“中国梦”的重要内容之一。美丽中国是“中国梦”的应有之义，它意指平衡和谐的自然生态和安全惬意的居住环境。自然本是人类的母体，人类起源于自然界，自然界的各种生物和能量形成了一个平衡的生态系统。在这一系统中，人与其他生物各就各位、陈力就列、循环往复守护着系统的平衡。人类作为万灵之长具有独特的主观能动性，自起源之日就开始了与自然的亲密互动。为了生存与发展，人类不敢懈怠、从未停歇，挑战自我、提升自我，改进工具、发展生产力。随着生产力的发展，人类的文化累积日益丰厚，改造自然的能力不断增强，开天辟地、移山填海、改造荒地、重建绿洲、平丘造城，营造着安全舒适、美好惬意的居住环境。我国文化传统讲究凡事要有度，中庸之道是最高的道德范畴，凡事追求做得不偏不倚、恰到好处。事实如此，人类与自然的互动也是有度的，人与自然的互动要适可而止、过犹不及，过度开采和改造会导致自然生态失衡。譬如，工业化时代，人类任意开采自然资源，随意排放工业垃圾，日复一日的资源开采和垃圾排放致使自然界的自我恢复、自我净化力不能及，生态失衡，突然有一天，气候反常，雾霾肆虐，风沙漫天，垃圾满目，毒气刺鼻，疾病侵袭，人类受害。正是因为人类对自然的改造过了度，破坏了自然生态的平衡，致使人类与自然界的其他生物相处不再融洽，其后果就是我们现在正在经历和看到的满目疮痍——土地荒漠、资源枯竭、水气污染、温室效应……最终，人类的居住环境被污染，可以居住的空间被挤压，安全不在、健康受损，成人难以安心工作，孩子们没法安心学习，心旷神怡的优雅和惬意被危害生命的恐惧所取代。可见，自然生态与居住环境关系密切，居住环境是自然生态中的一个小单元，自然生态平衡的前提下，人类可以建造自己安全舒适、美好惬意的居住环境，然而，一旦大自然生态失衡，我们的小居住环境就会遭殃，安全不在何谈舒适、美好和惬意？

改造自然、索取自然的单向度思维缺乏生态平衡和环保的意识，人类改造自然的行为毫无节制，个人和企业随意砍伐、开采、排放，破坏了自然生态的平衡，

① 中共中央文献研究室编：《习近平关于实现中华民族伟大复兴的中国梦论述摘编》，中央文献出版社2013年版，第8页。

最终危及人类自身的生存，如此下去，人类文明面临毁灭的危险。幸运的是，人类开始反思自我，重返自然母体探究自然规律，寻求正确的发展出路，重新修复与自然的和谐相处之道。历史似乎跟人类开了一个玩笑，绕了一圈，回过头还是告诉我们，中国传统的尊重自然、顺应自然的理念是对的，世间万物是人类的伙伴，“民，吾同胞；物，吾与也”①。民众是我的同胞，万物是我的伙伴，与民同乐，与物也要和谐相处。自然不是人类的敌人，可以在一定的限度内进行改造但是不能作为对立面进行征服，人与自然关系密切，“交相胜，还相用”②，既互有优胜，又相互作用。从长远来看，人与自然的互动对我们生存环境的影响是双重的，一方面，人类通过改造自然获得安全舒适、美好惬意的居住环境；另一方面，这个改造必须是有度的，倘若过度就会导致人类居住的大环境即自然生态失衡，小的居住环境丧失安全性，人类生存就会受到威胁。所以，人类要认识自然规律，遵循自然规律，与自然保持良好的互动和谐相处，维持自然生态的平衡。

“中国梦”将良好的生态环境作为人类生存发展和真正幸福的基本前提，倡导人们认识自然规律、遵循自然规律，对自然的改造和索取要适可而止、有节有度，而不能为所欲为、任意妄为。“中国梦”理念认为，破坏式的开发自然就是在损毁我们赖以生存的家园，抛弃人类基本的生存前提和最大的民生福祉，经济社会的发展必须建立在对自然的保护之上。“中国梦”的这一内涵遗传了我们祖先“天人合一”的自然观。“天人合一”是齐鲁传统文化中的基本精神之一，把人与自然容纳在一个大系统中，强调人与自然必须和谐相处，自然与人类是相互通融、密不可分的。更深层次的“天人合一”观强调，在人与自然相互依存的系统之中，自然是可以为我们的德行提供参照的。人要向自然界学习德行“与天地合其德，与日月合其明”③，像天地无私地载覆众生、日月光明地照亮天地一样泛爱民众。正如老子所说：“人法地，地法天，天法道，道法自然”④，天公地母和谐运转，昼夜交替，寒来暑往，孕育万物，奉献人类，这是我们人类的行为法则，而这些又都是自然而然地发生着的。虽然这些认识还没有跳出自然界束缚的思维框架，然而将自然作为人类母体的传统自然观消解了人与自然的对立，将自然与人融合起来而不是对立起来。在如今生态危机日益严重的地球村里，世界各国都难以独善其身，中华民族“天人合一”文化传统在当今时代背景之下可以为各国寻求生态化发展出路提供有价值的参考。

① 张文治：《国学治要》，北京理工大学出版社 2014 年版，第 1035 页。

② （唐）刘禹锡著，陶敏、陶红雨校注：《刘禹锡全集编年校注》（下册），岳麓书社 2003 年版，第 992 页。

③ 梁海明译注：《易经》，山西古籍出版社 1999 年版，第 11 页。

④ 任继愈：《老子绎读》，国家图书馆出版社 2015 年版，第 56 页。

党的十八大以来，以习近平为核心的党中央带领中国人民将美丽中国纳入“中国梦”理论范畴，党的十九大把人与自然的关系定位为生命相连的同一整体，态度鲜明地带领中国人民勇创生态文明新时代。“中国梦”理念坚持良好的生态环境是“最普惠的民生福祉”[①]，绿水青山与金山银山相辅相成，有了绿水青山，居住环境无害于身心，才能安心于工作、学习和生活；在优美的居住环境中，人们心情舒畅才能够健康长寿，有动力奋力拼搏，创造出金山银山，享受金山银山带来的美好与惬意。所以，我们“既要绿水青山，也要金山银山”[②]，以前我们谈发展在某种程度上忽视了生态环境的保护，欠账太多，“中国梦”就是从现在开始建设美丽中国，把生态环境放在首位，发展经济满足人民多样化需求的同时必须“更好保护生态环境”[③]，绝不能再以牺牲生态环境为代价来求发展，倘若经济发展与环境保护发生矛盾，“宁要绿水青山，不要金山银山”[④]。“中国梦”理念将生态环境看作人类的“眼睛”和“生命”，即认为生态环境与人类本属一体，保护环境、爱惜生态与爱护眼睛、珍惜生命是一致的，中国特色社会主义的发展必须优先保护生态，谋求永续发展。不仅为了当代，还要看到以后的发展，要为子孙后代留下“天蓝、地绿、水清”的生存环境。生态红线不能突破，“不涸泽而渔，不焚林而猎”[⑤]，调整产业结构，摈弃粗放型的传统经济增长方式，依靠科技创新，实现循环发展和可持续发展，大力打造循环经济和低碳经济，让人民“切实感受到经济发展带来的生态效益”[⑥]。

有着优秀齐鲁文化传统基因的“中国梦”回应了新时代中国特色社会主义建设中新的思想文化问题，对新时期的中国发展作出了独立的中国式解答：群体和个人相互依赖，和谐共存，共同发展，一起出彩；发展经济，夯实物质基础，满足人民群众的物质需要；一心为民，关注人的精神发展；尊重自然，顺应自然，保护自然。在新时代中国特色社会主义建设新征程中，“中国梦”理念正发挥着巨大的凝聚力量，鼓舞和团结着亿万中国人民紧紧团结在以习近平为核心的党中央周围，万众一心地向着中华民族伟大复兴的梦想开拔。

① 中共中央宣传部:《习近平总书记系列重要讲话读本》,学习出版社、人民出版社 2014 年版,第 123 页。

② 中共中央宣传部:《习近平总书记系列重要讲话读本》,学习出版社、人民出版社 2014 年版,第 120 页。

③ 习近平:《共担时代责任　共促全球发展——在世界经济论坛 2017 年年会开幕式上的主旨演讲》,载 2017 年 1 月 18 日《人民日报》。

④ 中共中央宣传部:《习近平总书记系列重要讲话读本》,学习出版社、人民出版社 2014 年版,第 120 页。

⑤ 刘安:《淮南子》,中州古籍出版社 2010 年版,第 154 页。

⑥ 习近平:《中国发展新起点　全球增长新蓝图——在二十国集团工商峰会开幕式上的主旨演讲》,载 2016 年 9 月 4 日《人民日报》。

长征时期红军的思想政治教育工作述论

张运兵　董振平

摘要：长征时期红军的思想政治教育工作对于长征的胜利具有重要作用。在战略大转移中，红军既要摆脱敌人的围追堵截，又要面临恶劣自然环境的考验，在红军中进行思想政治教育极为必要。同时，党在红军中进行思想政治教育也有良好的基础。党的思想政治教育工作组织体系完整，经验丰富；所进行的思想政治教育活动形式灵活多样，富有成效。整体上看，红军思想政治教育工作巩固了党的领导，保证了队伍团结统一，对长征精神的培育和塑造具有重要意义。

关键词：中国共产党；长征；红军；思想政治教育工作

作者简介：张运兵，山东师范大学马克思主义学院中共党史专业硕士研究生。董振平，山东师范大学马克思主义学院教授，主要研究中共党史。

基金项目：本文系2016年度教育部人文社会科学研究规划基金项目"红四方面军长征史相关问题研究"（项目批准号：16YJA710006）的阶段性成果。

红军长征胜利原因有许多，坚持党对红军的坚强领导、保持经常的思想政治教育工作至关重要。"为什么我们过去能在非常困难的情况下奋斗出来，战胜千难万险使革命胜利呢？就是因为我们有理想，有马克思主义信念，有共产主义信念。"[①]对长征时期红军的思想政治教育工作，学术界已有相关研究成果主要集中在中央红军，对参加长征的各路红军的研究相对薄弱；随着红军长征史料的整理出版，更深入的研究具备了良好的条件。本文拟运用丰富的史料对长征时期党的思想政治教育工作进行更全面的述论。

① 《邓小平文选》第3卷，人民出版社1993年版，第110页。

一、长征时期在红军中进行思想政治教育的必要性和可能性

红军是中国共产党在土地革命时期创建的新型的人民军队。它既不同于近代军阀统帅的军队，也不同于传统意义上的农民起义军。其根本区别就在于，中国工农红军中“不忘初心，牢记使命”的中国共产党能够开展耐心细致的思想政治教育工作。1993年张学良接受采访，后来采访录像被制作成四集电视片《世纪行过》在凤凰卫视播放。张学良震惊于红军长征的最终结局，他曾对其部将们说：“我们都是带兵的人，谁能把军队带成这个样？他跟你走？不都带没了？”但是在中国共产党的领导下，红军胜利完成了长征，实现了战略大转移。

(一)长征时期在红军中进行思想政治教育的必要性

中央红军的长征是第五次反“围剿”失败后进行的战略大转移。此后，红二十五军，红四方面军，红二、六军团也都离开根据地走上长征之路。脱离根据地、进行无后方的作战，红军面临着前所未有的困难。在客观上，红军既要应付拥有人数和武器装备优势的敌人的围追堵截，又要与大江大河和雪山草地等恶劣的自然条件作斗争，艰难困苦无以复加。因此，在红军中进行广泛持续的思想政治教育显得格外必要。

红军长征本来有一个相对较长的准备时间，但是因为左倾路线领导人在军事挫折面前迅速由冒险主义转化为逃跑主义，战略转移被极端保密，甚至连中华苏维埃共和国主席毛泽东也未能与闻，广大红军将士已经出发了还不知道要离开根据地开始远征。对于涉及数十万红军的战略大转移，最高三人团主导的中央“未在广大干部和群众中做深入的思想动员”①，导致红军在长征初期思想准备不足，仓促转移。在经过湘江战役遭受巨大牺牲之后，红军队伍弥漫着怀疑和不满的情绪。遵义会议后不久，中央及时将“遵义会议的精神传达到部队中，全军振奋，好像拨开重雾，看见阳光，一切疑虑不满的情绪一扫而光”②。“党委工作健全起来了，政治工作也更加活跃了。团政治处还有一支小小的宣传队，行军中组织鼓动棚，敲锣打鼓唱歌，鼓动大家奋勇前进；住下来又写标语作宣传。整个部队面貌焕然一新。”③

早在中央红军长征前夕，中共中央就有一定的舆论宣传，为进一步的思想动员奠定基础。1934年8月1日的《红星》报发表《红军抗日先遣队已过闽江》，声称：“我们工农红军今年‘八一’全体誓师，在彻底粉碎敌人五次‘围剿’的胜利决

---

① 刘伯承、徐海东等：《星火燎原》第3卷，解放军出版社2009年版，第2页。

② 刘伯承、徐海东等：《星火燎原》第3卷，解放军出版社2009年版，第5页。

③ 刘伯承、徐海东等：《星火燎原》第3卷，解放军出版社2009年版，第37页。

心下，准备全体北上抗日。”[1]9 月 29 日，张闻天在《红色中华》报发表《一切为了保卫苏维埃》，指出：“我们分出我们主力的一部分深入到敌人的远后方，在那里发动广大的群众斗争，开展游击战争，解除敌人的武装，创造新的红军主力与新的苏区。”[2]

(二)长征时期在红军中开展思想政治教育工作的可能性

长征期间党在红军中开展思想政治教育具有良好的基础。

首先，中国共产党成立伊始就重视党的组织和宣传工作，到长征时期已经积累了丰富的经验。中国共产党“只维护无产阶级的利益”，集中精力组织工人运动。党的第一个纲领提出“把工农劳动者和士兵组织起来”[3]。但是，“因为党员少，组织农民和军队的问题成了悬案，决定集中我们的全部精力组织工厂工人”，并且“鉴于我们的党至今几乎完全由知识分子组成，所以代表大会决定要特别注意组织工人，以共产主义精神教育他们”。[4] 党的第一个决议规定党的基本任务是“成立产业工会”，“在工会里灌输阶级斗争的精神”，成立工人学校、工会组织的研究机构，“提高工人的觉悟”，“教育工人，使他们在实践中去实现共产党的思想”。在宣传方面，党的决议规定：“不论中央或地方出版的一切出版物，其出版工作均应受党员的领导。”[5]随着中国共产党的积极努力，中国的工人运动不断掀起高潮，引起孙中山先生的高度关注，最终实现了国共第一次合作。国共合作期间，中国共产党一方面继续组织发动工人运动、农民运动，支援北伐战争；另一方面，也重视“做国民党军队里的有规划的宣传，使在‘军人’手里的兵士变成真正拥护民族解放运动的战士”[6]。国共合作的统一战线破裂以后，以毛泽东为代表的共产党人上山开展土地革命、开辟革命根据地，开拓出革命新局面。

其次，长征前红军已经拥有一套完整的思想政治教育工作的制度体系。长征前红军已经有 7 年的军史了。在艰苦的土地革命战争岁月里，中国工农红军在党的领导下不断开辟扩大革命根据地，不断打退敌人对根据地的“围剿”，在奋

---

① 姜思毅主编：《中国共产党军队政治工作七十年史》，解放军出版社 1991 年版，第 385 页。

② 中共中央文献研究室、中央档案馆编：《建党以来重要文献选编》第 11 册，中央文献出版社 2011 年版，第 563 页。

③ 中共中央文献研究室、中央档案馆编：《建党以来重要文献选编》第 1 册，中央文献出版社 2011 年版，第 1 页。

④ 中共中央文献研究室、中央档案馆编：《建党以来重要文献选编》第 1 册，中央文献出版社 2011 年版，第 24 页。

⑤ 中共中央文献研究室、中央档案馆编：《建党以来重要文献选编》第 1 册，中央文献出版社 2011 年版，第 4～6 页。

⑥ 中共中央文献研究室、中央档案馆编：《建党以来重要文献选编》第 2 册，中央文献出版社 2011 年版，第 77 页。

斗中成长壮大，在成长壮大中日趋成熟。毛泽东在红军的成长过程中居功至伟。他在率领秋收起义的队伍上井冈山之前就宣布了“一切行动听指挥，打土豪款子要归公，不拿老百姓一个红薯”三项纪律。不久又宣布了六项注意，后来又补充了二项注意，正式形成了“三大纪律八项注意”。这充分体现了人民军队的本质和宗旨。红军队伍的来源非常多样化，红军士兵的成分也非常复杂，把红军建设成为新型人民军队经历了一个艰难的过程。早在井冈山根据地时期，红军当中“组织了士兵委员会。部队分开行动时，则组织行动委员会指挥之”[①]。在红军中加紧实行政治训练，进行政治教育，“红军士兵都有了阶级觉悟……都知道是为了自己和工农阶级而作战”[②]。“红军所以艰难奋战而不溃散，‘支部设在连上’是一个重要原因。”[③]毛泽东系统地梳理了在红军内部存在着的诸多过去旧军队终究普遍存在着的错误思想，如单纯军事观点、极端民主化、非组织观点、绝对平均主义、主观主义、个人主义、流寇思想、盲动主义残余，认为这些非无产阶级的思想必须坚决肃清，并分别指出了纠正的具体办法。诸多办法中，最为突出的就是要加强思想政治教育，“从教育上提高党内的政治水平”，“加强官兵的政治训练”，“教育党员使党员的思想和党内的生活都政治化、科学化”，“加强教育，从思想上纠正个人主义”，“加紧教育，批评不正确思想，肃清流寇主义”，“从思想上肃清盲动主义”，“从制度上和政策上纠正盲动主义的行为”。[④]

二、长征时期党对红军进行思想政治教育的组织

在长征过程中，由于长途跋涉和敌人的围追堵截，党开展红军的思想政治教育工作有许多实际困难。因此，长征期间的思想政治教育需要更加积极有效的组织工作。

(一)红军思想政治教育的组织概况

中国共产党高度重视政治工作，在党的领导下中国工农红军迅速成长壮大。

总政治部在加强红军思想政治建设方面发挥了显著作用，其内设组织部、宣传部、动员部、敌工部、青年部、《红星》报编辑部等机构。长征期间的总政治部在思想政治教育方面发挥了独特的作用。

红军各个军团各自配备政治委员和政治部主任，负责部队的思想政治教育工作。1928 年 5 月 25 日，中共中央强调：“红军中政治工作，必须特别注意”，政

---

① 《毛泽东选集》第 1 卷，人民出版社 1991 年版，第 59 页。

② 《毛泽东选集》第 1 卷，人民出版社 1991 年版，第 64 页。

③ 《毛泽东选集》第 1 卷，人民出版社 1991 年版，第 65 页。

④ 参见《毛泽东选集》第 1 卷，人民出版社 1991 年版，第 87～95 页。

治委员负责“进行兵士群众的政治教育”[①]。长征开始时，“为加强部队政治工作，中共中央同中革军委决定派陈云、刘少奇、凯丰分别担任红军第五、第八和第九军团的中央代表”[②]。这些中央代表并不擅长军事指挥，但他们能够纵览全局、把握方向，特别是在思想政治教育方面起到不可低估的作用。在红军各个军团，负责政治工作的各级组织是健全的，其中连上的党支部最为关键。基于长征初期红军的严重减员和基层支部不健全的实际情况，红军总政治部在遵义会议后要求各个部队“以最大力量，在最短的时间内，建立连队中的党支部工作”[③]。

红二十五军军长吴焕先“善于做政治思想工作”[④]，他为了健全各级政治委员制度、增强党对部队的政治思想领导，“提拔了一批政治工作干部……逐渐形成了一批强有力的基层政治工作骨干”，要求“各级政治委员要深入到各个连队，埋头从事实际而又具体的政治工作”。[⑤] 红二十五军克服重重困难，不仅开辟了鄂豫陕革命根据地、扩大了红军队伍，而且还率先到达陕北，做好了迎接中央红军的准备。

（二）党对红军开展思想政治教育的具体工作

中央红军参加长征的各部人数众多，再加上中央政府各部门，队伍庞大且成员复杂；同时战略转移高度保密，一般干部战士和群众都不知情。在这种情况下适当的思想政治教育工作就显得尤为重要。1934 年 10 月 9 日，红军总政治部发出《关于准备长途行军与战斗的政治指令》，要求“加强部队的政治军事训练，发扬部队的攻击精神，准备突破敌人的封锁线，进行长途行军与战斗”[⑥]，之后政治部签发的几个“政治动员令”对长征中思想政治教育工作开展作了相关的部署。红二方面军和红四方面军在根据地时期思想政治教育工作就已经具有一定的组织，长征中也保持了一贯的宣传教育工作。红二十五军作为“中国工农红军北上抗日先遣队”，思想政治教育工作也是卓有成效。借助这些组织，红军长征途中的思想政治教育工作得以展开。

长征中担任红二军团第 6 师政治委员的廖汉生回忆，红军之所以比其他军

---

① 中共中央文献研究室、中央档案馆编：《建党以来重要文献选编》第 5 册，中央文献出版社 2011 年版，第 221 页。

② 《陈云年谱》（修订本）上卷，中央文献出版社 2000 年版，第 182 页。

③ 中共中央文献研究室、中央档案馆编：《建党以来重要文献选编》第 12 册，中央文献出版社 2011 年版，第 96 页。

④ 《中国工农红军第二十五军战史》编委会编：《中国工农红军第二十五军战史》，解放军出版社 1990 年版，第 166 页。

⑤ 王作坤主编：《红军长征全史》第 4 卷，载《转战千里——红二十五军和陕甘红军战史》，东北师范大学出版社 1996 年版，第 196 页。

⑥ 中共中央文献研究室、中央档案馆编：《建党以来重要文献选编》第 11 册，中央文献出版社 2011 年版，第 584 页。

队团结,“除了有共同的理想做基石之外,还通过强有力的政治工作,把党的团结战斗的思想灌输到全体指战员心中,从而发出一种巨大的凝聚力,将全军上上下下、左左右右凝聚成一个牢不可破的战斗整体”[①]。

长征中思想政治教育工作的组织是自上而下的,除了政治部以外,基层各下属部队还依靠党支部层层贯彻思想政治教育工作。长征是脱离根据地的转移和战斗,这期间开展思想政治教育工作面临更大的难度和挑战,需要更强的灵活性。这种情况下,各连队的党支部、班和排的党小组在思想政治教育工作中发挥了重要作用,曾担任党小组组长的陈国辉回忆道:“积极开展各种活动,发挥党员的先锋模范作用,使之为我们克服困难,战胜敌人,胜利完成史无前例的长征,起到了积极的保证作用。”[②]他们不仅保持了思想上的先进,同时还在行动上起到模范带头作用,在长途跋涉中潜移默化地影响战士们,成为思想政治教育工作的标兵。

在党支部、党小组发挥作用时,还有相应的群众组织来配合工作,这些组织包括列宁青年组、地方工作组、十人团和政治战士。列宁青年组主要是对士兵进行党的政治教育,让士兵了解党,认识党,相信党。地方工作组是根据总政治部发出的训令建立的,主要负责宣传和争取群众,开展群众运动的工作,实质上是通过对群众进行思想政治教育宣传,鼓动群众积极参加红军。十人团要求每日与连指导员进行汇报。“十人团工作不仅从消极方面注意监视落后分子的行动,主要的要从积极方面以亲爱的同志态度,从政治上去教育说服平日表现不积极、家庭观念较浓厚的分子,从日常生活上尽可能去安慰与帮助解决落后分子的一切问题”,也就是“帮助连指导员对个别政治落后分子和新战士进行政治解释教育,解决其疑难,解决其困难,使部队更加团结、巩固来消灭逃亡、掉队、落伍及个别逃亡现象”。[③] 它与地方工作组有相承接的关系,工作组争取新战士,十人团帮助新战士尽快融入军队;政治战士属于更基层的组织,它负责班的思想政治教育,并且定期向指导员汇报。长征中,通过一套完备的组织,形成了针对全军的思想政治教育网络,使思想政治教育工作覆盖到了每一个战士身上。

三、长征时期党对红军进行思想政治教育的形式

长征时期党对红军进行思想政治教育的形式灵活多样、生动活泼。

---

① 中国工农红军长征史料丛书编审委员会:《中国工农红军长征史料丛书·回忆史料(4)》,解放军出版社2016年版,第207页。

② 中国工农红军长征史料丛书编审委员会:《中国工农红军长征史料丛书·回忆史料(3)》,解放军出版社2016年版,第116页。

③ 中共中央文献研究室、中央档案馆编:《建党以来重要文献选编》第11册,中央文献出版社2011年版,第589页。

1.召开系列会议，举行联欢会、座谈会

会议召开的一个重要作用是根据当前形势对红军接下来的行动作出部署，要求统一领导人的意见，只有上面拧成一股绳，部队才能真正地团结统一。要统一意见，就要对错误思想进行纠正和改造，思想政治教育正好发挥作用。1934年11月4日，陈云“到十三师召集各团政委、总支书记开会，研究如何加强政治工作，克服一部分江西籍战士因不愿离开家乡而开小差的问题”①。1935年2月上旬，刘少奇到红三军团任政治部主任，3月“在贵州鸭溪召集红三军团团以上政治工作干部座谈会，研究干部战士的思想情况。在会上就党的支部工作、干部工作、思想政治工作和党的建设等问题作了发言”②。长征过程中召开了一系列的会议，石仲泉从会议讨论的内容和解决的问题出发，将这些会议初步划分为三个系列。③ 我们最熟知的遵义会议属于通道会议开始到会理会议系列，这一系列会议是中央红军与红四方面军汇合之前召开的，纠正了党内的错误思想，重新确立了党的政治路线、组织路线和思想路线，使党和红军转危为安，中国革命也焕然一新。中央红军与红四方面军汇合后召开的会议是第二个系列，这个过程中的会议主要讨论两军汇合后的战略战术，同时也努力克服张国焘的“分裂主义”以求得红军内部的团结统一，为我军北上抗日奠定了基础。第三个系列的会议是中央红军进军陕北过程中召开的一系列会议，这个系列的会议是针对进军陕北之后的行动和策略召开的，对于长征顺利结束也具有重要意义。长征中召开的会议对红军的战略大转移起到了积极的作用，通过纠正错误思想和行动，讨论军队的前途和方向，在开会的过程中不断提升对党和军队的认识、对革命形势和革命前景的认识，也提高了领导人和战士们自身的思想道德水平和觉悟，成为长征途中思想政治教育的重要形式之一。长征途中经常要与沿途群众打交道，红军“各单位的政治工作干部立刻都忙起来：与群众一起开座谈会、联欢会”④，宣传党的主张和红军的任务，并把大土豪的所得分给当地群众，赢得了当地群众的信任、拥护和支持。当地群众纷纷将自己的粮食贡献出来，许多群众还自发参加了红军，加入到了长征的队伍中。

2.报刊宣传

“长征是历史记录上的第一次，长征是宣言书，长征是宣传队，长征是播种机”⑤，长征期间出版的报刊成为开展思想政治教育工作和宣传工作的重要形

① 《陈云年谱》(修订本)上卷，中央文献出版社2000年版，第184页。

② 《刘少奇年谱》上卷，中央文献出版社1996年版，第140页。

③ 石仲泉：《我观党史四集》上册，上海人民出版社2016年版，第14页。

④ 刘伯承、徐海东等：《星火燎原》第3卷，解放军出版社2009年版，第21页。

⑤ 《毛泽东选集》第1卷，人民出版社1991年版，第150页。

式。由邓小平担任主编的《红星报》，是跟随中央红军一起行动的唯一报刊，由于战略转移前期的秘密行动，广大红军战士已经很久听不到党中央的声音了，就在突破第一道封锁线前夕，长征中第一期《红星报》出版，战士们把《红星报》看成党中央的声音，受到了极大鼓舞。[①] 面对长征时期艰苦复杂的环境，邓小平坚持创刊发报，他凭借自身丰富的工作经验，密切配合部队行动办报，一方面揭露国民党当局的罪恶，向广大红军战士和沿途的群众宣传红军行动和政策、传播马列思想和政治知识，另一方面根据红军面临的形势作出相应指导，帮助部队解决问题，在部队思想政治教育方面起到了重要作用。除中央红军的《红星报》之外，还有红一军团和红三军团政治部各自创办的《战士报》，通过对部队长征途中的光荣事迹进行宣传，极大地鼓舞了士气，使部队英勇地团结在一起，增强了部队凝聚力和战斗力。此外，还有红四方面军创办的《不胜不休》报、《红色战场》和《干部必读》，以及红二方面军创办发刊的《前进》和《战斗报》等。长征时期创办的报刊因为长期转移条件极差，报纸材质一般，发行数量也少，但正是艰苦环境下，这些报刊以朴实的文风、实事求是的精神鼓舞着红军战士在军队的思想政治教育工作方面做出了不可磨灭的贡献，谱写了红军长征的壮丽史歌。

3. 文艺创作和表演

长征途中，各部队为了做宣传工作和鼓动工作，采取了编唱歌曲、演出报剧和舞蹈等形式。家喻户晓的中国人民解放军《三大纪律八项注意》军歌就诞生在这个时期。这首军歌由红二十五军政治部秘书长程坦编写，将毛泽东在井冈山革命根据地为部队制定的“三大纪律八项注意”的内容与军歌节奏相结合，这首歌最早也是由红二十五军唱响，并推广到了全军，最终成为了红军铁的纪律[②]；《红色青年战士之歌》也是红二十五军喜爱的军歌，通过唱军歌的形式，使官兵紧紧团结在一起，战斗力也得以凝聚起来。会理会议期间，“黄镇等同志编了个活报剧叫《一支破草鞋》，由军团的‘猛进’剧团在晚会上演出”[③]。这个剧“歌颂了，毛主席思想武装起来的红军，如何在艰难危急的情况下战胜了敌人的围追堵截；也讽刺嘲笑了敌人在蒋介石指挥下，数十万人马，跋涉数千里，围追我军来到金沙江，却毫无所得，只拾到了我们战士穿烂了的一支破草鞋”[④]。红四方面军在川陕革命根据地的时候就大力开展思想政治教育工作，他们成立了一支由十二三岁孩子组成的红军剧团，任务是“向红军战士、伤病员和当地群众进行宣传鼓

① 参见中共中央文献研究室：《邓小平传(1904～1974)》上册，中央文献出版社 2014 年版，第 224～227 页。

② 参见卢振国：《红二十五军长征记》，军事科学出版社 2006 年版，第 5 页。

③ 刘伯承、徐海东等：《星火燎原》第 3 卷，解放军出版社 2009 年版，第 43 页。

④ 刘伯承、徐海东等：《星火燎原》第 3 卷，解放军出版社 2009 年版，第 43 页。

动工作，演出一些小的活报剧和舞蹈，如《八月的桂花》《锄头舞》等等”[①]。陆定一在红四方面军和红一方面军懋功会师后，专门编写了《两大主力会合歌》，这些歌曲鼓舞了红军战士争取更大的胜利。编唱歌曲在现在更多的是一种娱乐性活动，但在长征那个艰苦的年代，这种形式具有很强的宣传性、动员性和教育性，让官兵在传唱中潜移默化地受到思想政治教育，达到鼓舞士气的效果，是非常难能可贵的。

4.组织宣传队，张贴布告、发捷报等

长征初期，由于险恶的自然环境和国民党的围追堵截，加上党内错误思想的影响，红军遭受了一系列的挫折，广大官兵情绪低落。面对这种局面，总政治部指出，“应在行进与大小休息的空隙中，经过政治指导员、政治战士与党团员来不疲劳地进行政治工作，与部队的军事政治训练，以保证每个战士的不疲劳与随时准备战斗的情绪和旺盛的攻击精神”[②]，要求政治工作人员发挥主动性和积极性，对红军战士进行宣传和鼓动，提高全体红军的战斗精神。此外，“要利用各种的小传单、捷报，迅速把胜利消息传播全军，鼓励战斗，并即时提出新的战斗口号”[③]，保证红军时刻保持昂扬的精神状态。从遵义到大渡河，张爱萍回忆道：“宣传队沿途布设了红绿标语、图画；行军道旁的鼓动棚里，又唱歌，又喊口号。群众拥塞路旁满脸笑容迎接红军。人们争相为红军带路、挑担子、抬担架。村村都有端茶、捧烟和送鸡蛋的。”[④]部队一落脚宣传队就开始行动，时刻鼓舞士气；在行军路上还会组织化装宣传，《红星报》曾刊登《十天行军中化装宣传的一瞥》指出：“化装宣传是行军中一种有效的宣传方式，我们介绍这篇通讯，希望各部队根据不同的环境活泼的去采用。”[⑤]部队多种多样的宣传教育形式相结合，保证了长征途中红军的思想政治教育工作，使官兵始终保持着昂扬的士气和乐观的革命主义精神，从而能够战胜恶劣的环境，最终取得战略大转移的胜利。

四、长征时期红军思想政治教育工作的重大意义

长征时期的红军思想政治教育工作具有重大意义。

---

① 长虹:《在长征途中》,载 1981 年 8 月 17 日《人民日报》。

② 中国工农红军长征史料丛书编审委员会:《中国工农红军长征史料丛书·文献(1)》,解放军出版社 2016 年版,第 69 页。

③ 中共中央文献研究室、中央档案馆编:《建党以来重要文献选编》第 11 册,中央文献出版社 2011 年版,第 591 页。

④ 刘伯承、徐海东等:《星火燎原》第 3 卷,解放军出版社 2009 年版,第 46 页。

⑤ 中国工农红军长征史料丛书编审委员会:《中国工农红军长征史料丛书·回忆史料(4)》,解放军出版社 2016 年版,第 218 页。

1. 长征时期的红军思想政治教育工作保证了党对红军的绝对领导

从长征转移过程中看，红军思想政治教育工作的内容是由中共中央根据形势变化制定，借助完备的思想政治教育组织网络传达下去，是从上级到下级层层贯彻下来，最终落实到每一个士兵身上。总政治部下发训令中提到，“各兵团政治机关应根据上列的政治指令，分别定出‘整顿补充工作’‘行军工作’与‘居民工作’的具体计划，并采取有效的实施步骤。同时应保证与本部的经常联系，用电报或书面的报告工作”①。长征途中分散转移的各部队坚定地执行中共中央决策，能够保持与中央沟通联系。

红军长征离开根据地，开始了长期的无后方行军与作战。如果没有党的领导就可能成为散兵游勇，成为流寇。思想政治教育工作有力地巩固了党对军队的绝对领导，在党的坚强领导之下红军成为一支胜利之师、威武之师。

在红一、四方面军会师以后，应徐向前的要求，红一方面军向红四方面军派出了政治工作干部。这些政治工作干部向红四方面军介绍了红一方面军政治工作的经验，“制定政治保证计划，对部队经常进行政治思想教育以及行军、战斗中的宣传鼓动工作等等”②。红四方面军的政治组织得到较大完善，思想政治工作也得到前所未有的加强。红四方面军政治觉悟的不断提高，为最终克服和纠正张国焘分裂主义错误奠定了坚实基础。

2. 长征时期的红军思想政治教育工作铸成了一只钢铁般的军队

红军踏上战略转移的艰苦道路，开始万里长征。红军面对艰难困苦，不屈不挠，奋勇前进，与党的思想政治教育工作有密不可分的关系。“政治思想工作是红军的生命线，是红军取得长征胜利的重要保证”，红一方面军“把政治思想工作贯彻到部队的行军、作战等一系列实际工作之中……依靠政治思想工作的巨大威力和干部的模范行动，进一步坚定了广大指战员对革命事业必胜的信念和全心全意为人民服务的崇高思想，激发了他们的革命英雄主义精神”。③ 红一方面军是这样，红二、红四、红二十五军也都是这样。

毛泽东是进行思想政治教育工作的杰出代表。在长征途中，他与张闻天、王稼祥等人一起行军。经过毛泽东耐心的思想工作，在血的教训和残酷的现实面前，张闻天和王稼祥从左倾阵营中脱离，这对于行军路线的改变、遵义会议的胜

① 中共中央文献研究室、中央档案馆编：《建党以来重要文献选编》第11册，中央文献出版社2011年版，第586页。

② 秦基伟等：《艰苦的历程——中国工农红军第四方面军革命回忆录选辑》(下)，人民出版社1984年版，第14页。

③ 《中国工农红军第一方面军史》编委会：《中国工农红军第一方面军史》(上)，解放军出版社1993年版，第611页。

利召开起到了积极的作用。遵义会议以后，红军在党的正确领导下克服重重困难到达陕北，胜利完成了战略转移任务。在长征途中，红军各级政治工作者兢兢业业工作，积极宣传鼓动，通过不断的思想政治教育工作使红军战士不怕苦不怕累，始终保持饱满的革命激情。红军军委直属队在强渡乌江之前，朱德总司令亲自做部队的动员工作，要求红军全体指战员“发扬红军不怕一切困难的精神，战胜困难，渡过乌江去”①。红军部队在强渡大渡河之前，总参谋长和红一军团政委聂荣臻亲自做战前动员工作，“这些宣传鼓动工作，有力地鼓舞了部队的士气，提高了胜利信心和勇气”②，红军能够发扬英勇顽强不怕牺牲的革命精神，胜利渡过天险大渡河，粉碎了蒋介石妄想使红军变成“石达开第二”的迷梦。部队在行军和战斗的途中不断磨炼，加之党坚持不懈做红军的思想政治教育工作，“从前的新军打成铁军，人人有剿灭蒋逆决心，士气旺盛百倍，战斗力更比以前提高几倍”③，红军成为一支钢铁般的队伍。

3.长征时期的红军思想政治教育工作打造出一支人民的军队

长征途中红军思想政治教育工作对打造一支人民的军队发挥了积极意义。长征经过许多少数民族聚居区域，由于各方面条件限制加之国民党反动派的丑化宣传，沿途群众对红军缺乏正确的认识。1935年《总政治部关于争取少数民族工作的训令》指出，“必须向全体战士解释争取少数民族的重要性”，“动员全体战士向少数民族广大的宣传红军的主张”。④ 部队在进入之前，“进行了普遍而深入的政治思想工作和党的民族政策的教育工作”⑤，“使每一个干部和战士深切明了我们对少数民族的策略”⑥。进入彝族区后，战士们向群众解释道：“红军和国民党反动派不同，红军不是来抢劫的，不会伤害彝民，红军是替被压迫人民打天下的，红军要和彝民联合起来。”⑦每一位红军战士严守纪律、积极活动，给

① 中国工农红军长征史料丛书编审委员会：《中国工农红军长征史料丛书·回忆史料(4)》，解放军出版社2016年版，第219页。

② 中国工农红军长征史料丛书编审委员会：《中国工农红军长征史料丛书·回忆史料(4)》，解放军出版社2016年版，第222页。

③ 中国工农红军长征史料丛书编审委员会：《中国工农红军长征史料丛书·文献(3)》，解放军出版社2016年版，第18页。

④ 中国工农红军长征史料丛书编审委员会：《中国工农红军长征史料丛书·文献(2)》，解放军出版社2016年版，第145页。

⑤ 中共中央党史研究室编：《红军长征纪实丛书·红一方面军卷(2)》，中共党史出版社2016年版，第869页。

⑥ 中国工农红军长征史料丛书编审委员会：《中国工农红军长征史料丛书·文献(3)》，解放军出版社2016年版，第19页。

⑦ 中共中央党史研究室编：《红军长征纪实丛书·红一方面军卷(5)》，中共党史出版社2016年版，第2305页。

少数民族同胞留下深刻印象，军民关系被迅速拉近。担任毛泽东警卫员的陈昌奉回忆道：“我们同彝族同胞虽然语言不同，但欢乐的笑声合在一起说明，我们的心不仅是完全一致的，而且是紧紧贴在一起的。”①红军有效的思想政治教育工作不仅粉碎了蒋介石企图制造民族矛盾阻挡红军前进的意图，而且团结了彝族同胞，打出了人民军队的名号，将革命的种子播在了彝族区。

4. 长征时期的红军思想政治教育工作凝聚了伟大的长征精神

长征时期红军思想政治教育工作为培育和塑造伟大的长征精神发挥了重要作用。红军长征一方面要克服雪山草地等极端恶劣的环境，另一方面要打破国民党的围追堵截，这不仅要求红军具备良好的身体素质，更是对每一位战士精神层面的极大考验。长征途中一度有逃跑和掉队的现象，因而红军思想政治教育工作重心是使战士保持旺盛的革命斗志和坚定的理想信念，“心中有信仰，脚下有力量；没有牢不可破的理想信念，没有崇高理想信念的有力支撑，要取得长征胜利是不可想象的”②。2016 年 10 月 21 日，在纪念长征胜利 80 周年大会上，习近平总书记讲道：“长征这一人类历史上的伟大壮举，留给我们最可宝贵的精神财富，就是中国共产党人和红军将士用生命和热血铸就的伟大长征精神。”③长征的胜利从意识层面讲，坚定的理想信念起到了决定性作用。在这一原动力的推动下，红军将士紧紧团结在一起，为了救国救民的革命理想艰苦奋斗、不怕牺牲，凝聚出了伟大的长征精神：“就是把全国人民和中华民族的根本利益看得高于一切，坚定革命的理想和信念，坚定正义事业必然胜利的精神；就是为了救国救民，不怕任何艰难险阻，不惜付出一切牺牲的精神；就是坚持独立自主、实事求是，一切从实际出发的精神；就是顾全大局、严守纪律、紧密团结的精神；就是紧紧依靠人民群众，同人民群众生死相依、患难与共、艰苦奋斗的精神。”④长征精神是对红军思想政治教育工作的最大肯定。长征已成历史，但长征精神永存。

当前，我们进入中国特色社会主义新时代，我们的改革开放和现代化建设进入深水区，国际环境的不断变化对我们提出各种挑战。要走好今天的“长征路”，需要我们更加重视思想政治教育工作，发扬伟大的长征精神，为实现共产主义远大理想和中国特色社会主义共同理想而奋斗。

① 中共中央党史研究室编：《红军长征纪实丛书·红一方面军卷(5)》，中共党史出版社 2016 年版，第 2301 页。

② 《习近平谈治国理政》第 2 卷，外文出版社 2017 年版，第 49 页。

③ 《习近平谈治国理政》第 2 卷，外文出版社 2017 年版，第 47 页。

④ 《江泽民文选》第 1 卷，人民出版社 2006 年版，第 590 页。

新媒体时代高校马克思主义意识形态话语权的消解与重塑

吴春雷

摘要：新媒体时代信息传播呈现出交互性和平等性、开放性和多元性、消解性和个体性等特点。新媒体时代的到来对高校传统意识形态教育的权威性、意识形态教育的传播机制、教育功能与教育环境都产生了不同程度的消解。面对新形势，必须牢牢坚持马克思主义意识形态指导地位，维持和强化马克思主义意识形态话语权威，并以增强高校意识形态教育实效性为抓手，切实提升马克思主义话语权，同时充分利用新媒体提供的有利条件不断拓展马克思主义意识形态教育新空间，通过加强高校网络信息建设与管理，构建马克思主义意识形态话语权网络保障机制。

关键词：新媒体；马克思主义话语权；实现路径

作者简介：吴春雷，山东师范大学马克思主义学院副教授，博士，研究方向为马克思主义基本原理与当代社会发展。

基金项目：山东省本科高校2016年度教学改革研究项目"'马克思主义基本原理概论'课'教材·方法·情感·评价'四位一体教学模式研究与实践"(批准号：鲁教高函〔2017〕10号)的阶段性研究成果。

意识形态工作始终是党的建设工作的重要组成部分，在集中精力进行经济建设的同时，我们必须不断巩固马克思主义在意识形态中的指导地位，牢牢掌握意识形态的领导权和话语权。互联网技术尤其是新媒体技术的迅猛发展，使马克思主义意识形态的传播机制、教育生态都发生了极大变革，在传统媒体条件下的马克思主义意识形态宣传教育的垄断优势不复存在。与此同时，各种各样的异质文化、非主流社会思潮借助新媒体技术在大学生群体中广泛传播，不断冲击着大学生原有的价值观、政治观，淡化了马克思主义在意识形态领域的话语权。习近平总书记在2016年全国高校思想政治工作会议上强调："要运用新媒体新技术使工作活起来，推动思想政治工作传统优势同信息技术高度融合，增强时代感和吸引力。”面对马克思主义意识形态教育领域的新形势，教育者要勇于突破陈旧的教育观念和模式，采取切实可行的创新策略，以重塑马克思主义意识形态话语权。

一、新媒体时代信息传播的基本特征

当今世界，新媒体已经融入社会生活的各个角落，人类生产与生活方式已经进入了崭新的“互联网+”模式，以新媒体为代表的互联网技术以其无所不在的影响使世界的经济、政治、文化领域正处在急剧的新旧范式转换之中，新媒体时代的信息传递也呈现出前所未有的新特点。

（一）交互性和平等性

在传统媒体条件下，媒体处于强势地位，受众相对而言处于弱势，往往只能被动接受媒体提供的信息，对信息的反馈能力较弱。面对不断涌来的信息，他们无法终止，也无法选择，即使有所反馈，这种反馈的渠道也非常有限，并且具有很大的时滞性。对话参与者之间的互动交流更是困难重重，既无法及时表达自身观点，也无法及时获得信息传播者的进一步反馈。新媒体的出现则恰恰弥补了传统媒体的弊端，大大增强了信息传播者与信息受众之间以及信息受众相互之间的互动性。受众不仅能够及时接收到信息传播者的各种观点，而且能够及时对此作出反馈，随时在信息传播各方之间展开交流和讨论。

新媒体平台中信息传播者与受众之间以主体间性交往关系为基础，二者不再是传统媒介信息传递过程中的主动灌输和被动接受的“主体—客体”关系，而是开放、平等、自由的“主体—主体”的关系。信息传播者与接受者之间关系不再是强势输出与被动接受的关系，受众能够随时发出自己的声音，甚至可以反作用于信息传播者，影响和改变信息传播者的观点和选择，具有极高的话语参与度、主动性和主导性。

（二）开放性和多元性

传统的报纸、广播、电视等传播媒体，其信息发布受到版面或播放时间的限制，信息的容量有限，并且信息的表达往往要经过多个级别的审核与管理，不论是信息的内容还是发布的时间及渠道，都会受到一定程度的限制。而计算机、智能手机等数字终端和互联网技术的新型传播媒体对信息的操作处理和运算能力越来越大，传播的信息越来越丰富，参与各方不仅能获得关于信息的主要内容，而且还可以了解到信息传播的背景、相关话题、专家解读、网友意见等内容，并可以通过相关信息链接将信息传播不断延伸下去。信息的表达不仅有文字形式，还可以通过图片、音像、微视频、语音、截图、直播等多种形式加以传播。

新媒体的开放性又必然导致其具有多元性特征。这种多元性特征表现在：一是其传播者的多元化，由传统的以专业媒体从业人员为主的精英传播时代转变为“人人都有麦克风”的大众传播时代。二是传播内容的多元化，传统媒体条件下信息传播的来源较为稳定和单一，信息传播的内容通常需要经过严谨慎重的选择，相对于传统媒体内容的无差异化传播，新媒体信息内容多元化，能够针对不同的受众群体设计出不同的内容主题，传播各种不同的价值观点。三是传播渠道多元化，传统媒体主要通过纸质媒体发布信息，而新媒体时代，计算机技术尤其是智能移动终端技术的发展，各类通信应用软件的出现，如微信、微博、QQ、BBS留言及各类直播平台和网络论坛等，极大地丰富了信息的传播渠道。

（三）消解性和个体性

新媒体的出现带来媒介生态结构的变化，进而引起人类社会生活和社会结构的变化。在新媒体逐渐形成的特征中，蕴含了鲜明的后现代性，这种后现代性会对社会文化起到一定的消解作用。“相对于传统媒体，新媒体消解了传统媒体（电视、广播、报纸、通信）之间的边界，消解了国与国之间、社群之间、产业之间的边界，消解了信息发送者与接受者之间的边界。”[①]人们借助于新媒体，可以很方便地对所获得的信息进行任意加工、截取，并根据个人的喜恶有选择地对信息的本意进行解读，并在此基础上进一步传播，这就在事实上造成了对原有信息的消解。如果这种消解未能尊重信息原有的事实，就会导致事实本身和再现事件的背离，给人们的信息选择带来困扰乃至负面影响。

在对信息进行加工取舍被赋予更多个人色彩和个人偏好的过程中，新媒体的个性化特征也逐渐形成。新媒体信息提供者可以按照自身的价值观、审美观发布观点、推送消息，受众也可以根据自己的需要选择信息接收的时间、地点和表现形式；无论是信息的发送者还是接收者，都可以根据个人的兴趣爱好和时间安排对信息进行相关处理，充分实现个性化选择。

二、新媒体时代高校马克思主义意识形态话语权的消解

新媒体时代，高校意识形态教育过程中的主体间性关系削弱了意识形态教育者的固有权威性，信息传播机制的改变降低了传统意识形态话语权的信息占有与传播渠道优势，传统意识形态教育的功能和环境也发生了很多改变，这些变化都在一定程度上消解了高校马克思主义意识形态话语权。

（一）新媒体对高校意识形态教育者权威性的消解

意识形态话语权威是指主流意识形态在教育传播过程中所具有的主导性以

① [美]阿尔文·托夫勒：《力量转移》，刘炳章等译，新华出版社1991年版，第35页。

及在整个社会思想体系中所具有的支配地位。一个阶级在物质关系上取得统治地位后，必然要求在思想观念上居于统治地位。马克思认为："占统治地位的思想不过是占统治地位的物质关系在观念上的表现，不过是以思想的形式表现出来的占统治地位的物质关系。"①葛兰西继承了马克思的意识形态理论，他非常重视意识形态的领导权，他认为："一个社会的霸权地位表现在以下两个方面，即'统治'和'智识与道德'的领导权。……一个社会集团能够也必须在赢得政权之前开始行使'领导权'（这就是赢得政权的首要条件之一）；当它行使政权的时候就最终成了统治者，但它即使是牢牢地掌握了政权，也必须继续以往的'领导'。"②主流意识形态代表着党和政府的意志，其主流地位具有法定的权威性，由国家通过法律予以确认和维护的。传统高校意识形态教育从中央到地方各级各类大学都要严格接受党的监督和指导，国家的意识形态内容成为大学生思想政治教育信息获取的唯一来源。

新媒体环境中的信息传播更为开放，各种思潮的传播不再受到时间和地域的限制，以或明或暗的方式对大学生的思维方式和价值理念产生着影响。意识形态教育对象不再只是信息的被动接受者，教育者与受教育者之间是一种相互影响、相互作用、相互推动的双向互动，每个人都是"互动主体"。这种状况在扩大大学生视野、增强思想独立性的同时，也对传统的以马克思主义意识形态为单一评判标准的话语体系产生了不小的冲击和挑战，极大地削弱了传统意识形态话语的权威性。

（二）新媒体对高校意识形态教育传播机制的消解

传统意识形态教育往往采取自上而下的单向灌输，教育者总是处于主动地位，意识形态教育方式和传播途径具有排他性，受教育者接受信息的途径相对单一。新媒体则借助对其时空界限束缚的突破，改变了信息传播和获取的传统模式，为大学生的学习和交流提供了更为方便快捷的交流方式和无限的可能，使大学生对传统意识形态教育渠道的依赖性大大减少。受教育者借助于移动终端，可以随时随地获取大量信息，甚至成为信息的传播者、制造者，这种情况不可避免地削弱了意识形态教育话语权的信息优势。

新媒体的平等性和交互性特征意味着信息交流参与者的自主、自发、平等关系，新媒体时代意识形态传播呈现出明显的后现代主义"去中心化"特征，"后现代主义放弃了对中心权威、同一性、确定性的强调，追求多元性、差异性和不确定

① 《马克思恩格斯文集》第1卷，人民出版社2009年版，第550～551页。

② [意]安东尼奥·葛兰西：《狱中札记》，曹雷雨等译，中国社会科学出版社2000年版，第38页。

性”[①]。信息传播者不再是绝对的中心，而是与其他对话参与者一样作为平等主体，通过新媒体设备，以互动的方式进行自由的对话和交流。通过微信、QQ、微博等媒体平台，教育者可以把自身关于意识形态教育的理论、观点发布出去，对大学生产生价值观的教育、引领和规范作用，大学生也可以在这些平台时时发表自己的观点和看法，表达自身的感受和思想变化，与教育者之间进行无障碍交流互动。

（三）新媒体对高校意识形态教育功能的消解

我国高校意识形态教育发挥着引领导向、服务大局、凝心聚力、明辨是非的重要话语功能。福柯的话语理论认为，我们的话语都是“知识意志（或意愿）”（will to knowledge）和“权力意志（或意愿）”（will to power）交织而成的结果。话语权强弱的背后，隐藏着权力关系的渗透和介入。谁在话语中发出指令，谁拥有主导话语的权力，谁有资格运用各种话语，都离不开权力的贯穿运作。当前我国高校的马克思主义意识形态教育，就是要引导广大青年学生学会运用马克思主义的立场、观点和方法分析问题、解决问题，自觉弘扬和践行社会主义核心价值观，为建设中国特色社会主义培养合格建设者和接班人。

新媒体时代，高校意识形态教育这种引领导向、服务大局、明辨是非的功能也在不断经受挑战。新媒体的开放和互动使信息得以快速传播和共享，但由于其限制和监管的难度，使信息在传播过程容易被渗入许多模糊、错误甚至是反马克思主义的观点，从而导致大学生在政治立场、价值观念、行为方式等方面发生偏颇，背离社会主义核心价值观要求。“淡化政治”“淡化意识形态”“消解主流意识形态”“意识形态终结论”等论调在新媒体网络中甚嚣尘上。由于新媒体信息传播具有速度快、渠道多、覆盖广、易控性差等特点，这些论调在网络空间统治着想象领域，占据着交流空间，影响和支配着包括社会主义文化在内的非西方文化的生产及发展，并对马克思主义意识形态实施渗透和解构。

（四）新媒体对高校意识形态教育环境的消解

传统意识形态教育由于信息获取的单一性从而决定了其保持话语权相对简单，而新媒体环境下大学生每时每刻都面临着各种西方文化思潮和价值观念的冲击，多元化的社会利益矛盾日益由隐性的潜伏状态转向显性的公开化状态，部分人对理想的追求和信念转为一种功利性的、为现实所接纳的个人价值实现，意识形态教育环境变得错综复杂。

在经济全球化和网络新媒体的双重作用下，信仰危机、生存危机和意识形态安全等问题日益凸显，以马克思主义为主导的社会主义意识形态和中国的传统

① 葛晨虹：《后现代思潮及对社会价值观的影响》，载《教学与研究》2013年第5期。

文化中以儒家道德价值体系为核心的人伦秩序，以及在此基础上建立起来的道德原则和规范体系受到西方文化的强烈挑战，社会意识形态防御、管制和调控难度不断增加。多元化社会思潮的广泛传播加剧了人们思想领域的混乱，一些人的价值观念、政治态度甚至走向极端。这种极端性或者表现为政治态度的极端冷漠，在政治上否定一切权威，听不进正常的舆论宣传；或者表现为对政治问题的极端关心，在网络虚拟世界表现得异常活跃，借助于突发事件或敏感事件煽风点火，肆意发表过激言论，传播、制造网络谣言。凡此种种，极大地消解了马克思主义意识形态教育环境。

三、新媒体时代重塑高校马克思主义意识形态话语权的有效路径

面对新媒体发展对高校马克思主义意识形态话语权的消解，积极探索提升高校马克思主义意识形态话语权的有效路径，以更有效的方式用马克思主义意识形态的先进理论占领网络阵地，使大学生树立正确的价值观、政治观并内化为行为准则，具有十分重要的现实意义。

（一）坚持马克思主义意识形态指导地位，巩固马克思主义意识形态话语权威

20 世纪 80 年代以来，随着思想解放运动的开展和改革开放政策的推进，人们长期以来深受禁锢的思维日益活跃，中国人牢不可破的精神生活领域开始破冰。继五四新文化运动之后，中国社会呈现出又一次思潮涌动、百家争鸣的景观。当前，世界多极化、经济全球化、文化多样化、社会信息化深入发展，多元文化间相互激荡、渗透、竞争、交锋。这些思潮流派尽管在各自的拥护者那里都有一定的合理性，但是比较而言仍然有先进与落后之分、健康与腐朽之别，并且善恶之间、美丑之间、是非之间并非泾渭分明，而是相互交织、错综复杂。

多元文化的碰撞和交流，从正面的角度看，为马克思主义意识形态的发展提供了丰富的思想材料，使主流意识形态不断得以补充和完善。从负面的角度看，也会对马克思主义意识形态造成一定的冲击，威胁、损害和侵蚀主流意识形态的权威地位和指导功能，甚至动摇上层建筑的地位。我国改革开放近 40 年来所取得的成就以及所吸取的教训表明，面对错综复杂的意识形态建设新形势，我们要善于处理好思想文化领域的“一”与“多”的辩证统一关系。思想文化领域中的“一”，就是要毫不动摇地坚持马克思主义的唯一指导地位，这是正确对待“多”的原则性前提。任何国家的统治阶级为巩固自身的统治，都要建构特定的主流意识形态，并发展与之相适应的社会核心价值观念。当代中国的社会核心价值观，遵循了历史唯物主义的基本规律，适应了社会主义市场经济发展的要求，适应了实现中国特色社会主义文化自信的要求，从而使其能够成为联结各民族、各阶层

的精神纽带，成为凝聚共识、凝聚人心、凝聚智慧、凝聚力量实现中国民族伟大复兴的精神引领。

在坚持马克思主义指导思想、坚持以社会主义核心价值观引领社会思潮的前提下，又要正确看待思想文化领域的“多”，“多”是“一”的有机补充。要秉承“尊重差异和包容多样”的科学态度，实现多样化社会思潮的健康、和谐发展。马克思主义是一个开放的理论体系，在改革开放的历史进程中，马克思主义在中国实践的新成果、党的优良传统、中华民族的优秀传统文化、世界文明的优秀成果都为其增添了丰富的内涵，促进了它的发展和成熟。这种开放性既是马克思主义的活力所在，也决定了它能够尊重、包容其他社会思潮。当然，文化领域的尊重差异与包容多样不是无原则、无界限的。尊重是正视，不是示弱、畏惧；包容是沟通交流，不是包庇、纵容。对于各种反马克思主义的社会思潮，绝不能听之任之，任其泛滥，而是要开展积极的批评和思想斗争。对于损害社会利益和人民群众利益的唯利是图、荣辱不分的思想观念要坚决进行批判，以保证社会思想文化建设的健康发展。

（二）增强高校意识形态教育实效性，切实发挥马克思主义话语权主渠道作用

高校思想政治教育理论课是对大学生进行马克思主义意识形态教育的主渠道、主阵地，是提升马克思主义意识形态话语权的重要依托，其教学的实际效果如何，直接关系到马克思主义话语权能否实现以及能在多大程度上实现。

新媒体条件下的信息传播具有明显的个性化、生活化特点，大学生更愿意接受那些语言表达富有时代感和青春气息的信息，更加关注那些与自身学习生活息息相关的内容。习近平总书记指出：“思想政治工作从根本上说是做人的工作，必须围绕学生、关照学生、服务学生。”①因此，新媒体时代重塑马克思主义意识形态话语权要真正做到以学生为本，充分尊重大学生的主体感受和群体特点，积极营造马克思主义意识形态教育过程中平等的师生关系和融洽的交流环境。现实中，很多大学生表现出对思想政治教育的抵触情绪，其中很重要的原因之一就是我们的意识形态教育总是给人以冷冰冰的感觉，缺乏情感的关怀和温暖。

提升意识形态教育实效性要求我们了解新媒体环境下大学生的情感需求和思维方式的变化，在意识形态教育过程中倾注以教育者的浓浓真情，将意识形态教育内容以更加人性化的形式呈现在大学生面前。马克思主义意识形态教育工作的根本目的是为了促进人的思想品德和政治素质的完善并最终促进人的自由

① 《把思想政治工作贯穿教育教学全过程　开创我国高等教育事业发展新局面》，载 2016 年 12 月 9 日《人民日报》。

而全面的发展，对时代问题的科学回答、对人类命运的深切关怀是马克思主义的永恒主题。在新的时代条件下，我们的意识形态教育工作应该勇于面对和回答时代发展提出的重大理论和实践问题，善于与学生进行心灵的沟通，真正解决学生的思想困惑和成长中遇到的难题，以自身的品德和学识影响和引导学生将马克思主义的世界观内化于心、外化于行，建立起中国特色社会主义的道路自信、理论自信、制度自信和文化自信。

坚定的信仰源自科学的理论，马克思主义理论的科学性就是我们确立共产主义理想信念的理论根基。提升意识形态教育实效性还要求我们要真正讲清楚马克思主义的科学性、真理性，充分展现马克思主义的理论魅力。马克思主义的科学性就体现在其具有辩证唯物主义和历史唯物主义的理论基础，体现在其力图按照世界本来面目认识世界的一切从实际出发的实事求是精神，体现在其源自实践、发展于实践的与时俱进理论品质和蓬勃生命力。习近平总书记强调："要坚持不懈传播马克思主义科学理论，抓好马克思主义理论教育，为学生一生成长奠定科学的思想基础。"[①]

（三）尊重新媒体信息传播规律，拓展马克思主义意识形态话语权空间

新媒体时代的到来，给马克思主义意识形态话语权带来严峻挑战，也为提升马克思主义话语权提供了有利条件。新媒体条件下，意识形态教育载体形式更加多样，知识更新速度更快，师生交互性更高。"可以说，新媒体引领了思想政治理论课学习方式的变革，赋予了学生极大的空间和自由。学生完全可以根据自己的兴趣和需要，自由选择学习板块和学习时间。"[②]新媒体使传统的狭小意识形态传播空间变得更加开放，使许多通过传统渠道灌输难以被接受的主流意识形态和社会思潮更容易被大学生所接受。同时，新媒体技术也更有利于学生发挥主动性优势，更好地参与到意识形态教育过程中来，通过新媒体特有的私信交流通道，还可以使学生更加便捷地表达个人观点，并得到及时的关注和回应，从而更好地满足学生渴望表达和保护自尊的心理需求。另外，新媒体条件下特有的表达方式也更加符合当代大学生的话语体系，"利用好网络语言的积极作用，巩固主流校园媒体的优势地位，能够更好地推进思想政治工作方法的创新"[③]，更好地帮助意识形态教育者了解大学生的意见观点和利益诉求并加以针对性的引导。

---

① 《把思想政治工作贯穿教育教学全过程　开创我国高等教育事业发展新局面》，载 2016 年 12 月 9 日《人民日报》。

② 李林英、郭丽萍：《新媒体环境下高校思想政治教育教学研究》，人民出版社 2015 年版，第 183 页。

③ 谢守成、高尚：《网络语言的流行与大学生思想政治工作创新》，载《思想理论教育导刊》2014 年第 11 期。

面对互联网的普及尤其是新媒体的快速发展，我们可以从以下几个方面开拓马克思主义话语权新空间。在内容上，应坚持以正面引导为主，弘扬马克思主义主流价值观，弘扬中华民族优秀传统文化，倡导社会主义核心价值观。在策略上，要努力培养认同社会主义核心价值观的网络意见领袖，注意发挥不同领域具有影响力人物的榜样引领作用，主动通过新媒体推送具有积极意义的新闻消息、人物事迹、理论文章，强化主流引导，孤立非主流言论，牢牢把握互联网上的舆论导向；要善于运用符合新媒体信息传播规律和时代特点的语言表达方式传递信息、呈现观点，在潜移默化中自然而然实现马克思主义意识形态的教育引领作用。在方法上，要注意运用疏通和引导的方式做好宣传和教育工作。所谓疏通，就是要允许对马克思主义主流价值观具有疑问和困惑的观点表达出来，善于营造敢说真话、畅所欲言的话语氛围。所谓引导，就是对于不同观点乃至反对意见不能听之任之、视而不见，要以科学的观点、理性的思考、真理的力量统一社会思想，引领发展方向。

在重视新媒体在意识形态教育中的重要作用的同时，也不能忽视传统媒体在意识形态教育中的作用。传统媒体在新媒体时代仍然是宣传马克思主义的重要渠道和阵地，仍然具有自身的特点和优势。与新媒体相比，报纸、杂志、电视、广播、电影、图书、音像制品等各类传统媒介信息传播渠道稳定，信息来源可控，更有利于重要精神、重大理论的宣传和发布，更有利于理性表达和深度解读，同时也能更好地兼顾不同受众群体。

（四）加强高校网络信息建设和管理，构建马克思主义意识形态话语权保障机制

一是形成高校党委领导、以思想政治理论课为主渠道、各专业课教学有机融汇的全过程、全学科参与的大德育体系。高校党委和思政工作主管部门应把思想政治工作上升到政治高度，克服高校内部对思想政治教育工作的消极态度，以切实的措施支持和推动高校青年思政课教师队伍建设。习近平总书记在2016年召开的全国高校思想政治工作会议上强调："党委要保证高校正确办学方向，掌握高校思想政治工作主导权，保证高校始终成为培养社会主义事业建设者和接班人的坚强阵地。"[①]高校意识形态教育不仅仅是哪一个部门、哪一个学科的责任，社会及高校各部门、各学科、各方面党委统一领导、齐抓共管的局面，在充分发挥思政课堂主渠道作用的同时，其他各门课都要守好一段渠、种好责任田，使各类课程与思想政治理论课同向同行，形成协同效应，努力构建全方位、全领

① 《把思想政治工作贯穿教育教学全过程　开创我国高等教育事业发展新局面》，载2016年12月9日《人民日报》。

域、全要素的大德育体系。

二是建立和完善高校网络信息传播管理制度，向大学生明确传递网络行为禁止事项，明确违反相关网络行为规定应负的责任和应承担的后果，对于那些忽视其所必须遵守的责任和规定者实施必要的惩戒。党和政府高度重视网络空间的法律法规及制度规范建设。习近平总书记指出："要依法加强网络社会管理，确保互联网可管可控。"①网络空间不是"法外之地"，同样要讲法治，要遵守现实生活中的各项法律、规章、制度，要维护国家安全和利益。习近平总书记强调："做好网上舆论工作是一项长期任务，要创新改进网上宣传，运用网络传播规律，弘扬主旋律，激发正能量，大力培育和践行社会主义核心价值观，把握好网上舆论引导的时、度、效，使网络空间清朗起来。"②

新媒体时代提升高校马克思主义意识形态话语权，需要进一步加强校园网络建设，组建相应的网络管理机构，比如可以在学校学生管理部门或学生会建立专门的网络信息工作部门，规范大学生网络行为，自觉抵制不良网站及信息。对于那些涉及黄、赌、毒的网站及一些反动非法网站应予以坚决关闭或屏蔽，并及时向有关管理部门检举举报，及时查处此类网站，决不能听之任之，任由传播和泛滥。在做好前期申请审查和登记注册的前提下，积极支持、鼓励大学生创办内容健康、格调积极向上的各类网站、自媒体 APP、公众号等网络信息平台，传递正能量。

三是引导和教育大学生养成健康审美情趣、网络文化素养和道德标准，自觉提高政治辨别力和敏感性，防止网络失范行为的发生。网络虚拟环境是现实社会生活在网络世界的反映，同样存在着积极与消极、健康与低俗、先进与落后的文化冲突，同样需要遵循现实世界所具有的道德准则。在网络虚拟世界中人们在思想上和行为上的监督、控制和约束变得更加困难，很容易产生自由放纵、价值观混乱、降低自身道德要求的情况。例如，有的学生将大量的时间浪费在浏览无聊的网络信息上，甚至沉迷于网络游戏以致荒废学业；有的学生缺乏基本的道德约束力，将网络世界看成是为所欲为的场所，很多在现实生活中不敢说的话、不能说的话都发泄在网络世界；更有甚者，利用网络从事违法犯罪活动。因此，在加强互联网法律法规建设的同时，必须坚强网络道德建设，加强网络行为自律，用中华民族优秀传统文化滋养网络空间，自觉抵制不良网络文化，最大限度减少网络失范行为的发生。

---

① 中共中央宣传部：《习近平总书记系列重要讲话读本》，学习出版社、人民出版社 2016 年版，第 204 页。

② 习近平：《习近平谈治国理政》，外文出版社 2014 年版，第 198 页。

总之，新媒体时代提升高校马克思主义意识形态话语权，必须坚持马克思主义在意识形态领域的指导地位，充分利用新媒体信息传播优势，不断创新意识形态教育方式方法，将意识形态教育中的以理服人和以情感人相结合，将规范和引导相结合，将网络法治建设和网络道德建设相结合，形成重塑高校马克思主义意识形态话语权的强大合力。

人的虚拟生存的哲学意蕴

孙余余

摘要：网络技术和计算机技术在当代的迅猛发展，使人在现实生存过程中形成了虚拟生存这一人类新型生存方式。从狭义上讲，虚拟生存是“现实的人”经过数字化符号处理后在网络虚拟空间中进行超越性实践活动而获得的生存方式，具有超越性、平等性、交互主体性、虚实二重性、个性化等特点。虚拟生存与现实生存是辩证统一的关系，二者在生存资源、生存方式、生存基础和生存主体等方面存在较大差异，同时，二者相互影响，相互作用，共同推动人类社会的发展与进步。

关键词：虚拟生存；现实生存；哲学意蕴

作者简介：孙余余，山东师范大学马克思主义学院讲师，博士，主要从事马克思主义哲学与思想政治教育基础理论研究。

基金项目：国家社科基金项目“人的虚拟生存与思想政治教育创新研究”(12CKS040)、山东师范大学教学改革项目“互联网背景下高校思想政治理论课优质课堂教学模式研究”(2016JG04)。

人是一种生成性存在，不断在不同社会实践基础上确立其生存方式和生存样态，形成新的生存图景。随着当今数字化技术、计算机技术、信息技术、网络技术、移动互联技术等的发展，越来越多的人成为“网中人”，人们的生活对于互联网的依赖程度也愈益加深。截至 2017 年 12 月，全世界网民人数约为 41.6 亿，比 2000 年增长 1052%。[①] 网上学习、网上办公、网上购物、网上娱乐、网络交往等已成为多数现代人生活的“常态”。美国麻省理工学院尼葛洛庞帝教授指出：“计算不再只和计算机相关，它决定我们的生存。”[②]互联网的当代发展深刻地改

① *World Internet Usage and Population Statistics*, https://www.internetworldstats.com/stats.htm.

② [美]尼葛洛庞帝：《数字化生存》，胡泳、范海燕译，海南出版社 1997 年版，第 15 页。

变了人类的工作方式、生活方式、交往方式、思维方式,“虚拟生存”成为人类在当代科学技术发展基础上形成的新的生存方式和生存形态。我们要深刻领会和全面把握虚拟生存,就要回到这一生存方式背后支撑的哲学信念,对其作始源性探究,从哲学一般的角度予以考察。本文在从哲学上界定虚拟以及虚拟生存内涵的基础上,对虚拟生存的主要特征进行哲学分析,对虚拟生存与现实生存的关系进行哲学上的考察,以期深入理解虚拟生存这一人类生存方式的变革及其对现实生存的重大影响。

一、虚拟生存内涵的哲学阐释

要对虚拟生存作出合理的哲学阐释和界定,首先就要对“虚拟”的内涵进行辨析。

(一)“虚拟”的哲学内涵

我们日常生活中经常提及“虚拟”,体验到“虚拟”给我们生活、工作、交往、休闲等带来的影响和冲击,但对其内涵和实质的认识以及在实际应用中仍存在诸多误区。为了科学阐释和研究“虚拟生存”问题,首先要对“虚拟”一词进行辨析。

“虚拟”一词在中西方传统语境中的理解存在较大差异。有学者认为,中文中“虚拟”一词最早见于红楼梦。在《现代汉语词典》中,“虚拟”作为动词,是“虚构”之义;作为属性词,是“不符合或不一定符合事实的;假设的”意思。[①] 由此可见,在我国语境中,“虚拟”主要与“虚假”“假设”“想象”“无中生有”同义,“虚拟”之物是存在于人们的观念或意识之中,在现实的客观世界不存在。

现代意义上的“虚拟”内涵主要来自“virtual”一词。邓斯·司各脱创造了拉丁语“virtualiter”,意为“具有可产生某种效果的内在力的”,用来说明实在与经验之间的关系。他认为“一个事物的概念不是以形式方式,而是以 virtualiter 方式,涵盖经验属性的(好像离开了经验观察该事物也是可知的)。尽管我们可以深入挖掘我们的经验来揭示某事物的各种性质,但邓斯·司各脱认为,真实的事物已经在一个单一的统一体之中包含了它的多种形式的经验性质,但却是虚拟地包含着的,否则它们就不会是该事物的性质了。邓斯·司各脱用‘虚拟的’这个词来沟通形式上统一的实在(如我们概念期望所定义的)与我们杂乱无章的经验之间的鸿沟。”[②]司各脱从其唯名论出发,将概念理解为一种虚拟的实在,将经验等同于实在。在这里,“virtual”主要是指“不是现实的、真实的”,但“实际上起作用”。

思想政治教育研究

---

① 中国社会科学院语言研究所词典编辑室编:《现代汉语词典》,商务印书馆 2016 年版,第 1478 页。

② [美]迈克尔·海姆:《从界面到网络空间——拟实在的形而上学》,金吾伦、刘钢译,上海科技教育出版社 2000 年版,第 137 页。

当代语境中的"虚拟",较早出现在科幻小说中,随信息技术、网络技术、计算机技术的发展而得到广泛应用和意义扩展。起先主要应用于计算机科学中的"虚拟内存",用来说明计算机的数据存储,后来指借助虚拟现实技术、数字化符号处理技术等实现的一切计算机现象,即"从计算机网络上的虚拟邮件到虚拟工作组,到虚拟图书馆甚至虚拟大学,可谓应有尽有。在每种情况下,这个形容词所指的是一种不是正式的、真正的实在。当我们把网络空间称为'虚拟空间'时,我们的意思是说这不是一种十分真实的空间,而是某种与真实的硬件空间相对比而存在的东西,但其运作则好像是真实空间似的"①。

由于"虚拟"概念的丰富性和复杂性,以及中西方对其理解的不同,目前学界对"虚拟"的把握也呈现出诸多分歧,学者们或者从广义或者从狭义上对"虚拟"概念进行分析和概括。综合对"虚拟"词源考察以及学界对此概念的梳理,我们认为,"虚拟"是表征人的超越性和自由度的哲学范畴,是"现实的人"借助于一定的中介系统而实现的对现实性的超越和对"非现实的真实世界"的建构。从广义上讲,"虚拟"是"现实的人"借助一切中介系统对现实性的超越,其涵盖人类宗教、科学、艺术在内的一切虚拟思想、虚拟现象和虚拟活动。在中义上,"虚拟"主要是指"现实的人"借助于数字化中介系统而实现的对现实性的超越,其主要是指随数字化技术、虚拟现实技术、网络技术等发展成熟后形成的数字化的虚拟。狭义的"虚拟"是指"现实的人"借助于数字化技术、信息技术、网络技术等实现的对现实性的超越和对"网络"这一"非现实的真实世界"的建构,即特指网络世界的"虚拟",这正是本文所立足的"虚拟"概念。

(二)"虚拟生存"的哲学内涵

由对"虚拟"概念的分歧,造成了学界对虚拟生存的不同理解。基于本文对"虚拟"哲学内涵的界定,我们主要从广义、中义和狭义上来界定虚拟生存的内涵。从广义上讲,虚拟生存是指"现实的人"在超越现实性过程中,通过思维(观念)方式或实践方式而获得的超越人的现实感觉的生存方式,既包括通过想象、联想、幻想及在此基础上形成的传奇、神话而获得的超越现实的文化生存样式,也包括通过在以宗教方式掌握世界的过程中而获得的超越现实力量的精神领域的生存,还包括通过数字化中介系统而获得的数字化生存。中义上的虚拟生存是"现实的人"以数字化技术、网络技术、虚拟现实技术等为手段,以数字化符号为中介,在超越现实的虚拟实践过程中获得的生存方式。狭义的虚拟生存则是指"现实的人"经过数字化符号处理后在网络虚拟空间中进行超越性实践活动而

① [美]迈克尔·海姆:《从界面到网络空间——拟实在的形而上学》,金吾伦、刘钢译,上海科技教育出版社2000年版,第136~137页。

获得的生存方式，是“虚拟的人”在网络虚拟空间中自我生成和自我发展的过程。本文所立足的虚拟生存就是狭义上的虚拟生存。对于虚拟生存这一内涵，可以从以下方面进行把握：

1. 虚拟生存的主体是“现实的人”与“虚拟的人”的矛盾统一体。虚拟生存的主体是由现实与虚拟共同衍生出的虚拟主体。这一主体首先是在现实世界中存在的主体，在现实中生存、生活、发展，承担多重社会角色和社会责任，是“现实的人”；其次，这一主体还是在网络创生的虚拟世界中，以数字化符号系统为中介，通过语言、符号、规范等进行交流的“虚拟的人”。在网络虚拟世界中，“现实的人”经过数字化符号处理后成为“虚拟的人”，以一组代码或符号为身份进行相互交流。在这里，超出了年龄、身份、地位等的限制，用符号或代码建构了“虚拟的人”的身份。

2. 虚拟生存的空间是比特空间。网络产生后，人类的生存空间二重化为由原子构成的物理空间和由比特构成的非物理空间，现实生存主要对应物理空间，虚拟生存则是在非物理空间中进行的。“比特没有颜色、尺寸或重量，能以光速传播。它就好比人体内的 DNA 一样，是信息的最小单位。比特是一种存在(being)的状态：开或关，真或伪，上或下，入或出，黑或白，出于实用目的，我们把比特构想成‘1’或‘0’。”[①]比特构成的网络虚拟空间是时空高度压缩的空间，在这里，人的存在能够突破时间和地理位置的限制，自由、自主地开展生存活动。

3. 虚拟生存的中介是信息或数字化符号。现实生存中，人们借以生存或交往的手段、中介、媒介是由原子构成的具体事物或精神资料，社会身份或地位主要是通过财富的多寡、权力的大小等来表征的。虚拟生存则是以数字化符号为中介而获得的生存方式，虚拟交往活动通过由计算机硬件和软件编译而成的数字化存在物或文本实现，主体主要是通过信息掌握的多少或知识的多寡来树立威望的。

二、虚拟生存特征的哲学分析

虚拟生存是人类在现实生存过程中获得的新型生存方式，具有多重面相与特点。

(一)超越性

超越性是虚拟生存的本质特征。超越不是对原有事物的全盘否定或舍弃，而是在否定基础上的继承、发展和创新。虚拟生存的“超越性”首先表现在其是“现实的人”在超越现实性的过程中获得的生存方式。历史地看，虚拟生存是人

① ［美］尼葛洛庞帝：《数字化生存》，胡泳、范海燕译，海南出版社 1997 年版，第 21 页。

类超越性活动在当代的进一步发展，是人作为“超越性存在”的另一种意义上的符号生存和超越。某种程度上说，当代科技发展正是人的超越性观念及活动的结果。人类在当代信息技术、计算机技术、网络技术等基础上，在超越性实践活动中获得了虚拟生存方式。其次，虚拟生存的超越性还体现为对现实生存的超越。虚拟生存不是人类固有的生存方式，而是创造性地发展科学技术的结果。人类运用信息技术、网络技术、计算机技术创造了一个非物理化的虚拟空间并为其服务。虚拟生存及其所依赖的生存空间是人类创造活动的产物，是人作为未完成的、超越性的生命存在的表现，体现了对现实生存的新超越。再次，虚拟生存的超越性还体现为对实践的超越。虚拟空间的交往实践突破了传统交往中的时空限制，使人们即使远隔万里也能进行实时、同步的直接交流，这是在交往实践上的巨大超越；同时，虚拟空间的实践超越了传统认识与实践的关系，真正实现了认识与实践的统一，使人们在虚拟空间中实践目的不断得到修正。

（二）平等性

在网络虚拟社会中，虚拟生存得以产生和发展的技术架构决定了其具有去中心性和平等性的特点。虚拟社会的技术结构是“分布式”或“拓扑式”的，在这里，每一处都是中心，每个人都是信息的接受者，也是信息的发布者。但是，多中心亦即无中心。虚拟生存的去中心性实现了人与人之间的新的平等。一是虚拟主体身份的平等。在虚拟生存状态下，人们从各个网络终端登录，通过数字化符号处理后将身份虚拟化为一串代码或者一个角色符号，成为平等的“符号化”的“网民”。二是交流的平等。虚拟生存主体在虚拟空间中身份的平等带来了交流的平等。在网络交流过程中，主体之间如果感到对方有霸权意识或者呈现出某种不平等，他可以通过离线或者直接断交等方式结束交流。三是权利的平等。在虚拟空间中，每一位主体都平等地享有作为“网民”应当享有的获取信息、发表意见、休闲娱乐、交流交友、参与讨论等一切权利，谁都无法垄断或者独占网络空间中的一切生存资源和生存活动。

（三）交互主体性

虚拟生存的交互主体性是与其平等性紧密相连的特性，没有平等性就无交互主体性可言。虚拟生存的交互主体性主要体现在以下三个方面：

一是主体之间的互动。作为平等的主体，虚拟生存主体改变了单纯作为主体和客体的地位，呈现出主体与主体之间的互动。在虚拟生存空间中，信息传播以多对多的方式进行，虚拟主体既可以是信息的接受者，也可以是信息的发布者；既可以就信息资源进行选择、利用和舍弃，也可以对其进行批判和反馈，从而改变了传统单一的交流方式和交流结构，形成主体之间的互动和对话。

二是符号化的交互主体性。虚拟生存主体之间的交互不是面对面的交互，而是主体隐匿自己的物理身份特征，通过数字化符号或代码实现。而且，虚拟生存主体可以通过申请不同的用户名在同一网络或者不同网络间进行信息、知识和情感之间的多维互动。

三是界面交互主体性。主体在网络虚拟空间的生存都是通过界面实现的，主体通过界面了解虚拟生存世界，通过界面展现自我、了解他人，实现自我与他人之间的互动，因而其交互主体性是一种界面交互主体性。一方面，主体通过鼠标、键盘、显示器以及语音识别、汉字识别等输入设备，通过界面将命令输入并传达到操作系统，操作系统接到命令后立即执行并将结果通过界面显示出来；另一方面，主体将意欲表达的思想和语言通过网络界面传至操作系统，然后经过编码编译后呈现为各自界面上的电子文本，从而达到相互交流和对话的目的。

(四)虚实二重性

在现实生存中，尤其是在前数字化时代，虽然人们一直在追求或进行着超越现实的探索，呈现出超越性、虚拟性、理想性与现实性之间的矛盾和张力，但这时人的超越性或虚拟性还没有外化为相对独立的生存方式，因而人的生存特性主要体现为现实性。但是在以网络技术、计算机技术、虚拟现实技术等架构的虚拟生存，既不完全独立和异于现实生存，也不是一种与现实生存等同的生存方式，而是具有虚拟性与现实性双重特性的新型生存。

1.虚拟生存的虚拟性。虚拟生存表征着人类从以物质和能量为基础的生存平台转移到以网络为基础的新平台。在这种生存方式中，虚拟主体摆脱了现实生存中物质实体和“身体在场”的限制，将现实生活虚拟为“身体缺场”的新的生活，从而使自己置身于一个符号的虚拟社会之中。虚拟生存的虚拟性主要通过它的数字化或符号化表现出来。在这里，生存的主体、生存活动、生存环境、生存手段都一律通约为数字化符号，通约为由“0”和“1”二进制演绎的代码，从而进入“比特”生存时代。

2.虚拟生存的现实性。虽然虚拟生存的突出特性表现为其虚拟性，但是，并不能因此说虚拟生存是一种完全独立和脱离现实的虚化或者幻化生存，虚拟生存带有很大的客观现实性。虚拟生存赖以实现的物理设备，如电脑以及输入和输出设备、手机、网络设施等都是现实客观实在的物质形态。虚拟世界中的“虚拟实在”并不是人类纯粹思维的结果，而是人们对现实生活及其内容的复制和翻版，并且主体在虚拟空间中的生存经验也是人类世代现实生存积淀的经验和文明成果的综合展现。

(五)个性化

在现实生存中，社会主体总是生存于特定的时间、地点以及特定的社会关系之中，在社会道德规范、法律规范以及社会舆论下进行自我建构和自我选择，个体性受到一定压抑。然而,由网络技术、计算机技术、数字化技术等造就的符号化的虚拟生存空间中,“真正的个人化时代已经来临了”①。在虚拟空间中,主体可以以自己理想的形象展现在网络空间,将自己在现实生存中被压抑的个体性和自我性展现出来,而不必在乎别人的眼光。在此,从信息收集到交往对象以及虚拟共同体的选择,取决于自我的需要和兴趣。虚拟主体在网络空间中干什么或不干什么也完全由自己决定,空间变为“我”的空间,时间也成为“我”的时间,我就是“我”,个体的自由维度更为凸显。某种程度上说,这与马克思和恩格斯所畅想的“任何人都没有特殊的活动范围……因而使我有可能随自己的兴趣今天干这事,明天干那事,上午打猎,下午捕鱼,傍晚从事畜牧,晚饭后从事批判……”②的理想生存状态有异曲同工之妙。其实,从产生看,虚拟生存就是人类在追求超越和摆脱现实性限制的过程中形成的,这就注定其具有从个体自我出发的个体性。正是由于虚拟生存从本真意义上对人的个性的成全和彰显,才使其成为充满吸引力的“沉浸性”的生存方式。

三、虚拟生存与现实生存关系的哲学考察

虚拟生存与现实生存的关系问题,是我们今天理解这一生存方式及其对人的现实影响的重要维度。目前学术界对这一问题进行了不同角度的阐释和探讨。学者们或者认为二者是统一的部分与整体的关系,虚拟生存是现实生存的一部分;或者认为二者是对立的,虚拟生存是对现实生存的否定。而要真正深入把握这一问题,就要从虚拟生存与现实生存的差异性和统一性两个方面入手,辩证而全面地把握二者之间的关系。

(一)人的虚拟生存与现实生存的差异

虚拟生存是人类在现实生存的超越性活动中,在当代科技革命的作用下获得的具有相对独立形态的新型生存方式。虚拟生存与现实生存之间存在多方面的不同和差异。

1.二者的生存方式不同

人们的现实生存主要是以自然界和人类社会为立足点,其生产方式主要是建立在对自然改造和利用基础上的物质生产,人对自然环境具有较强的依赖性,且主体的活动以时间和空间为标志。而人的虚拟生存主要依赖于科学技术的发展,生产方式为以信息的生产、交流、传播等为基础的精神生产,主体的活动超出了时空限制,生存环境是由计算机技术、虚拟现实技术、网络技术等创生的虚拟环境。

---

① [美]尼葛洛庞帝:《数字化生存》,胡泳、范海燕译,海南出版社1997年版,第186页。

② 《马克思恩格斯选集》第1卷,人民出版社1995年版,第85页。

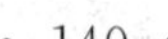

2. 二者的生存资源不同

人的现实生存资源虽然也包括精神文化资源，但从基础上看还是主要来自于自然界。这类资源的特点是以原子为基本的构成单位和以物质实体形式存在，能为人们的感官所感知，有重量有体积，移动和传播受时空限制，其价值随使用人数和次数的增多而逐渐降低。而人的虚拟生存的主要资源是以“比特”为最小单位呈现的，“比特与原子遵循着完全不同的法则。比特没有重量，易于复制，可以以极快的速度传播。在它传播时，时空障碍完全消失。……比特可以由无限的人使用，使用的人越多，其价值越高”①。

3. 二者所赖以建立的基础不同

实践是人的根本存在方式。实践方式不同，人的存在方式也会产生差异。人的现实生存以现实实践为基础，其主要表现为人通过物质手段或载体作用于客观实在，使其发生符合人的目的性的改变的对象化感性活动，实现人对自然的超越是现实实践的主要目的和特征。而人在虚拟世界的生存以虚拟实践为基础，主要依赖信息技术的发展，通过数字化、符号化的中介实现生存活动，对信息的生产、加工、分配、消费等构成虚拟实践的重要内容。与现实实践相比，虚拟实践带有更大的自主性、能动性、自由性、创造性等特点。

4. 二者的主体不同

现实生存的主体是“现实的人”，是在一定历史条件下从事现实实践活动的具体的、历史的人。“现实的人”既具有自然属性，也具有社会属性和精神属性；既有维持基本生存的物质需求，也有实现发展的精神需求。虚拟生存的主体是“虚拟的人”，是经数字化、符号化中介祛除了年龄、性别、地位、财富等一切物理身份特征后呈现出的一串代码或符号。“虚拟的人”的活动相对于“现实的人”更具有开放意识、自主意识、民主性意识，以“自我”为出发点从事虚拟实践活动，以此建立人际关系网络和“属我”世界。

（二）人的虚拟生存与现实生存的统一

虚拟生存与现实生存存在较大的差异性并不意味着二者是相互独立、互不相干的生存方式。“互联网绝不是一个脱离真实世界之外而构建的全新王国，相反，互联网空间与现实世界是不可分割的。”②人的虚拟生存与现实生存相互影响、相互作用，共同促进人类社会的发展和进步。

1. 现实生存决定并影响虚拟生存

人的虚拟生存产生的根源在于现实生存，这正如曼纽尔·卡斯特所言：“互

---

① ［美］尼葛洛庞帝：《数字化生存》，胡泳、范海燕译，海南出版社 1997 年版，译者前言第 3 页。

② ［美］丹·希勒：《数字资本主义》，杨立平译，江西人民出版社 2001 年版，第 289 页。

联网在20世纪最后30年间的创造和发展,是军事策略、大型科学组织、科技产业,以及反传统文化的创新所衍生的独特混合体。”①网络空间的虚拟生存是现实生存发展的结果,其不能脱离现实生存世界而完全独立存在。

第一,虚拟生存是以往现实生存长期发展的结果。人的虚拟生存是在现实生存的基础上实现的人类生存方式的根本变革和超越活动的巨大飞跃,是人类以往现实生存中超越活动的结果。虚拟生存在当代崛起不是历史的偶然,而是人类在现实生存长期发展过程中,不满足于现实生存的限制,不断追求超越现实限制和自我内在限制的一种合乎规律的必然结果。

第二,现实生存为虚拟生存的产生和发展提供必要条件。虚拟生存是人类社会发展到一定生产力水平和科技水平的产物,现实生存的物质条件和精神文化条件为虚拟生存的产生提供了必要的前提。虚拟生存产生之后的发展也依赖于现实生存,需要物质条件的不断提高和相关技术的不断更新和升级。离开现实生存的物质条件和技术条件,虚拟生存只能是“无源之水”“无本之木”。

第三,虚拟生存的合理与否最终要经过现实生存的检验。虚拟不能代替现实,事物发展的可能性不能代替其现实性,虚拟世界理想的实现不能代替理想的现实实现。因而,人在虚拟空间中的生存行为是否合理和有意义,还需要回归到现实生存中接受现实的检验和确证,并且也只有通过现实生存活动才能将虚拟生存中的诸多构想变为生存现实和真实的生存体验。而且,主体在虚拟生存空间中的行为带有很大的随意性和本能性,这就要加强现实社会对虚拟社会的引导和控制,从而保证虚拟生存活动的良性运行。

2.虚拟生存是对现实生存的延伸和升华

虚拟生存相对于现实生存是一种相对独立的生存方式,其实现了对现实生存的拓展、突破和超越,是现实生存的延伸和升华,并对现实生存产生影响和制约作用。

第一,虚拟生存是对现实生存的延伸。由于虚拟的对象既包括现实中存在的事物,也包括对未来可能事物的虚拟和不可能事物的虚拟,这大大延伸了人的实践范围和对象。人类在虚拟空间中不仅可以实现对现实中现存事物的改造,而且能够获得对现实不可能的事物改造的体验,虚拟生存所赖以形成的物理基础——电脑延伸了人脑的功能,人机互动系统还延伸了人的视觉、听觉、触觉等感官功能,这是对人的生存体现的延伸。并且,人的现实生存主要是在物理空间中展开的,而数字化中介系统的产生以及信息技术等相关技术的发展,使人类生存空间二重化为现实生存空间和以网络技术等为支撑的虚拟空间,人既可以生

① [美]曼纽尔·卡斯特:《网络社会的崛起》,夏铸九等译,社会科学文献出版社2001年版,第53页。

存在现实世界，也可以生存在网络虚拟世界，这是对人的生存空间的延伸。

第二，虚拟生存是对现实生存的升华。人的虚拟生存不但延伸了现实生存，而且能够克服现实生存中的诸多限制和弊端，是对现实生存的升华。在虚拟空间中主体以一串代码或一个符号出现，能够平等地获取生存资源，以“趣缘”为依据加入到虚拟社区或虚拟组织并展开讨论，而且，虚拟交往克服了现实交往的时空限制，能够更为即时地、直接地实现人际交往。虚拟生存是完全以“自我”为中心的生存方式，在这里，人是个性化的人，“个人不再被淹没在普遍性中，或作为人口统计学的一个子集，网络空间的发展所寻求的是给普通人以表达自己需要和希望的声音”①。此外，虚拟空间中的生存更多地发展了人的精神生活，为主体提供了一个可以宣泄和释怀、能够安身立命的精神家园，这都是对实现生存的提升。

第三，人的虚拟生存制约和影响人的现实生存。虚拟生存产生之后，就以强大的渗透力和影响力影响甚至制约人的现实生活的方方方面。网络虚拟世界的形成改变了人们现实获取信息的途径和方式，由主要从报纸、图书、收音机、电视等方式获取信息过渡到依赖网络，网络具有了上述方式的综合功能，能够及时生动地将信息以声音、文字、视频等形式直观再现在主体面前，越来越成为人们获取客观世界信息的主要方式，成为人们日常生活的一部分。此外，人的虚拟生存方式和内容还制约着现实的生活方式、实践方式、交往方式、学习方式、思维方式、休闲方式等，并在现实的人的生存和发展中发挥着越来越大的功用。

① [美]尼葛洛庞帝：《数字化生存》，胡泳、范海燕译，海南出版社1997年版，第191页。

论儒家乐文化的德育意蕴

韩云忠

摘要:儒家认为,德音才能称为乐,乐近于礼。乐不仅能使人快乐,而且还可以引人向善,具有重要的道德教化作用。儒家乐文化的德育意蕴主要表现为:陶冶性情,修养身心;敦睦亲和,融洽关系;敦厚教化,明达伦理;净化风气,移风易俗;顺乎自然,乐以和天。研究儒家乐文化的德育价值,对于改进和加强当前我国的德育建设具有重要的借鉴意义。

关键词:儒家乐文化;修养身心;明达伦理;净化风气;乐以和天

作者简介:韩云忠,山东师范大学马克思主义学院讲师,博士,主要从事思想道德教育、中华传统文化研究。

基金项目:山东省社科基金项目"儒家礼乐文化对社会主义核心价值观的涵养价值研究"(16CKSJ08)、山东省教育科学规划项目"我国中小学生优秀传统礼仪教育研究"(BYH2017002)、山东省高校人文社会科学项目"中国优秀传统礼仪文化涵养社会主义核心价值观研究"(J18RA022)。

儒家的"乐"不仅仅是指现代所谓的音乐,而是一种诗、歌、舞、乐器伴奏融合未分的整体艺术。"金石丝竹,乐之器也。诗,言其志也。歌,咏其声也。舞,动其容也。三者本于心,然后乐器从之。"[①]可见,发自内心的诗、歌、舞配之以乐器伴奏即为"乐"。儒家认为"乐者,德之华也"[②],"乐之所贵者,贵其移风易俗,非谓贵此钟鼓铿锵而已"[③]。因此,儒家重视乐,不仅是因为它能令人愉悦快乐,更

① 王文锦译解:《礼记译解》,中华书局 2001 年版,第 544 页。

② 王文锦译解:《礼记译解》,中华书局 2001 年版,第 544 页。

③ 李学勤:《十三经注疏:论语注疏》,北京大学出版社 1999 年版,第 236 页。

是因为它能“以钟鼓道志，以琴瑟乐心”①，即引导人的志向，陶冶人的身心。故孔子曰：“乐云乐云，钟鼓云乎哉”②，“人而不仁，如乐何”③。孔子认为，乐的内容和实质应体现仁爱精神，只有把乐的艺术表现形式与仁爱精神紧密结合的乐舞，才能称为“雅乐”“德音”。儒家认为，只有“德音”“雅乐”才能称为“乐”，也只有这样的“乐”才有德育价值，能使人在愉悦快乐的氛围中受到道德教化。具体来说，儒家乐文化的德育价值具有如下几方面。

一、陶冶性情，修养身心

儒家认为，“乐”具有快乐之意，它是人的情感中绝对不能缺少的东西。因为，人的生活中不能没有快乐；快乐了就要以歌唱吟咏的声音表现出来，在手舞足蹈的举止中体现出来；“歌，咏其声也。舞，动其容也”④。可见，人在欢乐时的所作所为——包括声音、动作、举止、情感及其表现方式的变化，全都体现在“乐”中了。所以，人应该有快乐，快乐了就要表现出来，但这种表现如果不进行引导节制，就容易产生放荡之心和邪恶之心，流于淫荡轻慢。为了防止人们产生放荡之心和邪恶之心，所以制作“雅乐”来引导民众。荀子曰：“故制《雅》《颂》之声以道之，使其声足以乐而不流，使其文足以辨而不諰，使其曲直、繁省、廉肉、节奏足以感动人之善心，使夫邪污之气无由得接焉。”⑤以便使那歌声既能表达快乐而又不淫荡，使歌词足以阐明正确的道理而不流于花言巧语，使音律曲调宛转悠扬、和谐流畅，足以用来感动人的向善之心，让那些邪恶肮脏的风气无法浸染民众的生活。

人人皆有喜、怒、哀、乐等情绪，人的情绪、情感难免受不良社会环境及风气的影响，从而影响人的内心，产生悖逆邪恶之心。儒家认为，乐是调节人情感的重要手段，因为它能够深入地触动、极大地改变人的心性。“且乐也者，和之不可变者也……穷本极变，乐之情也”⑥，乐“可以养人之性情，而荡涤其邪秽，消融其渣滓”⑦。儒家把乐分为雅（和）乐和淫乐，认为它们对人心产生不同的影响。“凡奸声感人而逆气应之；逆气成象而淫乐兴焉。正声感人而顺气应之；顺气成

① 杨倞：《荀子注》，上海古籍出版社 2010 年版，第 242 页。
② 杨润根：《发现论语》，华夏出版社 2007 年版，第 385 页。
③ 杨润根：《发现论语》，华夏出版社 2007 年版，第 49 页。
④ 杨润根：《发现论语》，华夏出版社 2007 年版，第 544 页。
⑤ 杨倞：《荀子注》，上海古籍出版社 2010 年版，第 240 页。
⑥ 杨倞：《荀子注》，上海古籍出版社 2010 年版，第 242 页。
⑦ 朱熹：《论语集注》，上海古籍出版社 1987 年版，第 43 页。

象而和乐兴焉。”[①]奸邪之声(淫乐)使人们产生悖逆的心气,纯正的声音(和乐)使人产生和顺之气。和乐流行,可使人们“耳目聪明,血气和平,移风易俗,天下皆宁”[②]。“乐者乐也,君子乐得其道,小人乐得其欲。以道制欲,则乐而不乱;以欲忘道,则惑而不乐。”[③]可见,“乐”是让人快乐的。但君子喜欢的“乐”蕴含人伦道义,因而能使人得到快乐而不至于迷乱;小人喜欢的“乐”仅是满足感官之欲的“靡靡之音”,只能使他们陷入迷乱而得不到真正的快乐。故《礼记》云:“致乐以治心,则易直子凉之心油然生矣。易直子凉之心生则乐,乐则安,安则久,久则天,天则神。”[④]用雅乐来陶冶人的内心,则平易、正直、慈爱和诚信的心灵就会油然而生,并由此心情和乐;心情和乐,就会内心安详;内心安详才会生命长久。正因为乐如此重要,所以儒家强调“礼乐不可斯须去身”[⑤]。这样,儒家把乐与人的快乐、人的心情及生命紧密联系起来,从而深刻揭示了乐所具有的生命本体论价值。[⑥]

对于乐所具有的陶冶情操、修养身心的作用,司马迁有过深刻的论述。他说:“夫上古明王举乐者,非以娱心自乐,快意恣欲,将欲为治也。正教者皆始于音,音正而行正。故音乐者,所以动荡血脉,通流精神而和正心也。”[⑦]司马迁认为,上古时的贤明帝王举乐,不只是为了自己的快乐欢娱,而是为了教化治理百姓。乐舞正则行为自正,所以乐舞是用来修养身心的。故君子不能离开乐,离开乐就会心中产生奸邪之念。

二、敦睦亲和,融洽关系

儒家认为,“乐和民声”[⑧],乐能感染人的情绪,陶冶人的情操,净化人的心灵,引起人们的共鸣,从而达到调节民心、和合情感、协调行动的目的。人们在文化心理上具有美感共通性,因为乐能表达出人的共同的美好情感,故能感化和沟通人的心灵,舒缓因礼的等级差别而导致的离别疏远,和同“礼别异”所造成的心理疏离感。[⑨]

---

① 王文锦译解:《礼记译解》,中华书局2001年版,第543页。

② 王文锦译解:《礼记译解》,中华书局2001年版,第543页。

③ 王文锦译解:《礼记译解》,中华书局2001年版,第543页。

④ 王文锦译解:《礼记译解》,中华书局2001年版,第543页。

⑤ 王文锦译解:《礼记译解》,中华书局2001年版,第558页。

⑥ 薛永武、牛月明:《〈乐记〉与中国文论精神》,社会科学文献出版社2012年版,第36页。

⑦ 韩兆琦译注:《史记》,中华书局2010年版,第1972～1973页。

⑧ 王文锦译解:《礼记译解》,中华书局2001年版,第530页。

⑨ 参见张健:《儒家乐教思想探析》,载《河海大学学报(哲学社会科学版)》2009年第2期。

儒家认为，“乐至则无怨”[①]，“夫声乐之入人也深，其化人也速”[②]，“致乐以致心，则易直子谅之心油然生矣”[③]，乐具有感化人心、化解矛盾、促进人际关系和谐的作用。《礼记》云：“是故乐在宗庙之中，君臣上下同听之，则莫不和敬；在族长乡里之中，长幼同听之，则莫不和顺；在闺门之内，父子兄弟同听之，则莫不和亲。故乐者，审一以定和，比物以饰节，节奏合以成文。所以合和父子君臣，附万民也，是先王立乐之方也。”[④]君臣上下一起在宗庙欣赏乐舞，就可以融洽相敬；年长者和年幼者一起在乡里欣赏乐舞，就可以和顺相待；父子兄弟一起在家庭中欣赏乐舞，就可以和睦相亲。为什么乐能起到这种和谐人们关系的作用呢？从乐的构成来看，先确定主音的高低以形成和谐的乐音，再用各种乐器配合演奏以表现乐曲的节奏，使节奏和谐适度以形成结构严密的乐章。乐的和谐性能感动人的心性，给人以和谐之美。因为，乐以清浊、疾徐、哀乐、刚柔等音调与人内心的情感相感发，使美好情感得以抒发，不良情绪得以抑制，从而激发人心之善，抑制人的邪恶之心和放荡之心，因而促成人心之和。[⑤]

儒家认为，乐是用于表达人的欢乐之情的。人有了快乐，就要通过声音（歌唱）抒发，通过动作（舞蹈）表现，这是人们情感的自然流露。歌唱和舞蹈把人们的情感和心理的变化完全表达出来了。但是，如果表达欢乐的方式不符合道德规范，就容易发生淫乱、混乱。“先王耻其乱，故制雅颂之声以道之，使其声足乐而不流，使其文足论而不息，使其曲直、繁瘠、廉肉、节奏足以感动人之善心而已矣，不使放心邪气得接焉。”[⑥]先王为了防止发生淫乱、混乱，所以制定德音雅乐给予引导，使声乐的曲调足以让人感到快乐而不流于放荡，使其文辞足以讲求义理而不塞窒，使其声调和谐舒畅足以感动人的向善之心，而不让放荡、邪恶之念影响人的内心。“清浊，大小，短长，疾徐，哀乐，刚柔，迟速，高下，出入，周疏，以相济也。君子听之，以平其心。心平德和。故《诗》曰：‘德音不瑕。’”[⑦]乐的“声和”能形成“心和”，并达至“人和”，最终达到“天地之和”。“乐者，天地之和也。……和，故百物皆化。”[⑧]乐，体现了天地间的和谐；因其和谐，所以万物都能融洽共处。由此可见，儒家认识到乐具有和谐的旋律，可以起到调节人的内心世界而达至

① 王文锦译解：《礼记译解》，中华书局 2001 年版，第 531 页。

② 杨倞：《荀子注》，上海古籍出版社 2010 年版，第 241 页。

③ 王文锦译解：《礼记译解》，中华书局 2001 年版，第 558 页。

④ 王文锦译解：《礼记译解》，中华书局 2001 年版，第 560 页。

⑤ 参见白华：《儒家礼学价值观研究》，郑州大学博士学位论文，2004 年版，第 59 页。

⑥ 王文锦译解：《礼记译解》，中华书局 2001 年版，第 560 页。

⑦ 杨杰编：《四书五经》（四），北方文艺出版社 2007 年版，第 978 页。

⑧ 王文锦译解：《礼记译解》，中华书局 2001 年版，第 533～534 页。

平和的心境，由此而用之以调节社会关系，从而实现君臣、父子、长幼、夫妇的和谐。

三、敦厚教化，明达伦理

在儒家看来，乐是与伦理相通的。乐作为审美艺术，是美和善的统一。因此，乐是情感的表达，也是人伦道德观念的体现，和顺之情合于人伦，所发之乐自然与伦理相通。中国古人作乐不是为了满足口腹耳目之欲，而是要用以教导人民摆正好恶之心从而返回做人的正道。“是故先王之制礼乐也，非以极口腹耳目之欲也，将以教民平好恶而反人道之正也。”[①]为什么乐能做到“教民平好恶而返人道之正”呢？这与乐本身的性质有关，如《礼记》云：“德者，性之端也。乐者，德之华也。”[②]儒家认为，乐是人善性的集中表现，是道德之精华，因此能发挥伦理教化的作用。同时，乐还有深入人心、打动心灵的作用，所以能使人感动，从而形成仁爱、刚毅、肃敬和慈爱等良好品质。“夫民有血气心知之性，而无哀乐喜怒之常。应感起物而动，然后心术形焉。是故志微、噍杀之音作，而民思忧；啴谐、慢易、繁文、简节之音作，而民康乐，粗厉、猛起、奋末、广贲之音作，而民刚毅；廉直、劲正、庄诚之音作，而民肃敬；宽裕、肉好、顺成、和动之音作，而民慈爱。”[③]

孔子在教育学生的实践中，能自觉地以“仁”作为衡量“乐”的美和善的根本标准，强调用“声足以乐而不流”的雅乐，陶冶人的美好心灵和道德情操，达到“乐行而伦清”[④]。荀子也非常重视乐的教化人心、引人向善的作用。他说：“故乐者，所以道乐也。金石丝竹，所以道德也。乐行而民乡方矣。”[⑤]乐用来引导、节制人们快乐方式的表达。金钟、石磬、琴瑟、管箫等乐器，用来引导人们涵养德性。因而雅乐流行后，民众自然就向往道义了。《礼记》中记载了《大武》之舞的伦理教化作用。“独乐其志，不厌其道；备举其道，不私其欲。是故情见而义立，乐终而德尊，君子以好善，小人以听过。故曰：‘生民之道，乐为大焉。’”[⑥]《大武》整个舞蹈表现了武王能够在快意之时不忘仁义，施行仁义以利天下，而不是为了个人私欲。《大武》表达感情的同时又确立了道义。欣赏这样的乐舞，君子会更加好善，小人会省察自己的过错。所以说，养民之道，乐为大焉。

儒家认为，集美善于一体的乐能促使心灵与伦理的交融，如果一个人不能为

① 王文锦译解：《礼记译解》，中华书局 2001 年版，第 528 页。
② 王文锦译解：《礼记译解》，中华书局 2001 年版，第 544 页。
③ 王文锦译解：《礼记译解》，中华书局 2001 年版，第 540 页。
④ 王文锦译解：《礼记译解》，中华书局 2001 年版，第 543 页。
⑤ 杨倞：《荀子注》，上海古籍出版社 2010 年版，第 242 页。
⑥ 王文锦译解：《礼记译解》，中华书局 2001 年版，第 545 页。

既美妙又饱含伦理道德的乐舞感化，则与禽兽无异。“知声而不知音者，禽兽是也。”①人与禽兽的区别是什么呢？“人之所以异于禽兽者，伦理而已。何为伦？父子、君臣、夫妇、长幼、朋友，五者之伦序是也。何为理？即父子有亲、君臣有义、夫妇有别、长幼有序、朋友有信，五者之天理是也。于伦理明而且尽，始得称为人之名，苟伦理一失，虽具人之形，其实与禽兽何异哉！”②人和禽兽不同之处，只有人伦道德之理而已。如果思想不认同伦理，行为丧失伦理，纵然具有人的形体，和禽兽没有什么不同。因此，儒家强调，为了使人免于落入禽兽的行列，必须要加强乐教。因为，乐是通伦理的，具有感化人心、引人向善、使人明达伦理的功能。“是故君子反情以和其志，广乐以成其教。乐行而民乡方，可以观德矣。”③所以君子抑制情欲而调和自己的心志，推广德音雅乐来完成它的教化作用。乐教推行而民众明达伦理，自然就归向正道了。

四、净化风气，移风易俗

儒家认识到乐教对于社会风气的重要性，认为乐教对于人民，就像气候的冷热、风雨的调节一样，实施不适时、不适度就有害于社会风气。“天地之道，寒暑不时则疾，风雨不节则饥。教者，民之寒暑也；教不时则伤世。事者，民之风雨也；事不节则无功。”④所以，要适时、适度地对民众实施乐教。诚如《礼记·乐记》所云：“乐也者，圣人之所乐也，而可以善民心，其感人深，其移风易俗，故先王著其教焉。”⑤《荀子》亦云：“耳目聪明，血气和平，移风易俗，天下皆宁，莫善于乐。”⑥这是说，“乐”能移风易俗，净化社会风气，原因就在于音乐能“善民心，感人深”，使人“耳目聪明，血气和平”，也即乐舞能够通过其特有的和谐、优美的旋律感动人心，使民众向善，从而起到移风易俗的作用。《礼记》中亦有类似的说法，即所谓“故乐行而伦清，耳目聪明，血气和平，移风易俗，天下皆宁”⑦。雅乐一经流行，人伦之道从而清晰分明，不相混淆；使人耳聪目明，不为恶声恶色所乱；血气平和，强暴止息；风俗移易，归于淳朴，天下民众皆得乐享安宁。

同时，儒家也意识到，并非所有的音乐都能产生良好的社会影响，因为“音”与“乐”是不同的，所以对社会风气产生的影响也不同。据《礼记》记载，魏文侯和

---

① 王文锦译解：《礼记译解》，中华书局2001年版，第528页。

② 薛瑄：《戒子》，载乙力编：《中国古代座右铭》，兰州大学出版社2004年版，第168页。

③ 王文锦译解：《礼记译解》，中华书局2001年版，第544页。

④ 王文锦译解：《礼记译解》，中华书局2001年版，第538页。

⑤ 王文锦译解：《礼记译解》，中华书局2001年版，第539页。

⑥ 杨倞：《荀子注》，上海古籍出版社2010年版，第242页。

⑦ 王文锦译解：《礼记译解》，中华书局2001年版，第543页。

子夏讨论音乐时，子夏曾曰："天下大定，然后正六律，和五声，弦歌诗颂，此之谓德音。德音之谓乐。"[①]子夏认为，音和乐虽然相近，但是不同，只有德音才能称作乐。"德音"可以感化人心，使人心向善，从而净化社会风气，移风易俗。而"溺音"则会对社会风气起到相反的作用。"郑音好滥淫志，宋音燕女溺志，卫音趋数烦志，齐音敖辟乔志。此四者，皆淫于色而害于德，是以祭祀弗用也。"[②]郑国之音多声调放荡，使人心志淫邪；宋国之音声调柔媚，使人心志沉溺；卫国之音声调急促，使人心志烦乱；齐国之音傲慢怪癖，使人心志骄肆。这四国之音，都侧重于色情而有害于道德，败坏社会风气，因而被称为"溺音"。荀子亦论述了"奸声"与"正声"对社会风气产生的不同影响。他说："凡奸声感人而逆气应之，逆气成象而乱生焉。正声感人而顺气应之，顺气成象而治生焉。唱和有应，善恶相象，故君子慎其所去就也。"[③]荀子认为，淫邪的音乐流行以后就会产生歪风邪气，歪风邪气形成了气候，混乱的局面就会产生。正派的音乐流行以后就会产生和顺的风气，和顺风气盛行，那么秩序井然的局面就出现了。

针对乐的移风易俗作用，司马迁亦有过精辟的论述。他说："凡作乐者，所以节乐。君子以谦退为礼，以损减为乐，乐其如此也。以为州异国殊，情习不同，故博采风俗，协比声律，以补短移化，助流政教。天子躬于明堂临观，而万民咸荡涤邪秽，斟酌饱满，以饰厥性。故云雅颂之音理而民正，嘄噭之声兴而士奋，郑卫之曲动而心淫。及其调和谐合，鸟兽尽感，而况怀五常，含好恶，自然之势也？"[④]由于各地地域不同，性情习俗也不相同，所以要博采风俗，与声律相谐调，推行乐教，移易风化，以此补充治道的缺陷，帮助政教的推行。因此，一定要用正派、文雅的乐舞影响民众，从而形成良好的社会风气，达到移风易俗的效果。

五、顺乎自然，乐以和天

儒家认为，乐的一个重要功能就是沟通天人关系，也就是所谓"和天"。正如《礼记》所言："乐者，天地之和也。礼者，天地之序也。和，故百物皆化。序，故群物皆别。乐由天作，礼以地制。"[⑤]又云："大乐与天地同和，大礼与天地同节。"[⑥]这同中国古人"天人合一，阴阳相生"的哲学观是密切相关的。正是因为对于这种"天人合一，阴阳相生"的风调雨顺、万物兴盛、吉祥安康年景的渴求，中国先民

---

① 王文锦译解：《礼记译解》，中华书局2001年版，第549页。

② 王文锦译解：《礼记译解》，中华书局2001年版，第551页。

③ 杨倞：《荀子注》，上海古籍出版社2010年版，第242页。

④ 韩兆琦译注：《史记》，中华书局2010年版，第1886～1887页。

⑤ 王文锦译解：《礼记译解》，中华书局2001年版，第533页。

⑥ 王文锦译解：《礼记译解》，中华书局2001年版，第532页。

除了辛勤劳作之外，还要奏乐祭天，祈求保佑。[①] 甲骨文中的“舞”字即为一人手执两只牛尾伴着音乐翩翩起舞。舞者巫也，即为巫者在舞乐中祷告并祈求上天。在中国古人看来，不仅祭祀本身能起到“和天”的作用，而且音乐也是产生于“天人合一，阴阳相生”的“太一”，所以也具有“和天”的功能。《吕氏春秋》云：“音乐之所由来者远矣，生于度量，本于太一。太一出两仪，两仪出阴阳。阴阳变化，一上一下，合而成章。浑浑沌沌，离则复合，合则复离，是谓天常。天地车轮，终则复始，极则复反，莫不成当。日月星辰，或疾或徐，日月不同，以尽其行。四时代兴，或暑或寒，或短或长，或柔或刚。万物所出，造于太一，化于阴阳，萌芽始震，凝寒以形。形体有处，莫不有声。声出于和，和出于适。和适，先王定乐，由此而生。天下太平，万物安宁，皆化其上，乐乃可成。”[②]在中国古人看来，音乐产生了阴阳相生的太极（太一），它的上下、离合、复反、疾徐、短长、柔刚与自然界的日月星辰、寒暑交替、四时代兴、万物生长均紧密相关。正是由于“乐”生于“天”，所以能够“和天”。《礼记》有言：“礼乐偩天地之情，达神明之德，降兴上下之神。……是故，大人举礼乐，则天地将为昭焉。”[③]

司马迁在《乐书》中具体描述了君子以乐和天的美妙情状：“是故君子反情以和其志，比类以成其行。奸声乱色不留聪明，淫乐废礼不接于心术，惰慢邪辟之气不设于身体，使耳目鼻口心知百体皆由顺正，以行其义。然后发以声音，文以琴瑟，动以干戚，饰以羽旄，从以箫管，奋至德之光，动四气之和，以著万物之理。是故清明象天，广大象地，终始象四时，周旋象风雨；五色成文而不乱，八风从律而不奸，百度得数而有常；小大相成，终始相生，倡和清浊，代相为经。故乐行而伦清，耳目聪明，血气和平，移风易俗，天下皆宁。”[④]君子修身养性，净化身心，然后以如此美善的身体、气质发为声音，再以琴瑟之声加以文饰美化，以干戚谐调其动作，以羽旄装饰其仪容，用箫管伴奏，奋发神明至极恩德的光耀，以推动四时阴阳和顺之气，昭明万物生发的道理。因而这种音乐歌声朗朗，音色像天空一样清明；钟鼓铿锵，气魄像地一样广大；五音终始相接，如四时一样的循环不止；舞姿婆娑，进退往复如风雨一般地周旋。以致与它相配的五色也错综成文而不乱，八风随月律而至没有失误，昼夜得百刻之数，没有或长或短的差失，大小月相间而成岁，万物变化终始相生，清浊相应，迭为主次。乐的和谐之美与天地的秩序之美融为一体，故而达到天人合一的和谐美景。由此可见，乐以“和天”的价值功能是十分突出的。

---

① 参见曾繁仁：《美育十五讲》，北京大学出版社 2012 年版，第 287 页。

② 吕不韦：《吕氏春秋》，北方文艺出版社 2014 年版，第 50 页。

③ 王文锦译解：《礼记译解》，中华书局 2001 年版，第 546 页。

④ 韩兆琦译注：《史记》，中华书局 2010 年版，第 1935 页。

大数据背景下大学生思想政治教育创新着力点

刘　畅

摘要:大数据时代的到来,拓展了大学生思想政治教育工作的空间和渠道,同时也使大学生思想政治教育工作面临前所未有的机遇和挑战,积极融入大数据时代是大学生思想政治教育工作立足时代前沿、适应新形势发展的必然要求。要从以下几个方面着眼,牢牢把握大数据时代大学生思想政治教育工作创新的着力点,通过打造一支高水平的师资队伍,不断丰富和创新大学生思想政治教育话语体系以及建立健全制度保障机制,不断增强新时代大学生思想政治教育工作的科学性、实效性和针对性。

关键词:大数据;大学生;思想政治教育;创新

作者简介:刘畅,山东师范大学马克思主义学院讲师。

伴随着现代科学技术的迅猛发展,互联网技术的电子化、数字媒体化、大众化日趋成熟完善,它以极强的渗透力对新时代大学生思想政教育产生了广泛而又深刻的影响。大数据(Big data)技术的优势特征如海量数据采集、秒速分析处理技术等,有效拓展了大学生思想政治教育工作的传播速度和认同广度,在大数据时代,掌握了数据就意味着掌握了大学生思想政治教育工作的主导权和话语权。积极融入大数据时代是大学生思想政治教育工作立足时代前沿、适应新形势发展的必然要求,合理运用大数据技术,及时变革思维方式,使大学生思想政治教育向互联网平台延伸、向云端存储技术深化、与数据资源整合,从而不断增强新时代大学生思想政治教育工作的科学性、时效性和针对性。

一、明确大数据时代大学生思想政治教育创新的必要性

自2012年以来,“大数据”(Big data)一词开始越来越多地出现在人们生活的各个领域,日益成为学界研究的热点和前沿问题,它的特征可以被归纳为

"4V",即 Volume(包容性)、Variety(多样性)、Value(价值性)和 Velocity(时效性)。大数据时代的到来不单单意味着科学技术的革新,而且从三个维度开启了人们思维模式的变革:以全体数据模式代替随机抽样模式,以允许混杂性取代片面精确性,以关注相关关系研究代替纯粹因果关系分析。大数据时代的这些思维优势特征对传统思想政治教育的实证研究范式、精确数字化评估模式以及唯经验性的决策意识造成了巨大的冲击:一方面,大数据技术有效地拓展了大学生思想政治教育工作的手段和方法;另一方面,大数据时代在变革大学生思想政治教育载体的同时也使得传统思想政治教育面临技术性、伦理性的风险和挑战,增加了主流意识形态领域治理和安全工作的难度和深度。大数据时代已经构成了当前高校思想政治教育工作不可回避和抗拒的新环境,只有采取积极行动来回应大数据时代所带来的变革和发展才是当前思想政治教育工作者应有的态度。

(一)大数据时代为大学生思想政治教育创新带来了重要机遇

大数据为推动大学生思想政治教育工作创新提供了强大的数据支撑。在数据采集方面,一般来说,当前在校大学生使用校园网络资源来获取信息的频率较高,通过大数据采集技术,可以对大学生在网络上所浏览、关注的热点问题记录及时进行数据收集整理,真实有效地反映出某一地区、某一高校大学生所关注的社会特点问题以及思想精神需求等信息,便于思想政治教育工作者据此有针对性地优化教育方法和模式,提升工作的亲和力和感染力。在数据挖掘方面,传统数据分析对人们精神领域的把握相对滞后,而大数据混杂式的分析技术可以对人们的思想观念和价值取向进行动态的监测,为了解和掌握新时代大学生的思想动态提供了相关数据方面的可能性,从而实现思想政治教育工作的及时有效应对。在数据分析层面,面对海量的数据资源,多样的数据分析工具和技术手段可以对获取到的信息进行分类、筛选、加工,提取出有关大学生日常行为、思想方面的规律性信息,为更加全面了解和认识教育对象提供全了方位的数据支撑。

大数据为推动大学生思想政治教育工作创新提供了系统的变革思维。首先,转变局部样本思维为整体全局思维,打破传统思想政治教育工作中以小见大、管中窥豹的观念局限,大数据技术使分析与某事物相关的所有数据而不是依靠分析少量的数据样本成为现实①,大大降低了抽样调查的片面性和随机性,从整体性、全局性思维出发,借助数据采集、存储、分析技术和智能终端平台,全视角、多渠道、多要素获取和覆盖教育对象的信息,从而实现对教育对象价值观念、情感态度、思想动态的全程跟踪和全面把握。其次,转变精准推理思维为模糊描

① 参见[英]维克托·迈尔—舍恩伯格、肯尼思·库克耶:《大数据时代:生活、工作与思维的大变革》,盛杨燕、周涛译,浙江人民出版社 2013 年版。

绘思维，冲破标准化、标签化的教育范式桎梏，充分尊重受教育者在性格、情感、态度以及价值取向方面的多样性和复杂性，根据大数据平台所提供的数据信息及时调整和优化思想政治教育的目标和方案，确保评价方式的灵活性和可变性，从而更好地处理思想政治教育中主客体的关系。最后，转变因果线性思维为关联分析思维，破除刨根问底式思维情结的藩篱，根据已经了解和掌握的教育对象的基本情况敢于对其中隐含的、潜在的价值信息进行大胆的假设和预测，挖掘教育对象的行为表现与其内心世界之间的内在联系，提前做好预警和预案工作，及时给予学生思想引导和关怀，以增强思想政治教育工作的实效性和可控性。

大数据为推动大学生思想政治教育工作创新提供了革命性的技术工具。利用大数据采集和预处理技术提高数据整合和利用的效率，有助于实现思想政治教育资源的共建共享，从而全面了解校园网络舆情，及时掌握大学生的思想动态。利用大数据分析和可视化技术，有助于为思想政治教育工作者提供更为直观的数据依据，揭示大学生日常行为及思想活动规律，便于及时发现思想问题征兆，从而排除问题隐患。利用大数据追踪和研判技术，有助于监管大学生的日常思想状况和交际网络，预测出某些问题发生的可能性，使思想政治教育工作系统性功能得到最大程度运用和发挥。

（二）大数据时代给大学生思想政治教育创新带来了复杂挑战

大数据给高校意识形态工作带来了挑战。大数据思维、技术在引起社会变革的同时也使高校大学生的价值观念发生了巨大的变化。一方面，海量数据、云端计算为大学生获取信息提供了便利的技术途径，但同时也为西方发达国家带来了数据霸权的便利条件，少数西方国家利用网络手段更加隐蔽地向青年学生传输腐朽、极端自由的思想、价值观念，试图削弱、消解我国主流意识形态的话语权和影响力，影响着大学生的价值判断和思想观念，对大学生的荣辱观、是非观的确立造成了很大影响。另一方面，大数据实时传输技术使在线学习、慕课教学深入到学生的日常学习生活当中，赋予了学生们更多自主学习空间，同时也造成了思想政治教育主客体之间的关系更加复杂多元，仅仅依靠课堂教学主导的高校意识形态教育模式对学生的吸引力在慢慢淡化，大数据背后的云存储、可视化功能对传统高校意识形态教育模式造成了冲击。

大数据使得思想政治教育传播的内容和载体面临挑战。一方面，在大数据时代，无论是教育者还是受教育者每天都要面对网络中真伪并存的海量信息轰炸。对于教育者来说，其传播的内容要在信息海洋中获取新鲜的思想养料，成为向大学生传播主流价值观念、社会正能量的有效资源。对于受教育者来说，也可以随时随地实现资源获取、传播信息，这种碎片式的信息传播形式势必会在一定程度上导致学生的价值观念更加多元。另一方面，伴随着各种媒介终端的更迭和发展，使得思想政治教育内容的传播渠道和途径也不再单一固化，受教育者也可以根据自身的实际需要来选取接收信息的媒介载体，教育工作者如果不能及时了解传播载体和途径的变化，多维度地创新和拓展教育载体形式，思想政治教育实效性就很难得到真正提升。

大数据使得思想政治教育工作面临伦理危机。大数据在为思想政治教育工作带来便利的同时也在不同程度上引发了信息异化、网络安全隐私、数字鸿沟等一系列的伦理道德问题。一方面，大数据技术的普及为思想政治教育工作创新带来了巨大的驱动力，大数据技术为学生定制个性化教育服务，不断满足学生的多样化需求，构建思想道德监测预警机制，实现思想政治教育工作导向功能进一步提升等，这些优势促使高校思想政治教育工作的科学性不断提升。另一方面，大数据技术的广泛应用在一定程度上会侵犯学生的隐私，比如教师在采集信息时如何确保对学生个人的身份信息、偏好信息、行为信息的合法使用，思想政治教育的道德属性和伦理要求如何有效规范，依赖客观数据分析对学生提供的教育服务是否能够带给学生更多的获得感和安全感，如何把握大数据在思想政治教育工作中应用的伦理底线和道德限度，都在不断增加着新时代思想政治教育工作的伦理风险和挑战。

二、认识大数据时代大学生思想政治教育创新的可能性

(一)大数据为推动大学生思想政治教育模式的转向提供了可能

第一，转向个性化思想政治教育模式。传统的思想政治教育往往更注重对大学生集体荣誉感、群体凝聚力的培育，在一定程度上忽视了大学生作为鲜活、独立的个体其自身在性格、思想、观念、需求方面存在的诸多差异。随着大数据技术的普及应用，挖掘大数据背后所隐藏的受众的偏好、兴趣、习惯进行追踪分析，并向受众提供个性化的服务，正在快速向生活的各个领域辐射和蔓延。伴随着大数据时代的来临，大学生的个体生活对于数据资源和新媒体技术的依赖性不断增强，传统的认知思维框架正在被逐步消解和边缘化，学校德育工作也将不断摆脱群体化、标准化的教育范式，大数据为大学生思想政治教育工作回应时代课题提供了新的方法和思路，思想政治教育工作也将不断回归大学生鲜活的个体生活当中，教育模式也将从固化的群体式教学深入到类型化分析和研究，运用大数据技术分析大学生的日常生活、学习、行为习惯和个性化需求，从而为促进大学生个性发展提供更有针对性的定制服务。通过对这些数据信息的分析和反馈，有助于为个性化思想政治教育提供更为科学有效的指导和借鉴。

第二，转向前瞻性思想政治教育模式。大数据最核心的价值就在于建立在海量数据和相关关系分析技术基础之上所进行的趋势预测。将大数据技术融入

大学生思想政治教育工作，可以打破传统思想政治教育工作囿于抽样调查、因果关系分析的思维定势，通过分析相关事件之间的关系，利用分类整合各项数据从而发现潜在的规律性信息。思想政治教育工作者可以通过运用大数据监测系统平台，预测和研判事件可能的发展趋势，及时发现经济困难学生和心理问题学生潜在的问题隐患，做好对相关学生、突发事件的预警方案，对可能出现问题的学生及时干预并做好思想引导工作。同时，还可以对网络舆情进行分析和监控，从而提高预防性思想政治教育工作的实效性。

第三，转向对话式思想政治教育模式。对象式的教育模式已经不再适应大数据背景下思想政治教育主客体关系的变化。在对话式思想政治教育模式中，教育工作者不再具有绝对权威性的光环，而是更加注重主客体之间的平等性、双向互动性。教育者与教育对象之间具有平等的身份地位，享有公平的权利和义务，双方共同参与思想政治教育活动，这是建立对话式思想政治教育模式的前提。此外，互联网作为开放型、互动型的场域，使得受教育者既是信息接受者也是信息传播者，大学生的自我意识和主体意识不断得到强化，大学生对新媒体技术的运用和掌握相对于教育者来说更为熟练灵活，教育者也要不断从受教育群体中汲取养分，思想政治教育主客体关系已日渐由以往的等级式灌输转变为交流共享的对话，教育者要充分利用大数据平台为学生提供更具亲和力的服务，否则就会引起受教育者的抗拒和抵触心理。

（二）大数据为推动大学生思想政治教育效果的改善提供了可能

首先，大数据有利于强化大学生思想政治教育的针对性。大数据使学生个性化需求得到充分尊重和满足成为可能。在确保学生个人隐私不被侵犯的情况下，利用大数据平台深度挖掘学生在校园生活中的数据信息，比如消费情况、社交范围、借阅记录、在线时长等等，将学生的行为轨迹、兴趣爱好进行可视化分析，可以为学生的职业生涯规划、就业指导服务、日常心理疏导提供更有建设性的意见和帮助，通过展开专题分类辅导、深度访谈等有针对性的思想政治教育活动，来增强思想政治教育工作的可信度和感染力，使思想政治教育决策和评价更加科学合理。例如，可以通过分析比对不同年级、不同专业学生日常在图书馆的借阅记录，了解学生日常的阅读习惯，侧面掌握学生在学习、生活中所面临的问题和困惑，从而根据不同学生群体的实际需要设计更为人性化的思想政治教育方案。

其次，大数据有利于增强大学生思想政治教育的时效性。大数据高速追踪处理技术打破了数据处理的时效性局限，能够高效、准确地对所掌握的学生数据信息进行批量处理和分析，以便教育工作者尽快占领教育先机，大大提升思想政治教育工作的时效性。在重要节点例如新生入学、毕业生离校或者重大节日、纪念日等敏感时期，学生发生的思想波动往往并不会有明显征兆，传统的经验式的思想政治教育方式往往很难把握学生潜在的思想问题，从而错失最佳教育时机，但是在大数据时代，通过对学生在网络媒介终端所发布的信息、言论或者搜索的关键词、标签进行数据整理分析，及时搜集到学生思想认识等方面的动态信息，使尚处在萌芽阶段的各类突发事件得到及时有效的化解，为提高大学生思想政治教育时效性创造崭新机遇。

最后，大数据有利于提升大学生思想政治教育的科学性。大数据技术与大学生思想政治教育工作的交叉融合，可以实现对教育对象全过程、全样本的科学把握。通过选取真实、动态、海量的学生网络行为信息统计数据，进行深度挖掘分析展现学生网络行为的真实情况，从而把握学生网络行为和需求的新规律、新特征，了解学生所关注的热点问题和舆论走向，列出学生思想困惑和心理变化趋势清单，大数据时代全样本、全过程、全数据的分析方法能够克服传统抽样分析方法囿于样本和统计方法的不足和缺陷，为大学生思想政治教育工作创新提供更为科学的认识和分析工具，从而更为精准地为教育者呈现大学生个体或群体行为的特点和存在的问题，以把握学生个体和特殊群体思想、行为的新特征和新动向。

（三）大数据为推动大学生思想政治教育实践成效的提升提供了可能

第一，构建高效思想政治教育大数据平台。通过研发教育大数据中心和智慧校园服务平台，建立数字化校园共享机制，打造教育教学管理的综合性、开放性服务平台，可以有效破除数据壁垒和“信息孤岛”问题，明确信息化建设方向。通过组建专业性的大数据分析和应用团队，依托大数据分析系统和模型，不断深化数据价值分析和挖掘工作，提供给学生更为精准的教育服务供给，从而提高学生主动学习和掌握知识的自主性和积极性，推动大学生思想政治教育工作与校园信息化建设主动接轨，构建更为开放共享的教育生态环境，增强思想政治教育工作的说服力和感染力。

第二，打造思想政治理论课信息化教学形式。“互联网＋”思想政治理论课教学是线上教育平台与思想政治理论教育深度融合的产物，它利用互联网在线共享、实时传输技术，突破了传统思想政治理论课单一的线性教学模式，使学生能够更加充分自主地享受丰富的课程教育资源，激发学生自主学习的热情和兴趣。同时，教师可以通过线上课堂深入了解学生的思想实际，结合线下课堂以更加新颖的方法为学生答疑解惑，从而打破传统的教与学的界限划分，适应大数据时代的信息化教学模式的新要求，更加契合学生个性化的心理诉求。

第三，完善思想政治教育效果评价机制。传统的思想政治教育主要是通过问卷调查、召开座谈会等形式来进行效果评价，过程中掺杂了过多个人的主观情感因素，导致评价结果的科学性和参考价值十分有限。将大数据技术引入思想政治教育的评价机制，借助大数据信息技术平台，“可以建立以高校学生个体与整体思想状况为因变量、思想政治教育过程诸要素为自变量的大数据思想政治教育评价指标模型”①，从而不断优化评价指标的客观性和真实性，构建起一个基于大数据专业基础支撑、定向与定性分析相结合的动态评价系统，明确思想政治教育育人导向，增强效果评价的灵活性和先进性。

三、把握大数据时代大学生思想政治教育创新的着力点

（一）打造一支高水平的师资队伍是大数据时代大学生思想政治教育创新的关键因素

第一，要全面提升思想政治教育工作队伍数据运用素养。大数据时代的到来对大学生思想政治教育工作的思路、理念、方法、平台队伍建设都提出了更高层次的要求。思想政治教育工作者必须要明确自身的新使命、新担当，结合大数据时代思想政治教育工作出现的新特征、新变化，主动提升自身的数据运用素养以及信息化能力水平。其一，要强化大数据理念，培养大数据意识。高校思想政治教育工作者要顺应大数据时代的变革和发展，及时转变工作思路，树立数据为本的工作理念，自觉养成大数据意识和思维习惯，保持对数据的高度敏感性，认识到数据资源在思想政治教育工作中的重要价值和意义，善于辨识和利用能够反映大学生日常思想动态的有效资源，重视对相关数据的整理和收集存储工作。其二，要掌握数据知识，提高数据处理能力。要想使数据在大学生思想政治教育工作中最大限度地发挥功效，思想政治教育工作者就必须提升自身运用和掌控数据的本领。不断扩充数据运用的相关知识，熟悉运用大数据开展大学生思想政治教育工作的基本原理和相关技术流程，提高自身进行数据采集、分类以及分析处理能力，不断调整和修正教育方案和教育内容，找准大数据思想政治教育工作的切入点，及时有效地开展思想政治教育工作。

第二，要加强大数据思想政治教育工作平台和队伍建设。随着大数据技术不断走向成熟，建立健全思想政治教育大数据管理服务体系是大势所趋。首先，要开发专业数据平台，实现数据资源安全共享。通过开发专业数据平台，打破数据封锁瓶颈，实现对思想政治教育优势资源的共享和对接，提高数据资源的合理利用效率，同时防止对数据的滥用和泄露问题，规范和约束数据的使用方式和范围，强化对核心数据的隐私保护，从而构建公开透明、良性有序的思想政治教育数据共享机制。其次，组建专业性强的数据采集分析团队，加强教育工作者和专

① 王莎：《思想政治教育的大数据评价》，载 2017 年 1 月 30 日《光明日报》。

业技术人员的沟通合作，对思想政治教育工作者开展有针对性的系统培训，加大政策倾斜和资金扶持力度，切实提高思想政治教育专业队伍运用数据分析问题和进行教育引导的水平和能力，打造一支高素质、专业化、技术强的大数据思想政治教育工作队伍。

第三，要改革思想政治理论课教学模式。思想政治理论课作为大学生思想政治教育的主渠道在大数据时代面临着前所未有的挑战，探索高校思想政治理论课教学模式的创新路径是大数据时代思想政治教育工作的应有之义和必然选择。首先，形成基于大数据特征的现代化教学理念，实现以教师为中心向以学生为中心的教学理念的转变，逐步适应大数据时代的新特点、新要求，从以往的经验教学模式转向以数据分析为基础的量化教学模式，利用数据诊断、数据研判等方法彰显教学效果的科学性，利用超大图片或影像等增强教学过程中的趣味性和互动性，使思想政治教育的内容更易为学生所主动接受。其次，要加强在线课堂的应用和推广，基于云课堂、慕课、微课的在线自主学习方式克服了线下教学模式的时空限制，为思想政治理论课教学注入了更多鲜活元素，将众多学生喜闻乐见的教育资源以更为直观形象的方式呈现，提高学生在思想政治理论课教学中的获得感和满足感。

(二)创新话语体系是大数据时代大学生思想政治教育创新的活力所在

首先，要掌握大数据时代大学生思想政治教育网络话语权。在大数据时代，随着大学生网民的数量大大增加，互联网成为大学生思想政治教育工作的重要阵地，掌握网络思想政治教育的话语权成为新时代思想政治教育工作的主要任务之一。第一，要确立思想政治教育工作者的主体地位，即解决谁来说的问题，这就需要加大针对高校思想政治教育工作队伍的培养培训，使教育工作者能够根据网络传播媒介的特点，加强专题教育网站、校园论坛、微博微信的开发与建设，善于运用网络平台开展咨询、教育、交流等网上专项服务工作，主动占领网络教育阵地平台。第二，要充分尊重大学生的网络话语权，大学生不仅仅是网络数据的传播者和使用者，更是大数据的制造者，互联网开放、公开的特点使大学生群体在网络场域中占据一定的话语权，要充分尊重大学生网络话语权，逐步消除教育者与受教育者之间存在的网络话语“鸿沟”现象，加强主体双方的话语互动，引导大学生坚定社会主义信念，为主流意识形态话语发声，做社会主义网络新人。

其次是要创新大数据时代大学生思想政治教育话语内容。只有植入鲜活灵动的热点话题，构建起符合当前大学生思维特点、习惯喜好的话语内容才能真正提升思想政治教育的效果。一方面，要彰显中国特色，大数据背景下大学生思想政治教育话语内容需要更加鲜活生动，但是不能脱离中国特色和民族传统主线，

“中华优秀传统文化是我们最深厚的文化软实力，也是中国特色社会主义植根的文化沃土”①，优秀传统文化蕴含着中华民族5000年来传承至今的价值观念、思想立场和民族精神，深入挖掘和阐释中国优秀传统文化的时代价值，把具有中国气派、中国风格的“中国故事”融入到思想政治教育话语体系之中，成为开展大学生思想政治教育工作的重要载体，为推动大数据背景下思想政治教育话语内容创新提供良好的借鉴。另一方面，当代大学生生活在一个互联网技术和信息化程度迅猛发展的高科技时代，在讲好中国故事的前提之下思想政治教育的话语内容必须融入更多的现代元素，中国特色并绝不是自说自话，而是要用宽广的视野和世界的眼光，来批判吸收国外思想政治教育话语内容的先进思想、概念和理论，赋予其民族特色和时代内涵，从而成为大数据时代思想政治教育话语内容创新的重要助推力。

最后，要转换大数据时代大学生思想政治教育话语方式。话语是思想政治教育工作的重要载体，思想政治教育工作的创新离不开话语方式的转换和更新。所谓话语方式转换，就是指用更为柔性、易懂、为大学生所接受的话语来传递思想政治教育内容，从而有效增进思想政治教育的实际效果。要实现话语转换，并不是要削弱马克思主义主流话语地位，而是要在熟练掌握和运用主流话语进行思想政治教育的基础之上，融合大数据时代网络话语在大学生思想政治教育中的优势，通过规范使用一些符合时代特征的时尚性网络热词，拉近与青年大学生的情感距离，用更为通俗化、生活化的语言来点缀教育内容和传播方式，通过形象化的表达方式来消除与大学生话语系统的距离感，在充分尊重学生自我发展与人格完善的语境之中，采用理论宣讲与互动体验、案例讨论等相结合的方法，使思想政治教育内容真正达到入脑入心的效果。

（三）建立健全制度机制是大数据时代大学生思想政治教育创新的重要保障

第一，建立思想行为预警机制。在当今时代，大学生日常交流和沟通的工具主要是通过微信、微博、QQ、博客等在线社交媒介平台，这些媒介载体由于互动性强、操作方便等特点受到青年大学生的依赖和喜爱，学生在日常生活中的一些思想困惑、情感问题也往往更愿意通过这些社交平台发布宣泄，并通过虚拟网络空间向他人寻求帮助和情感慰藉，通过对一定时期以内学生发布的热点词汇和敏感话题进行数据采集和技术分析，可以有效归纳出学生近期主要的思想动态和行为走向，利用大数据平台构建系统的大学生思想行为预警机制，可以及时发现潜在的问题风险，通过对可能发生的问题和事件及时划分预警风险等级，对网络热点事件和言论进行辨别，对潜在问题进行筛选，可以更加全面、真实地掌握

① 《习近平在中共中央政治局第十八次集体学习时的讲话》，http://www.gov.cn，2014-10-13.

学生的思想行为动态，针对学生的认知情感问题进行及时有效的引导疏通，大大降低突发事件发生的概率，提升大学生思想政治教育工作质量和成效。

第二，建立数据隐私保护机制。在技术层面上，要进一步优化和提升大数据平台的隐私保护技术，通过设置防火墙、身份认证、安全漏洞扫描等手段来降低学生个人隐私的信息数据被不法分子入侵使用的可能性。在管理层面上，要建立健全对学生个人信息数据的监管机制，通过成立专门的数据审查和监督部门，严格对学生个人信息数据的输入与输出把控，特别是涉及学籍、学生家庭状况等敏感问题的隐私数据试行分级分类管理，通过设置使用权限来防止数据的泄露和滥用。在制度层面上，要进一步完善学生信息数据资源使用的规章制度，以规范的形式明确数据使用的途径和渠道，对违法盗用数据资源的行为进行严厉惩处，对可能发生的数据安全问题加以制度约束，有效优化大数据思想政治教育工作的制度环境。

第三，建立舆论引导机制。要做好大学生网络舆论的引导工作，首先要从源头开始，畅通大学生网络舆情的信息采集和反馈机制，多层次、全方位地收集大学生的问题和需求，通过微信公众号、校园论坛、QQ 群等多种形式加强与学生的互动交流，借助大数据思维把中国梦、社会主义核心价值观、习近平新时代中国特色社会主义思想潜移默化地渗透到大学生日常思想观念中去，有效引导大学生传播主流话题，传递社会正能量。其次，要建立有效的舆情监测机制，利用大数据分析平台，及时了解青年学生的舆情信息状况，提高对校园网络的管理水平，对可能出现的负面舆论提前做好预警和引导工作，构建更加完备的校园舆情监控体系。

改革开放40年中国软实力国际影响力构建历程及启示

吕松涛

摘要：软实力国际影响力是一国利用自身掌握的各种资源，通过非强制、非胁迫的“软”的方式作用于其他行为体，实现自身战略目标的影响力，包括制度性和认同性两个维度。改革开放以来，中国积极参与各类国际组织、国际机制，在国际社会中的制度性软实力有了明显提升，并通过多样化、多领域的公共外交和对外援助等方式增加了中国的吸引力，使中国的软实力获得了较大提升。改革开放40年中国软实力国际影响力的构建历程启示我们，提升软实力国际影响力必须立足社会主义初级阶段基本国情，坚持改革开放增强国家综合国力，顺应国际潮流把握时代机遇。

关键词：改革开放；软实力；国际影响力；历程；启示

作者简介：吕松涛，山东师范大学马克思主义学院讲师，主要研究方向为马克思主义中国化。

基金项目：教育部人文社会科学研究专项任务项目(中国特色社会主义理论体系研究)“国际议程设置视阈下中国制度性话语权提升研究”(17JD710062)。

1978年，党的十一届三中全会作出了实施改革开放的重大历史决策，从此中国共产党带领中国人民开启了一场前所未有的大改革大开放，推动中国特色社会主义各项事业取得了举世瞩目的伟大成就。40年的奋斗历程不仅极大地增强了中国的经济实力，而且大大提升了中国的软实力建设水平，使中国的软实力国际影响力获得了显著增强。在中国与世界关系已经发生历史性转变、中国日益趋向世界舞台中央的背景下，回顾改革开放40年中国软实力国际影响力构建历程，深入总结其中的历史经验，对我们在新时代新起点上将全面深化改革引向深入，继续扩大对外开放，推动构建人类命运共同体，实现中国和平发展具有重要意义。

一、软实力国际影响力及其双重维度

自20世纪90年代美国学者约瑟夫·奈提出“软实力”概念以来，中国学界对软实力问题进行了广泛讨论，大大深化了以提升综合国力为表征的国内视角研究，但也在一定程度上忽视了其国际视角。实际上，国际影响力也是软实力的重要维度。为了达成增强美国力量使其更好地在世界政治经济体系中保持影响力的目标，约瑟夫·奈的理论本身就明显地包含了国内与国际的双重视角，既提出了发展美国流行文化和精英文化、优化美国政治制度的建议，也有关于美国利用文化优势、外交政策吸引其他国家提升国际影响力的论述。因此，提升软实力既需要在国内重视各种无形、软性资源的积累和利用，更必须关注如何利用各种资源吸引、感召其他国家，扩大在国际制度体系中的话语权，增强自身软实力的国际影响力。

（一）软实力国际影响力的内涵

国家软实力是利用各种软性资源或者以非强制性方式影响其他要素、行为体的能力。软实力与硬实力的根本区别在于其“软”的特征，这一特征既与资源是软的还是硬的、物质的还是非物质的、有形的还是无形的等这些具体属性存在一定联系，也体现在非强制性、非胁迫性的影响方式上。软实力在本质上是以软的要素或者方式影响其他要素、行为体的能力，但在不同领域、范围中具有不同的表现形态。在一国的国内，软性要素与其他要素相作用，可能促进整个社会系统的优化和良性运转，增强国家综合国力。在国际社会中，各种要素可能以“软”的方式提升一国的国际吸引力、感召力和塑造力，优化国家发展的外部环境。

从内部与外部的不同视角来考察，软实力国际影响力是软实力在国际社会中的具体体现，是一国利用自身掌握的各种资源，通过非强制、非胁迫的“软”的方式作用于其他行为体，实现自身战略目标的影响力，具体表现为通过吸引、宣传、影响国际制度、左右国际议程设置等方式，而不是制裁、恐吓或者暴力等“硬”的方式，有效维持和扩大国家在国际社会中的影响力，为本国发展创造有利外部条件的能力。“软实力的一个力量指向是对他国或他者的影响力、吸引力与说服力，即软实力的外向性。”[①]

（二）软实力国际影响力的制度性维度和认同性维度

软实力国际影响力是国家软实力的重要组成部分，对于提升一国的国际地

---

① 蒋英州、叶娟丽：《对约瑟夫·奈“软实力”概念的解读》，载《政治学研究》2009年第5期。

位、更好地实现国家在外部环境中的战略目标和战略利益具有重要意义。根据马克思主义人类社会有机体理论以及软实力理论创立者约瑟夫·奈的论述,从影响力的不同实现方式角度,软实力国际影响力可以分为制度性和认同性两个维度。

1.制度性维度

制度性软实力是指借助各种制度、机制、规范等控制、支配其他行为体实现自身目的的软实力类型。制度性软实力的运用往往是主体借助于制度这个中介,充分利用相关制度给自身带来的各种优势以间接、分散的方式对相关行为体施加影响。制度性软实力通过运用制度、机制影响决策结果和左右议程设置影响决策范围两种方式而体现。前者是指国家利用拥有更大比例的投票权或者使用某些特殊权力,运用制度、机制、规范影响决策结果,后者是指国家影响决定哪些议题能够进入相关国际制度、机制平台使其得到重点关注或优先解决的行为。

制度性软实力具有以下特征:第一,制度性。认同性软实力虽然也需要一定的资源,但其对软实力资源没有特殊要求,关键是资源的使用方式。与之不同的是,各种制度、机制是制度性软实力最重要的依赖资源,缺少制度支持的制度性软实力无法行使。第二,非强制性。一方面,制度性资源既可以以强制性的方式来行使,也可以以非强制性的方式来行使。只有当制度性资源以非强制性方式行使的时候,它才构成了制度性软实力。另一方面,由于一部分行为体可能利用某些制度或者自身所处结构中的优势地位操纵某些要素,有时对象本身并没有意识到影响力行为的存在,自然更感受不到自己是受到强制才作出某种选择。这是制度性软实力与制度性硬实力之间的根本区别。第三,隐蔽性。一方面,行为体之间可能存在的偏好和利益差异、冲突并没有以非常显著的形式外在地显现出来,情景之外的其他行为体很难对此进行观察和判断。另一方面,一部分行为体的影响力行使行为也以隐蔽的方式进行,使对象无法察觉,比如行使法定权力,控制议事日程,给定选择范围等。

2.认同性维度

认同性软实力是以非强制性、非制度化方式通过自身魅力塑造他人偏好、观念从而影响他人的一种软实力形式。尽管由于自身的隐蔽性和非对抗性,认同性软实力并不引人瞩目,但它确实以自身特殊的方式在国际社会中广泛存在并发挥作用。软实力认同维度通过吸引和宣传两种方式而具体体现。国际政治中的吸引是指国家依靠自身具有的资源、特殊属性,引起其他国家的认同、追随、崇拜和信仰实现观念塑造的软实力作用方式。宣传是以有意识的符号、信息传播影响、引导他人观念、行为的行为。

认同性软实力具有以下特征:第一,认同性。认同是人类社会中具有不同思维方式和行为模式的人群接触之后，一方接受另外一方的某些特征，采纳其态度与价值、思想模式、行为习惯的社会过程。在认同性软实力运用过程中，主体以各种方式不断向对象施加影响，可能逐渐改变其原有的认知和偏好，构建起某种新的倾向性，从而使对象主动地趋向主体，表现为对象自觉或者不自觉的认可、接受主体有意识地向其灌输的观念、价值观，甚至自愿地追随主体，由思想意识上的依赖关系发展成为行为活动的依附关系，从而使实现一种观念由主体向对象的"迁移"。比如，现代消费社会中，消费者的消费观念、态度和行为就在很大程度上与产品生产商利用大众传媒进行的宣传、说服密切相关。第二，内在性。主体对对象影响和支配的实现最终表现为不同意义上的对象内在观念意识的某些改变，进而外化为具体行为，只不过不同类型的软实力所采取的方式有所差异。强制性软实力一般诉诸外在威胁、惩罚，认同性软实力则直指人们的思想观念，通过倾向性引导、偏好塑造、精神感召等方式直接作用于行为体的内在观念意识，而后采取相应的行动。第三，无形性。由于主体对对象的影响主要通过观念、思想的变化来实现，更加令人难以察觉，对象会在不知不觉、潜移默化中按照主体的意愿去思考、选择。认同性软实力的无形性，不仅是软实力作用方式上的无形性，而且也是软实力依赖资源的无形性。

二、改革开放40年中国制度性软实力的构建历程

改革开放以来，中国参与的国际组织、国际机制数量越来越多，程度也日益深入。尤其是近年来，中国已经开始主动扩大在国际组织和国际机制中的影响力，获取更多话语权，积极构建和行使在国际社会中的制度性软实力。

20世纪70年代末80年代初，整个国际形势日趋缓和。同时，中美正式建立外交关系，中国与苏联也结束了持续数年的论战和对抗实现了关系正常化。邓小平根据国际形势的变化在战争与和平问题上逐渐形成了新的判断。他指出，世界政治力量对比出现重要变化，和平因素增长超过战争因素增长，世界大战打不起来，争取一个较长时期的和平环境是可能的。根据邓小平的论述，1987年党的十三大正式提出了"和平与发展是当今世界的两大主题"这一深刻论述，这意味着中国长期以来的准备战争和通过战争来反对霸权主义的观念发生了变化，发展与合作意识逐渐加强。由此，中国开始顺应世界主题转变和国内改革开放要求，调整外交政策，以更加积极的态度参与国际组织和国际机制。

1980年，中国成为国际货币基金组织和世界银行的理事国，也参与国际农业开发基金、亚洲开发银行等机构的事务，开始加入越来越多的全球多边国际经济组织。1982年，中国以观察员身份参与关贸总协定；1986年，中国申请恢复加入关贸总协定。1989年，中国成为亚太经合组织的成员。在环境生态方面，

1992年,中国政府在里约热内卢会议期间签署了《联合国气候变化框架公约》。在核不扩散体制方面,1984年,中国加入国际原子能机构,承诺履行该机构所规定的义务;1992年3月,中国签署了《不扩散核武器条约》;1996年9月24日,中国签署了《全面禁止核试验条约》。从70年代末到90年代中期,中国加入国际组织的数量有了快速发展。“1977年,中国所参加的各种类型(全球和地区性)的政府间国际组织的数量是美国的25%、印度的30%、世界平均值的70%左右。到1996年,这些比例上升为美国的70%、印度的80%、世界平均值的180%。就全球性政府间组织来说,1996年,中国参加了总共37个组织中的30个,美国参加了其中的33个。也就是说,在这类组织中,中国的参与程度是美国90%。”[①]这一时期,尽管参与的国际制度的数量有了明显增长,但中国在国际制度内很少提出建设性意见,也缺乏参加议程设置的自觉意识和行动。

20世纪90年代后期,尤其是成功应对亚洲金融危机之后,中国积极开展多边外交,逐渐在地区性和全球性国际组织中承担更大责任,发挥更大作用。以1997年的亚洲金融危机为契机,中国与东南亚国家建立了紧密关系,1997年12月,中国和东盟领导人在首次东盟—中国领导人非正式会议上确定了建立睦邻互信伙伴关系的方针。2002年11月,中国与东盟签署了《南海各方行为宣言》,为各方解决南海问题提供了行动框架,有力地推动中国和东盟的地区一体化进程。2003年,中国签署《东南亚友好合作条约》,中国成为首个加入该条约的非东盟国家。2009年8月15日,《中国—东盟自由贸易区投资协议》签署;2010年1月1日,发展中国家间最大的自由贸易区——中国—东盟自由贸易区正式建立。在全球层次上,2001年,经过15年的艰苦谈判,中国终于成为世界贸易组织的成员,标志着中国经济开始在制度化层次上参与国际贸易体系。与此同时,中国还和八国集团展开积极对话。2008年金融危机爆发之后,中国以一个国际社会负责任成员的姿态积极与国际组织共同应对这场危机,鲜明地提出了自己的主张,要求推动国际金融秩序不断朝着公平、公正、包容和有序的方向发展。

中国作为安理会常任理事国,曾在创建联合国的过程中发挥过重要的作用。但除此之外,中国很少成为国际组织的主导创始成员国,长期以来,中国只是加入一些已经成立的国际组织、机制。新中国成立以来,中国从未主动发起或者创立国际组织、国际机制,直到20世纪90年代这一局面才被打破。1997年11月6日,由中国、加拿大、孟加拉国、印度尼西亚、缅甸、尼泊尔、菲律宾、秘鲁和坦桑尼亚等9国共同发起成立了国际竹藤组织。该组织是一个独立的、非营利性政府间国际组织,总部设在北京,是第一个总部落户中国的国际组织。1996年4

---

① 江忆恩:《中国参与国际体制的若干思考》,载《世界经济与政治》1999年第7期。

月 26 日，中国、俄罗斯、哈萨克斯坦、吉尔吉斯斯坦和塔吉克斯坦五国在上海正式签署《关于在边境地区加强军事领域信任的协定》，建立了“上海五国”机制。2001 年，“上海五国”机制发展成为上海合作组织。上海合作组织是第一个以中国城市命名的国际组织，它进一步加强了中国与周边国家的关系，增强了中国在地区事务中的影响力。2001 年 2 月，博鳌亚洲论坛在中国海南省琼海市博鳌正式成立，这是第一个把总部设在中国的国际会议组织。作为一个非官方、非营利、定期、定址、开放性的国际会议组织，博鳌亚洲论坛以平等、互惠、合作和共赢为主旨，立足亚洲，推动亚洲各国间的经济交流、协调与合作；同时又面向世界，增强亚洲与世界其他地区的对话和经济联系。此外，中国还构建了多样化的东亚合作机制并在朝核问题上积极作为，开展多边外交，推动六方会谈解决朝核问题等等。

2008 年国际金融危机之后，二十国集团取代八国集团成为全球多边经济协调的主导性论坛，中国在二十国集团中的作用日益突出，开始为全球经济治理和世界经济发展贡献中国智慧和中国方案。2016 年以来，中国先后成功举办了二十国集团领导人杭州峰会、“一带一路”国际合作高峰论坛等重要主场外交活动，为全球经济治理体系的完善和发展做出了重大贡献。2017 年 9 月 11 日，第 71 届联合国大会通过了关于“联合国与全球经济治理”决议，把中方提出的“一带一路”倡议的合作指导原则“共商、共建、共享”的理念纳入其中，要求各方本着这一原则改善全球经济治理。[①] 可以说，“一带一路”已经成为近几年中国向国际社会贡献的最重要议题。中国倡导创立的亚洲基础设施投资银行得到了国际社会的积极回应和广泛参与，成员数已经从最初 57 个增加到目前的 86 个。无论是发展创新、增长联动、利益融合等一系列新理念，还是“一带一路”、丝路基金、亚洲基础设施投资银行和金砖新开发银行等新的倡议和合作机制，这些中国话语、中国声音、中国方案都已成为中国成功向国际社会贡献的国际议题，彰显出中国对全球经济治理议程设置不断上升的影响力，既助力了亚洲国家的经济社会发展，也提升了自身的制度性话语权。

二、改革开放 40 年中国认同性软实力的构建历程

中国实施改革开放政策之后，在外交领域逐渐摆脱过去的革命化外交理念束缚，通过多样化、多领域的公共外交和对外援助等方式构建中国的认同性软实力，塑造中国在国际社会中的和平、友好形象，增加了中国的吸引力和感召力，使中国的软实力获得较大提升，国际影响力不断增强。

---

① 参见《外交部发言人：中方愿与国际社会一道积极推动全球治理体系改革》，载 2017 年 9 月 14 日《人民日报》。

1. 大力开展公共外交

改革开放之后，为了适应对外工作发展的需要，1980 年中央专门成立了对外宣传小组。自 1986 年起，中央每年召开一次全国对外宣传工作会议，党和国家领导人出席并讲话。作为中央对外宣传小组的对外民间机构的对外文化交流协会也在这一年成立。1991 年，国务院新闻办公室成立，其职责主要是推动中国媒体对外说明中国、指导和协调对外新闻报道。2004 年 3 月 19 日，外交部正式设立公众外交处，从外交职能部门的层面加强对公共外交工作的投入和协调，这表明公共外交已经成为国家外交工作的重要内容。随着组织机构的建立和完善，中国的公共外交的形式和内容也向着更加成熟化和多元化的方向发展，呈现出多样行、丰富性、互动性的特点。

一是对外宣传渠道多元化。改革开放之后，过去主要依靠报纸、对外广播等传统渠道的局面基本上被打破，公共外交呈现出多渠道、多媒体格局，报纸、广播、电视、互联网等都成了重要的对外宣传渠道。比如，1992 年 10 月 1 日，以海外华侨、华人以及台、港、澳同胞为主要对象的中央电视台第四套节目正式开播。2000 年 9 月 25 日，面向外国主流社会观众的中央电视台第九套节目(英语国际频道)正式开播。目前，中央电视台是全球唯一一个每天用 6 种联合国工作语言不间断对外传播的电视媒体，在海外建立了 70 个海外记者站点，包括 2 个海外分台、5 个中心记者站和 63 个驻外记者站，已在 171 个国家和地区落地，拥有 3.14 亿海外用户。近年来，互联网快速发展和普及，日益成为公共外交的重要力量。适应这一发展趋势，中国国际广播电台、中央电视台、新华社等主要新闻机构都相继建立自己的门户网站，发挥互联网的快速、便捷的传播优势。

二是公共外交形式多样化。除了与世界各国继续加强经贸、科技、文化、体育和教育等方面的交流与合作外，中国还积极探索其他形式的公共外交方式。比如，新世纪以来，中国与其他国家合作先后共同举办了“俄罗斯年”“中印友好年”“意大利年”“奥地利中国年”“中韩交流年”“中英文化年”等活动，为外国人了解中国文化提供了切实有效的途径，同时也是推动中国民众接触外国文化的大好机会。孔子学院也是近年来我国实施文化“走出去”的新形式。教育部设置了国家汉语国际推广领导小组办公室，希望借助于语言作为桥梁，通过民间文化语言交流的方式传播中华文化，达到宣传中华民族价值观的目的。全球首家孔子学院于 2004 年 3 月在韩国成立。根据孔子学院年度发展报告(2016)提供的数据，截至 2016 年底，共有 140 个国家设立了 513 所孔子学院和 1073 个孔子课堂。中外专兼职教师总数 4.6 万人，各类面授学员 155 万，网络注册学员 59.7 万。孔子学院建设快速发展，已成为世界各国人民学习汉语和了解中华文化的园地、中外文化交流的平台、加强中国人民与世界各国人民友谊合作的桥梁，受到了各国人民的欢迎，对推动中国与世界的人文交流、增强中国文化的亲和力和吸引力发挥了积极作用。

2.积极实施对外援助

党的十一届三中全会以后，随着全党全国工作中心的转移，意识形态因素在对外援助中的影响逐渐下降，中国不再一味强调国际主义义务的履行，而是将民族利益、国家利益放在首位的同时对发展中国家进行力所能及的援助，努力实现爱国主义和国际主义的统一。由此，对外援助的经济功能和社会效益更加受到重视，对外援助工作的规模和方式也开始调整。

1979 年 7 月，中共中央副主席、国务院副总理邓小平在中央外事工作会议上指出："应当肯定我国过去援助第三世界是正确的，我们国家经济困难，但是我们还得拿出必要数量的援外资金，从战略上讲，我们真正发展起来了，要用相当数量来援助，中国发展以后不要忘记这一点。在援助问题上，方针要坚持，基本上援助的原则还是那个八条，具体办法要修改，真正使受援国得到益处。"[①]依据自身实际力量，量力而行，借鉴国际上通行的有效做法，合理地安排外援支出，提升受援国自力更生的能力，是这一时期中国对外援助的新特点。1983 年初，我国提出了"平等互利，讲求实效，形式多样，共同发展"四项原则。1996 年 5 月，江泽民在非洲统一组织总部发表演讲时郑重宣布了与非洲国家合作的五点原则。2006 年 11 月举行的中非合作论坛北京峰会上，胡锦涛主席宣布了对非扩大援助规模、提供优惠贷款、免除债务、进一步开放市场、建立境外经济贸易合作区等八项经贸举措。近年来，中国对外援助的方式也在不断变化调整，其中军事援助逐渐减少，经济援助的形式越来越灵活多样，直接的物资援助和外汇援助比例不断下降，成套项目援助占的比重不断上升。

2015 年，习近平主席在联合国主持南南合作圆桌会议并发表重要讲话，为中国与发展中国家合作升级提供了新思想和新方向。在联合国发展峰会上，习近平指出，中国将继续秉持义利相兼、以义为先的原则，同各国一道为实现 2015 年后发展议程作出努力，实施包括设立"南南合作援助基金"，继续增加对最不发达国家投资，免除对有关最不发达国家、内陆发展中国家、小岛屿发展中国家截至 2015 年底到期未还的政府间无息贷款债务，设立国际发展知识中心等在内的多项重大举措。

中国实施对外援助对增强国际影响力起到了重要作用。在涉华国际斗争中，中国也得到了受援国的大力支持。1990 年以来中国先后数次在联合国人权会上挫败反华提案；从 1993 年 9 月 22 日第 48 届联合国大会总务委员会决定不

① 参见石林：《当代中国的对外经济合作》，中国社会科学出版社 1989 年版，第 70 页。

将中美洲7国提出的所谓台湾在联合国“代表权”问题的议案列入大会议程，至2008年9月17日第63届联合国大会总务委员会决定不将瑙鲁、冈比亚等极少数国家提交的所谓“台湾参与联合国专门机构活动”的提案列入联大议程，中国先后十几次挫败台湾当局参与联合国的图谋。这些外交斗争的胜利是与以中国受援国为主体的广大发展中国家的大力相助分不开的。此外，在中国申办2008年奥运会和2010年世界博览会的过程中，以及每年参加的在联合国有关机构和其他国际组织的重要职位的竞选活动中等，受援国都给予了中国宝贵的支持。

三、改革开放40年中国软实力国际影响力构建历程的启示

改革开放40年来，中国软实力国际影响力构建既有令人鼓舞的成就，也存在一些不足和缺憾，总结其中的经验教训对我们分析当前软实力国际影响力提升现状、在新时代进一步增强中国软实力具有重要启示意义。

（一）社会主义初级阶段基本国情是提升软实力国际影响力的立足点

党的十三大明确指出，我国社会已经是社会主义社会，但我国的社会主义仍处于初级阶段，这是我国的基本国情。社会主义初级阶段作为建设中国特色社会主义的总依据，是我们分析、思考问题，制定路线方针政策的基本出发点。提升软实力国际影响力同样也必须立足社会主义初级阶段基本国情。

虽然在改革开放初期中国没有形成明确的“软实力”观念，但的确高度重视了对外宣传工作，试图在国际社会中发出声音；虽然中国生产力水平落后，综合国力有限，但的确大力实施了对外援助，在第三世界国家阵营中赢得了一定声誉。可以说，对外援助是新中国获得国际认同、改善国际形象的重要手段。在改革开放之前中国经济发展水平和人民生活水平都比较低的情况下，这些援助虽然带来了一定的回报，但也给自身发展造成了较大的负担。在有些情况下，尽管中国作出了巨大的付出，但效果却并不理想，没有得到与之相匹配的、成比例的软实力回报。改革开放之后，中国逐渐调整了对外援助策略，从自身发展实际出发，量力而行，更加注重援助的实效性，在帮助受援国提升自身发展能力的同时，也获得了他们的支持和认可。因此，在今后的对外援助中，这一原则应当继续坚持。

认清国情是制定任何对内、对外政策的基本前提。中国软实力国际影响力的构建无疑要从自身的基本国情出发来为自己设定目标、规划任务。当前，中国的综合国力已经显著提升，提升软实力国际影响力的能力和意愿也随之增强，同时，国际社会越来越期望中国承担更多的国际责任。这些都是中国提升软实力国际影响力的有利条件。

习近平总书记在党的十九大报告中指出，中国特色社会主义进入新时代，我

国社会主要矛盾已经转化为人民日益增长的美好生活需要和不平衡不充分的发展之间的矛盾。但他同时也特别强调指出："必须认识到，我国社会主要矛盾的变化，没有改变我们对我国社会主义所处历史阶段的判断，我国仍处于并将长期处于社会主义初级阶段的基本国情没有变，我国是世界最大发展中国家的国际地位没有变。"[①]因此，当前中国的确应当顺应国际格局的演变和国际社会的期待，为国际社会的和平与发展、为打造人类命运共同体做出更多贡献，为自身软实力的提升创造更好的外部条件。但也要看到，中国仍然需要一个相当长的发展阶段才能缩小与发达国家的差距，使自身经济社会发展达到一个较高的水平，这就意味着中国很难超越国情在短时间内达到能够与美国这样的发达国家相比肩的软实力水准。提升软实力国际影响力仍然必须从这一实际国情出发，确定切实可行的战略目标，而不能超越中国自身的承受能力好高骛远，这是新中国60多年的软实力国际影响力提升历程给予我们的重要启示。

（二）改革开放增强综合国力是提升软实力国际影响力的内在基础

尽管软实力是以非强制性的方式作用于对象，它的构建既需要软实力资源的支撑，也离不开软实力手段的使用，拥有丰富的资源并不意味着就必然能够形成强大的软实力，但缺少资源构筑的基础，再高超的手段也没有用武之地。新中国成立之后的一个相当长的时期里，中国软实力发展一度处于相对滞后的状态，直到改革开放之后中国在制度性软实力和认同性软实力的构建方面才取得了明显的提升。

推动这一发展的因素是多方面的，既有中国从封闭到开放的转变推动了中国全面融入国际社会的影响，也与中国在对外交往中逐步淡化意识形态因素重新界定国家利益有关，但是归根到底，还是因为改革开放极大地解放和发展了社会生产力，显著提升了中国的综合国力，为软实力的构建提供了雄厚坚实的国力基础。回顾改革开放以来中国的软实力国际影响力提升历程，正是由于社会经济的发展，中国在世界经济中的影响力不断增强，中国才有可能将自己的经济政治理念贯彻到国际制度中去，有能力影响重要国际经济组织、机制，构建、改变国际规则，设置国际议程，获得更多的国际贸易、国际金融话语权。正是由于文化事业的发展，中国的文化产品才能畅销世界，并将中国优秀传统文化和当代价值理念传播到世界各地，赢得各国人民的喜爱。

综合国力是衡量一个国家基本资源和整体实力的重要的指标，它反映了一国经济、政治、军事、文化、科技等多个维度的综合性发展水平。当前，中国的综

① 习近平：《决胜全面建成小康社会　夺取新时代中国特色社会主义伟大胜利——在中国共产党第十九次全国代表大会上的报告》，人民出版社2017年版，第12页。

合国力虽然已经有了很大提升，各项社会事业也取得了巨大进步，但经济社会发展中的不协调、不平衡、不可持续的问题依然十分突出。尽管中国的经济总量稳步提升，但经济结构仍然不够合理需要继续优化，在世界经济体系中的影响力以及重要国际组织机制中设置议程的能力还需要进一步增强；尽管中国的民主政治建设获得了较大进步，但政治体制改革的任务仍然艰巨，国家治理体系和治理能力的现代化还需要继续推进，中国意识形态的国际吸引力、感召力有待提升；尽管中国的文化建设成就巨大，但社会主义核心价值观仍然需要培育、弘扬，文化产业还需占领时代的文化制高点，进一步发展壮大赢得更大的海外市场，增强中华文化的海外辐射力。

有效解决这些发展中的问题提升国家综合国力，夯实软实力国际影响力提升基础，必须继续推进改革开放。一方面，要在新的历史起点上全面深化改革，坚持改革的正确方向，处理好全面深化改革中的重大关系，进一步解放思想、解放和发展生产力，全面、协调推进各领域改革。另一方面，要适应经济全球化的新形势，继续扩大对外开放，实施互利共赢的开放战略，全面提高对外开放水平。

（三）顺应国际潮流把握时代机遇是提升软实力国际影响力的外部条件

通过非强制性、非胁迫性方式影响国际社会中的其他行为体是构建软实力国际影响力的基本指向和主要目标。国际潮流变化和时代主题变换直接影响着软实力国际影响力构建的具体目标、基本形式和实践路径。

20 世纪 70 年代末，中国开始了改革开放的新征程。这一时期的国际力量对比已经发生深刻变化，维护世界和平的因素日益增长，要求发展的国际呼声不断高涨，和平与发展成为不可阻挡的时代潮流。在利用国际资源、参与国际分工实现自身经济快速发展的对外开放过程中，中国也顺应和平与发展时代主题的要求，积极发展与世界各国的友好关系，改善国际形象，积极参与各层次、各领域的国际组织和国际机制，使中国软实力国际影响力不断增长。进入 21 世纪以后，新兴经济体国家和发展中国家力量不断增强，西方发达国家整体实力相对下降。尤其是国际机融危机之后，世界经济历经 10 年调整不仅没有如愿复苏，反而陷于结构性低迷。同时，逆全球化暗流涌动、民粹主义兴起、全球性问题加剧等新的挑战不断出现，进一步推动了整个国际格局和国际秩序的调整。近年来，已经成为世界第二大经济体的中国抓住国际力量对比变化、全球治理体系深刻变革的有利时机，顺应国际社会要求，通过倡导并推动“一带一路”建设、倡议并成功创建亚洲基础设施投资银行、积极开展主场外交举办重大国际会议等方式，主动适应和引领经济全球化，承担大国责任，推动构建人类命运共同体，为世界的和平与发展提出了一系列富有成效的中国方案，赢得了国际社会的普遍赞誉，大大提升了中国软实力国际影响力。

四、结语

总之，改革开放40年来中国软实力国际影响力的构建历程说明，只有顺应国际潮流、把握时代机遇，从基本国情出发，不断壮大自身综合国力，将自身软实力建设与世界发展趋势相结合，才能提高软实力国际影响力的针对性和实效性。随着中国日益趋向世界舞台中央，国际社会将对中国在国际社会中发挥积极作用的期待也将不断增强。中国应当积极总结以往软实力国际影响力构建的有益经验，充分利用和把握未来一个时期内全球经济秩序重构和世界政治格局重组的有利机遇期提升中国软实力国际影响力。

以制度建设引领新时代绿色发展方向

刘　斌

摘要：中国共产党十八届五中全会提出新发展理念，绿色发展理念就成为党在新时代长期坚持的发展理念。面对新时代复杂的国内外形势，尤其是国内社会主要矛盾发生全局性变化的背景，党从马克思主义中国化的角度，从发展完善中国特色社会主义制度体系的角度，从社会经济可持续发展的角度，从满足人民群众美好生活需要的角度，推进适合中国国情的有利于全面实现绿色发展的制度建设。这一过程中，党追求公平与效率的统一，将中国绿色发展实践与世界潮流相结合，不断加强法制建设为绿色发展保驾护航，建立完善的科学的考核指标体系为绿色发展指引方向，还要求各级党政机关提升行政能力为绿色发展注入动力。

关键词：绿色发展理念；绿色发展；制度建设；中国国情

作者简介：刘斌，山东师范大学马克思主义学院讲师，研究方向为马克思主义中国化。

新中国建立以来，在探索社会主义建设规律的过程中，日益建立起完善的制度，尤其是中国特色社会主义制度，“是当代中国发展进步的制度保障，集中体现了中国特色社会主义的特点和优点”[①]。邓小平对此也有很多论述，他强调中国不搞社会主义就“必然退回到半封建半殖民地”，认为“只有社会主义制度才能从根本上解决贫困问题”，“只有社会主义才能有凝聚力，才能解决大家的困难，才能避免两极分化，逐步实现共同富裕”。[②]

中国特色社会主义制度体系是马克思主义中国化理论的重要组成部分，具有与时俱进的品质，它要在不断发展的社会实践中不断丰富和发展。同时，它又

① 石仲泉：《邓小平与中国特色社会主义制度的建立》，载《毛泽东邓小平理论研究》2014年第7期。

② 石仲泉：《邓小平与中国特色社会主义制度的建立》，载《毛泽东邓小平理论研究》2014年第7期。

指导保证了中国特色社会主义事业的永续发展。尚在改革开放初期，邓小平就针对经济快速发展的形势提出政治体制改革的重要性。他说："不改革政治体制，就不能保障经济体制改革的成果，不能使经济体制改革继续前进，就会阻碍生产力的发展，阻碍四个现代化建设。"①在改革开放中，党进一步推进"社会主义制度自我完善和发展，在政治、经济、文化、社会等各个领域形成一整套相互衔接、相互联系的制度体系"②。同时，其中的一系列具体制度"符合我国国情，顺应时代潮流，有利于保持党和国家活力、调动广大人民群众和社会各方面的积极性、主动性、创造性，有利于推动经济社会全面发展，有利于维护民族团结、社会稳定、国家统一"③。中国特色社会主义制度体系是内含着经济、文化、政治、社会各项体制在内的制度体系。

一、推进制度建设要与中国实际情况相结合

绿色发展是党在今天治国理政的重要发展理念，健全绿色发展的各项制度也是中国特色社会主义制度体系发展变化的重要组成部分。因此，健全绿色发展的制度建设必须以中国特色社会主义制度为基础，在具体体制上吸取发达国家推进环境治理以及转变发展方式的经验教训，最根本的是要根据中国国情的发展实践进行创新。

第一，健全绿色发展的相关制度要从中国特色社会主义制度体系建设的全盘进行考虑，其本质是对中国特色社会主义制度体系的丰富和发展，不能与本质相违背。中国特色社会主义制度是以马克思主义为指导，在社会主义建设中丰富发展起来的制度体系，其本质最主要的表现在于其"人民性"，坚持以人民为中心的理念，服务于不断满足人民群众的各层次民生需要，并促进人的全面发展。在社会主义国家，人类创设的制度必然要服务于人的全面解放和全面发展、人类社会的永续繁衍。同时，制度又必然压抑人的本性欲望，要求人类"有条不紊地牺牲力比多，并把它强行转移到对社会有用的活动和表现上去"④。

首先，完善推进绿色发展的相关制度，要与中国特色社会主义制度建设整体统筹考虑，必须从发展完善健全中国特色社会主义制度的角度推进绿色发展的相关制度建设，而不能另起炉灶，更不能照抄资本主义国家推进社会发展和环境治理的基本制度。在这一过程中，要深刻认识社会主义发展制度与资本主义发

---

① 《邓小平文选》第3卷，人民出版社1993年版，第176页。

② 中共中央文献研究室编：《十七大以来重要文献选编》(下)，中央文献出版社2013年版，第436页。

③ 中共中央文献研究室编：《十七大以来重要文献选编》(下)，中央文献出版社2013年版，第437页。

④ 陈朝宗：《制度学理论与我国制度创新实践》，中共中央党校出版社2008年版，第165页。

展制度的本质区别，才能坚定中国特色社会主义制度建设的方向，消除资本主义发展制度的负面影响。其次，关于绿色发展的相关制度建设必须着眼于以人民为中心，着眼于人的全面发展以及人的现实需求满足。在这个过程中，要从全体人民群众的利益出发，不能局限于某个人某个群体的发展需求，更不能一味地支持某些资本所有者尤其是外国资本所有者关于绿色发展的理解和对策建议。

第二，推进制度建设要服务中国国情，兼顾公平与效率的统一。新中国建立以后，中国转入以经济建设为中心任务的大发展时期，这是由中国国情及社会主要矛盾决定的。在七届二中全会上，毛泽东就庄严宣告了将恢复和发展城市中的生产作为中心任务。十一届三中全会也要求把党的工作中心转移到经济建设上来。即便在我国社会经济建设已经取得较大成就的背景下，十九大依然要求全党“以经济建设为中心……为把我国建设成为富强民主文明和谐美丽的社会主义现代化强国而奋斗”①。因此，关于绿色发展相关制度的建设一定要关照这个国情，不能放弃经济持续中高速发展这个基本目标。同时，还要关注公平与效率的关系。在资本主义社会，效率是资本的唯一目标，因此其引发的社会矛盾越来越多，也越来越尖锐。在改革开放初期，一方面受困于较为落后的社会发展情况，曾一度坚持效率优先，兼顾公平，推进了社会生产力的飞跃式发展。另一方面，社会主义本质又要求实现公平、正义，因此在社会经济已经取得较大发展，社会矛盾又日渐尖锐的情况下，我们党将公平摆在更加凸显的位置。中共十七大即指出：“把提高效率同促进社会公平结合起来，初次分配和再分配都要处理好效率与公平的关系，再分配更加注重公平。”②推进绿色发展，是党转变发展方式，更加凸显社会公平的一个重要契机。首先，相比较于成熟的传统的工业经济，人力资源在其中起着更大的作用，这必然会刺激企业及其他机构更加重视提高工人的收入水平。其次，绿色发展要求政府提升调控的力度，并管控资本的暴力增殖属性，这样的举措有利于提升工人收入在社会总收入中的比例。再次，绿色发展致力于向全体人民群众提供高质量的物质文化生活，其本身就具有普惠性，能够彰显其公平性。比如，绿色发展理念注重对落后贫困地区自然资源的恢复、改造或者有限度的开发，有利于扶贫工作的开展，进而实现社会公平。

第三，推进制度建设要将中国的实践经验与世界潮流相结合。中国共产党既善于总结自身实践的经验教训，又善于借鉴他国的经验教训，这是中国革命和建设取得胜利的重要原因。中国特色社会主义制度既是在中国改革开放的实践

① 习近平：《决胜全面建成小康社会　夺取新时代中国特色社会主义伟大胜利——在中国共产党第十九次全国代表大会上的报告》，人民出版社 2017 年版，第 12 页。

② 中共中央文献研究室编：《十七大以来重要文献选编》(上)，中央文献出版社 2009 年版，第 8 页。

中逐渐丰富完善的，又顺应了世界的趋势和潮流。比如中国特色社会主义基本经济制度既推进了中国的经济发展，又顺应了经济全球化的趋势，既是中国经济、政治实践经验的总结和升华，又引领了发展中国家经济发展的潮流。比如越来越多的国家开始注重政府对经济的调控，政府的职能越来越丰富，因此关于绿色发展的制度建设既要总结中国的发展经验，又要借鉴其他国家的经验和教训。

推进制度建设，首先要总结中国发展的经验和教训，要着眼于解决社会主要矛盾。新中国建立以来，只要党正确判断国内社会主要矛盾，并以此推进制度建设就能促进社会经济的迅速发展，否则就会造成发展缓慢甚至停滞。虽然发达国家在发展程度上要远远领先，但是其推进发展的制度建设则着眼于其国内的社会主要矛盾——阶级矛盾。因此，对于发达国家关于发展的经验教训要批判借鉴，而不是全面照搬。新时代，中国社会主要矛盾发生全方位变化，人民对美好生活的需要不断提高，要求党不断总结经验教训，加强制度建设，推进绿色发展。其次，要将中国的发展与世界潮流相结合。中国的发展与世界潮流相一致。当今世界的主题是和平与发展，只有和平才能为中国以及整个世界塑造快速发展的良好环境，也只有可持续发展才能维护世界的长期和平。从世界来看，发展中国家是渴望和平与发展的，是世界的主要构成力量，而发达国家却有着更多的限制他国发展的冲动。因此，中国推进绿色发展的制度建设，一定要与世界追求和平与发展的大趋势统一起来，而不能片面地对霸权主义妥协。

二、加强法治建设，为绿色发展保驾护航

依法治国是中国共产党治国理论的基本方略。新中国建立后，党就特别重视法治建设。法，既能保证社会建设的有序进行，又能为其发展指明方向目标。以新中国最早颁布的《中华人民共和国婚姻法》为例，第一章第 1 条就严正指出“实行男女婚姻自由，一夫一妻，男女权利平等的婚姻制度”为新中国社会秩序的改革指明了方向，其中第八章第 26 条“违反本法者，依法制裁”的规定为新式的男女关系提供了保障，也因此新中国的妇女解放走在了世界前列。绿色发展作为党在新时期的发展理念，也应该以立法、司法的形式加以保障，也能够推进中国的绿色发展走在世界前列。

（一）加强立法，明确绿色发展的方向

从总体来说，中共十九大已经指明了绿色发展的方向：建设富强民主文明和谐美丽的社会主义现代化强国。同时，绿色发展又是具体的落实到各层面的发展实践，因此必须要确定社会与个人明确而具体的实践目标。中外工业发展中的经验教训引导中国共产党领导了大量的立法工作，既制定了综合性的环保法律，又颁布了不少单行的环保法律法规。比如最基本的《中华人民共和国环境保

护法》第一章第1条提出了环境保护的基本方向:"保护和改善环境,防止污染和其他公害,保障公众健康,推进生态文明建设,促进经济可持续发展。"[①]单行的《中华人民共和国森林法》第一章第1条规定其基本目标是"为了保护、培育和合理利用森林资源,加快国土绿化,发挥森林蓄水保土、调节气候、改善环境和提供林产品的作用,适应社会主义建设和人民生活的需要"。《中华人民共和国清洁生产促进法》第一章第1条规定:"为了促进清洁生产,提高资源利用效率,减少和避免污染物的产生,保护和改善环境,保障人体健康,促进经济与社会可持续发展。"即便不含地方性法规,关于环境保护的法律法规亦有上百部,基本上形成了全覆盖的环境保护的标准,为大多数行业的节能环保提供了方向。从以上条款可以看出,环境治理总是与经济发展、与人的发展紧密联系在一起,任何的环境治理都是为人类社会服务的。同时,推进绿色发展的立法工作仍然有进一步发展完善的空间。

第一,随着社会经济发展的推进,法律不能覆盖的产业行业会随时出现,中央及地方立法部门要及时关注并制定相应的法律法规。新兴行业由于缺乏政策引导和法令制约,主要由市场机制调配资源,很容易出现野蛮生长的情况,这种短时的异化投资和消费会直接或者间接地破坏生态环境。近年来快速发展的新兴行业已经深刻地印证了这一点。以深入群众生活的外卖行业来看,巨量的包装在生产和处理过程中造成重大的资源浪费和污染。再以高科技的按产业为例,由于法律法规不健全,导致没有核心技术的企业大量涌入,生产的新能源车辆在舒适性、续航能力、耐用程度等方面均不能满足人的基本需要,既是对资源的严重浪费,也会透支人民群众对新兴产业的支持。因此,加强环保立法就是要起到引领作用,要在某个行业发展之初预估其发展情况,积极地从法治角度进行规范。如果大规模的资源浪费和环境污染出现,就会加大治理的难度。

第二,对低能耗排放产业发展的立法尚不能满足需求。"十三五"规划中专门提出发展绿色环保产业,将环保产业的建设提升到治国理政的新高度。但是尚未有专门的针对环保产业的立法,也就无法界定环保产业的范围、发展方向以及各级政府的支持力度,不利于提高企业的积极性。另外,关于高科技企业创立和发展,传统产业技术升级等相关的法律法规也不甚完备。虽然关于科技发展的法律法规也越来越多,《科学技术进步法》规定了科学技术在现代化建设中的优先发展地位,还有《促进科技成果转化法》《关于促进科技成果转化的若干规定》等等,但是尚没有设立更加明晰完善的单行法。由于法律法规的相对不完善,而且现有的某些规定又缺乏约束力,甚至朝令夕改,既不利于为这些企业创

① 1989年《中华人民共和国环境保护法》第一章第1条(2014年修订)。

造良好的政府支持环境、融资环境，也不利于相关企业的发展。

第三，对不符合新时代绿色发展的法律法规进行修订。有的法律法规颁布时间较早，甚至有的是20世纪80年代颁布的，其中提出的思想和举措已经严重不符合快速发展的新时代中国社会。如果法律法规条文对于补偿或者奖惩较低，就不利于发挥法律法规的调控作用。比如《中华人民共和国防沙治沙法》是2003年开始实施的，《山东省建设项目环境保护管理办法》1987年实施后一直沿用30年，直到2017年才重新修订。也正是这个原因，有的法律法规规定的违法处罚金额非常低，因为违法成本低，所以就起不到震慑作用。比如1983年颁布的《中华人民共和国海洋石油勘探开发环境保护管理条例》中关于违法处罚的条款："（一）对造成海洋环境污染的企业、事业单位、作业者的罚款，最高额为人民币十万元。（二）对企业、事业单位、作业者的下列违法行为，罚款最高额为人民币五千元：1.不按规定向主管部门报告重大油污染事故；2.不按规定使用化学消油剂。（三）对企业、事业单位、作业者的下列违法行为，罚款最高额为人民币一千元：1.不按规定配备防污记录簿；2.防污记录簿的记载非正规化或者伪造；3.不按规定报告或通知有关情况；4.阻挠公务人员或指派人员执行公务。"①以上罚款额度在20世纪80年代初期尚可算作高额，而在今天已经无法起到有效的惩戒作用。这些情况决定了修订现行法律法规的必要性和紧迫性。只有加紧修法，才能使法令条文更有针对性地指导当前的环保实际情况。只有加紧修法，才能一定程度上制止资本暴力谋取剩余价值的冲动。

以上情况决定了加强立法的必要性，要根据实际情况修订已经颁布的法律法规，颁布新的法律法规，使得法律法规真正起到规范人的行为，惩罚破坏环境的违法行为，保护鼓励人民自觉守法，自觉维护生态平衡。

（二）要明确责任，奖罚分明清晰，公正司法，保障法律法规的执行和尊严

执法司法实践中需要解决的问题很多。比如，我国环境执法机构设置不合理。环境保护执法对知识素质的要求非常高，但是在现实中，中央和省市执法力量雄厚，区县执法力量薄弱，乡镇一级甚至没有执法人员，呈倒金字塔结构，事实上农村和城郊的污染状况最为严重，基层执法力量的不足导致环境法律实施困难。对此，加强环境执法队伍建设特别重要，要利用学习培训等方式加强对基层执法人员的培养，使他们的意识能力迅速提高，还要通过政策引导、收入吸引等方式吸引越来越多的大学生加入基层执法队伍。还要加强基层执法队伍的硬件建设，提高其执法能力。

政府干预环境保护执法的情况也不少。在有的地方，经济欠发达，即便是重

① 1983年《中华人民共和国海洋石油勘探开发环境保护管理条例》第27条。

能耗污染企业也是当地解决就业、促进经济发展以及纳税的重要力量，这就导致不少地方政府出现干预环境治理执法的情况。对此，要建立地方政府与执法力量相对独立而又密切合作的机制，真正理顺关系。二者相对独立才能保证执法队伍公正执法，严格执法，互相合作才能使执法队伍了解地方政府保证民生的执政目的。地方政府也要了解可持续发展的紧迫性和必然性。最重要的是改变某些地区产业单一的情况，真正建立绿色发展机制。改变以高能耗污染单一产业为主的发展布局，才能有效破除这一困局。

某些法令条文造成司法实践的困境。法令条文以言简意赅为重要标准，但是有时确实造成司法上的困境。比如《最高人民法院关于审理环境民事公益诉讼案件适用法律若干问题的解释》规定："社会组织有通过诉讼违法收受财物等牟取经济利益行为的，人民法院可以根据情节轻重依法收缴其非法所得、予以罚款；涉嫌犯罪的，依法移送有关机关处理。"[①]但是在司法实践中，有时很难分清"谋取经济利益"和"维持生存"。这就要求提高司法实践中的主动性和创造性，以上述案例为例，由于不同地区的经济发展水平不同，最低工资标准不同，因此司法实践中要根据实际情况正确区分"谋取经济利益"和"维持生存"的区别，而不能一刀切，一味地以法令条文限制而不作为是错误的。

面对环境保护立法执法司法中的困境，加强立法已经成为社会可持续发展的迫切要求。首先，要根据新情况和新问题，并借鉴西方发达国家的经验教训，对相关法律法规进行完善修订，为民众守法和环保部门执法确定明确的目标和方向。其次，要建立一支专业的执法队伍。由于在一个较长的时期内环保部门处于弱势，导致执法力量建设也比较落后。因此，根据相关专业吸引越来越多的人力资源就成为迫切的任务。

三、建立科学的考核指标体系，为绿色发展指引方向

考核是上级对下级关于目标任务（尤其是近期目标任务）完成情况的考查。设立科学的考核指标，有利于下级确定明确的工作目标并做出成绩，设立考核目标并作为干部的选拔依据，有利于调动下级各部门的积极性及竞争性，既有利于社会发展，也有利于干部的平稳晋升。在中国特色社会主义建设中，虽然我们的总体目标是促进人的全面发展，满足人的各项民生需要，但是这种目标又可以分解为各级各类小目标，而且根据不同的社会发展阶段，有轻重缓急之分。

改革开放以来，为了适应经济快速发展、经济总量快速增加的需要，党对各级干部的主要考核指标即为GDP，以此为基础又可以分为工业产值、农业产值、

---

① 2014年《最高人民法院关于审理环境民事公益诉讼案件适用法律若干问题的解释》第34条。

人均收入等诸方面。虽然在官方的文件中并未正式承认以GDP作为主要考核指标，但是从实践中可以看出GDP较高地区提拔起来的党政领导干部比例更高基本印证了这个问题。这种考核体系激发了党政干部推进本地区经济发展的积极性，当然不可否认其中的不足也非常明显。很明显的就是为了提升GDP而不合理地开发利用自然资源，甚至出现地方政府抵制环保部门调查执法的情况。如果说在改革开放初期这种情况有其存在的必然性，在社会主要矛盾发生重大变化的新时代，这种做法无异于涸泽而渔，置中华民族于危机而不顾。面对绿色发展日益凸显的新时代，必然要求转变中央对地方的考核指标体系，推进美丽中国建设。

总体来说，从根本上改变传统的以GDP增长作为干部考核的指标，而将绿色发展的一揽子方案设计成一个科学而有效的考核指标体系，确定各项指标在其中的分量和比例，使各级党政干部逐渐改变僵化地看问题的思想，从根本上改变唯GDP的思想，而是综合全面地分析社会发展情况。

(一)保证经济发展情况在整个指标体系里占最高权重

经济发展情况代表了人类改造自然、创造物质财富的能力，是衡量人类社会发展程度的最基本依据，经济发展情况决定了人类自我满足、自我实现的情况。

物质生产是人类最基本的生产部门。物质需要是人类最早出现的生理需要，也是人类与动物最为相似的地方，这是人最基本的需要，因此人类的生存发展必然要由物质生产开始。随着社会发展，人类对物质生产的需要没有止境，从采摘狩猎到畜牧农耕，再到工业化大生产，人类的物质生产由于人的需要而不断发展，在量与质的需要上持续提高。在这一进程中，人民在实现自我满足的同时，不断产生新的物质文化需要，这种需要通过经济发展进一步满足。物质生产能力是衡量一个国家和地区发展程度的最基本依据，虽然当前综合国力的竞争包括经济、政治文化诸方面，但是最基本的物质生产情况决定了其他诸方面。一个经济发达发展迅速的国家必须在国际社会上起到越来越大的作用。

绿色发展理念是一种推进社会经济可持续发展的发展观，因此促进经济发展是其应有之义，而其中的环境治理是实现社会经济发展的有效手段，这就决定了经济发展必须占最高权重。再加上满足人的各层次民生需要、解决各种社会矛盾都需要经济发展，因此在考核指标中必须特别重视经济的增量问题，否则就会造成社会的倒退。

(二)根据主体功能区建设规划进行考核指标体系的设计

主体功能区建设是推动社会可持续发展的实现路径，它在新时代着眼于不同地区对经济发展的要求，以实现当地快速发展，满足人的需要为目的。由于各地生态环境、能源储备、交通情况等存在重大差异，根据当地生态情况推进产业发展，既可以发挥当地的资源优势，而且有利于保护当地环境，促进社会发展。

党在新时代推进主体功能区建设自然要为党在新时代的主要任务服务——不断解决新时代的社会主要矛盾。因此，新时代的主体功能区建设是为全体人民服务的，要形成全国环境的治理与平衡。具体来说，主体功能区建设规划以生态环境的容纳度为基础，要求当地根据实际情况发展第一、二、三产业，主要是从全国进行产业统筹布局，而不是要求各地都实现三个产业均衡发展。这就要求对适合第一产业发展的地区就要注重第一产业的权重，适合第二产业发展的地区就要注重第二产业的权重。同时，还要在指标体系中注重高科技的利用率，注重不同产业发展对民众收入的影响，进而满足民众的需求。

（三）把环境保护作为考核的重要指标

保护环境就是保护生产力，只有真正把环境治理做好才能推进经济可持续发展。环境的治理程度直接关系到经济发展程度。观察世界上发达国家和地区，其生态环境普遍优于快速发展的发展中国家和地区。

环境保护与治理是社会经济可持续发展的基础，以其为基础建立考核指标引导党政领导干部重视环保的积极性，是推进制度建设的应有之义。首先，要鼓励各级党政领导干部积极推进企业采用或升级低能耗排放技术。这些指标明确了地方政府在环境保护中的主体地位，因此必然能激发其积极性，并在这方面提高各级党政领导干部为企业尤其是为高科技企业分服务的意识。其次，要核定地方的环境治理具体指标。在环境污染日益严重的情况下，超过自然环境可容纳度的情况比较普遍和突出，因此加强治理考核就非常重要。不但要注意对现象突出的污染进行治理，表现不明显但是非常严重的比如土壤污染更要关注，推动各地切实提出有效的治理措施与路线图。

（四）以人民群众的满意度作为最根本的考核指标

在资本主义国家，任何的发展都是为资产阶级服务的，因此其推进环境治理虽然在一定程度上满足了人民对优美环境的需要，但是在本质上仍然是为了满足资产阶级持续获利的需要。中国共产党以马克思主义为指导，其领导中国革命与建设最根本的是要满足人民群众的需要，因此就决定了要把人民群众是否满意作为最根本的评价标准。

随着社会经济的迅速发展，人民群众的民生需要发生重大改变，不仅有由量到质的持续提高，而且需求的范畴日益扩大，因此对人民群众的满意度进行调查，既要涵盖其民生需要的各个方面，进而考核指标设计要能综合反映民众的基本情况，同时又要充分调研人民群众的各个群体、各个阶层的不同需要，由于民众的收入不同、知识结构不同、职业不同，其民生需要也不尽相同，比如高收入群体更加重视物质需要上质的提升，低收入群体更加重视物质需要上量的提升，一定要防止少数既得利益群体把持话语权，使党难以听到劳动群众的声音，还要防止既得利益群体利用自己的话语权将少数群体的诉求渗透到普通民众的思想中。另外，关于人民满意度的调查要由第三方非营利机构开展，既防止公权力影响调查的公信力，又防止调查结果被既得利益群体左右。

四、提升政府行政能力，为绿色发展注入动力

现代社会的发展要求政府发挥关键性的调控作用，因此党政机关在新时代如何提升推进绿色发展的行政能力就成为非常重要的问题。

（一）中国党和政府的行政能力不断提高

中国党政机构的组织形式决定了中国政府能够更好地调控社会经济，进而实现党和人民群众在各个层次的发展目标。

中国共产党特别重视对社会主义建设事业的领导，特别重视政府对社会发展的整体规划和调控。其中经历了几次飞跃式发展。第一次是从局部执政到全国执政。由于社会主要矛盾及其他矛盾发生重大变化，从原来的贫困落后地区到开始管理大城市，从主要面对农民和地主到开始关注城市工人的利益以及私人资本家的需要。面对新形势，党重视调查研究，提出不少新理论，促进了马克思主义与中国实际第二次结合，不但在理论上提高了政府的行政能力，而且在实践中维护了社会稳定，促进了经济发展，满足了人民需要。第二次飞跃是从"文化大革命"到改革开放。中国与资本主义世界体系的联系越来越密切，在不断完善社会主义市场经济体制中，党和政府逐渐学会与资本打交道，学会为资本的正面作用服务。因此，面对不同的发展情况，党政机关及党员干部都能够有针对性地提高自己的行政能力，促进社会发展。由于中国整体缺少资金技术，社会生产力发展落后，因此最早开放的东部沿海地区向国外以及港澳台的过剩资本伸出橄榄枝。由于当时中国各级官员对国际习惯不了解，而国外对中国的情况也不了解，所以一开始的招商引资大费周折。随着沿海经济的发展，中西部地区也开始走上招商引资的道路。由于地方政府全力为招商引资服务，创造了良好的生产环境，解决了企业的现实困难，有利于社会经济的发展。

（二）深化推进绿色发展的行政能力建设

中国共产党领导的社会主义政权具有相当高的行政能力，可以根据时代变化不断学习新事物，以集体的力量为社会发展注入动力。在绿色发展的背景下，党政机关必须进一步加强学习，提高推进绿色发展的行政能力，为绿色发展注入动力。

第一，各级党政机关要深化对绿色发展理念与实践的理解，加强队伍建设，组成一支核心的领导力量。首先，要充分理解我国绿色发展理念的本质及其与

环保理念的关系，与外国发展、环保理念的异同，树立可持续发展的决心和信心。其次，扩充相关人才队伍建设。地方党政机关在一个相当长的时期内习惯于粗放型发展方式，尤其是关于环境治理的专业人才匮乏，既欠缺专业性，又欠缺严谨性，不利于服务当地企业，不利于推进当地绿色发展，要采取引进与培养并举的方式逐渐解决这个问题。

第二，各地各级党政机关要群策群力推进绿色发展。绿色生态与经济发展是辩证统一的，决不能在实践中形成难以融合的两张皮，比如环保局专管环境治理，其他机构专管自己负责的经济建设相关工作。既要绿色发展专业化，又要绿色发展综合化。改革开放之初，各地为了适应经济发展的新形势，不但成立了专业化的招商局，而且为每个职能局甚至四大班子分配招商任务，用奖惩结合、以奖为主的方式引导整个党政机关为招商引资服务。在绿色发展实践中，只有当地主要领导干部起到模范带头作用，才能创造良好的绿色发展环境，并化解经济发展与绿色环保两张皮的情况，相关经济部门在预算时牢记环保，环保部门在治理中牢记社会承受力及民生需要。

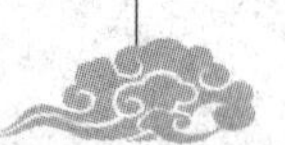

市场经济、社会结构与国家的作用

——卡尔·波兰尼"大转型"思想的时代价值及其反思

李新廷

摘要：卡尔·波兰尼以欧洲（尤其是英国）近现代社会转型史研究为基础，完成了其扛鼎之作《大转型：我们时代的政治与经济起源》。在书中，波兰尼阐述了大转型给这一时代所带来的文化、社会、经济、政治等苦难，认为正是自发调节的市场和市场"脱嵌"于社会造成了这些苦难，提出要让自发调节的市场再嵌入到社会中这一反向保护运动来消除社会大转型所带来的各种苦难。波兰尼的"大转型"思想将市场经济作为考察的基础，重视了市场经济的重要性尤其是对传统社会的结构带来的社会转型，又揭示了市场经济的缺陷，批判了市场原教旨主义和经济学帝国主义，进而阐明了市场的非自足性，强调了政府干预的必要性，因而对当下市场经济蓬勃发展的时代具有重要的时代价值。但其思想的内涵中市场与反市场的双向运动仅是市场脱嵌于社会的表象，在其背后还有着深层次的根源。因而，需要转变政府指导的思想，圈定政府发挥积极作用的方向、范围和限度，才能顺利地推动社会的转型。

关键词：卡尔·波兰尼；市场经济；社会转型；政府干预；双向运动；脱嵌

作者简介：李新廷，山东师范大学马克思主义学院讲师，政治学博士，研究方向为比较政治学及中国政治。

一、问题的提出

市场经济时代是一个急速变革的时代。市场经济的产生和发展给我们带来了巨大的繁荣，"这个繁荣是如此巨大，以至于它注定要改变的不仅是一个民族，而是整个人类的生存方式"[①]。在市场经济的带动下,我们挥手告别了传统时代的种种局限,大步迈向了现代化热情洋溢的怀抱之中。于是,现在人们正日益享受着变革带来的有益成果,甚至幻想着市场经济能够解决一切问题,造福于人类,并放言"人类已经将进步的时代踏在了脚下"。这个变革的时代同时也意味着是一个转型的时代:从农业文明迈向工业文明,从传统社会转向现代社会。在共享文明成果的同时,我们发现,这个时代的转型同时带给了我们不可避免的转型苦难。市场经济的"自发生长"和"外在扩展"自西向东冲击了整个人类社会。这种全新的生活生产方式日益瓦解着原有的社会结构,解构了传统秩序,造成了社会的全面失序,出现了结构性的大震荡。在人们一边扬言"将进步的时代踏在脚下"洋洋自得时,又不得不咽下这场转型苦难为人类酿出的涩酒。

正是在这个意义上,波兰尼站在社会主义的新立场上在《大转型:我们时代的政治与经济起源》[②]一书中通过对市场经济沉浮史的考察,指出自发调节的市场经济导致了原本"嵌入"社会之中的市场产生了"脱嵌"于社会的倾向,"它意味着要让社会的运转从属于市场。与经济嵌入社会关系相反,社会关系被嵌入在经济体系之中"[③],由此给整个人类带来了全方位的社会苦难。波兰尼认为只有通过"反方向保护运动"和"再嵌入"才能消除社会苦难,推动社会的大转型。波兰尼的这一"大转型"思想具有重要的时代价值,但是其中也有无法解释的问题,诸如:为什么市场经济在各国所造成的冲击程度不同?政府的保护性反向运动能否消解市场经济的破坏作用?政府的干预能否将市场再嵌入到社会中?它们如何解释市场经济在今天的成功运行?这需要我们进行深刻的反思,从而为政府的必要干预提供理论思考的方向。

二、波兰尼"大转型"思想的时代价值

(一)作为时代大转型基石的市场经济

波兰尼的主要贡献在于他超越了资本主义与社会主义之间的传统辩论,将

---

① [匈]卡尔·波兰尼:《大转型:我们时代的政治与经济起源》,冯钢、刘阳译,浙江人民出版社2007年版,第90页。

② 卡尔·波兰尼的 *The Great Transformation: The Political and Economic Origins of Our Time* 初版于1944年,后于1957年、2001年再版。本文参考的是浙江人民出版社2007年根据Beacon Press (Boston,2001)最新版翻译的中译本。以许宝强、渠敬东选编的《反市场的资本主义》(2001)一书的出版为标志,国内学术界对波兰尼与《大转型》的关注、研读和讨论不断升温。随着2007年《大转型》在中国大陆正式出版,由斯蒂格利茨(Joseph E. Stiglitz)、布洛克(Fred Block)等人所倡导的"回到波兰尼"似乎正在国内学术界成为一种呼之欲出的思潮。(参见 http://www.douban.com/group/topic/7680073/)

③ [匈]卡尔·波兰尼:《大转型:我们时代的政治与经济起源》,冯钢、刘阳译,浙江人民出版社2007年版,第50页。

目光聚焦于市场经济，通过考察市场经济的沉浮史来追述我们时代的政治与经济起源，阐述这场时代大转型的整个过程。

波兰尼指出我们正处于一个急速变革的时代，导致变革的基础性因素在于市场经济体系的形成与扩展。也许通过对比过去与现在，我们可以更好地了解这个翻天覆地的变化，科学技术、经济社会、医疗卫生、文化知识、政治结构等等，在市场经济的带动下，挥手告别了传统时代的种种局限，大步迈向了现代化热情洋溢的怀抱之中。然而，这种全新的生活生产方式同时日益瓦解着原有的社会结构，解构了传统秩序，造成了社会的全面失序，出现了结构性的大震荡。对于社会苦难的关注，波兰尼认为发生于19世纪的这场时代大转型所带来的这些困境的根源在于自我调节的市场。在这种严酷现实的催化下，我们不得不去关注这场转型的风险，不得不深入研究市场经济，不得不从对它怀有的浪漫化幻想中惊醒过来。

波兰尼并不是要否定市场，他所批判的是所谓“自发调节”的市场经济，所提倡的是社会市场而不是市场社会，从而把市场经济重新嵌入到社会中来。总之，在对市场社会和自发调节的市场经济的批判基础之上形成了他对社会主义的新立场。在波兰尼看来，“社会主义就是使凌驾于社会之上、支配整个社会运作的自我调节的市场经济重新受社会的支配(社会主义是工业文明的先天倾向，这倾向企图以有意识地将自我调节的市场从属于一个民主主义的社会的方法来超越自我调节的市场)”，“他的社会主义理想的核心是改变市场社会”。[①] 在这种社会主义的新立场中，波兰尼并非要取消市场，而是将市场经济置于社会主义原则的支配之下。作为新时代占主导地位的资源配置方式，市场经济已成为这个时代不可绕过的发展主题，已成为这个时代文明的物质基础和组织方式。

(二)市场经济缺陷的揭露

市场经济虽然给整个人类带来了积极的变化，但是在其运行过程中也日益暴露出其丑陋的一面。波兰尼对于市场经济考察的重点并不在于它所产生的积极影响，而是着重于市场经济推动的社会转型过程中所带来的社会苦难。正是对于“百年和平”消逝、两次世界大战、法西斯主义兴起的原因追问中，波兰尼发现了自我调节的市场经济体系的丑陋性一面。在市场经济这个“撒旦的磨坊”中，它煽起了人们的私欲。它使人们完全基于“经济人”假设基础之上追逐私利，不顾普遍的社会道德，把人从文化制度层面剥离出去，把人从其所嵌入的社会关系中拖拽出来，造成了大众的“非人化”，从而催生了一场巨大的经济社会灾难。私欲与不受约束的权力的结合，必然滋生了权力设租、寻租的生存空间，导致腐

① 周建明:《博兰尼的社会理论与启示》，载《毛泽东邓小平理论研究》2000年第6期。

败丛生、市场和人性的扭曲。再者，为保持正常的运转，市场经济以极快的速度消耗着地球上的资源，如果没有相关的措施和制度的话，市场经济还会造成对不可再生资源的靡费，“它会摧毁人类并将其环境变成一片荒野”，“毁灭性地威胁到人类自然的栖息地”。[①]

(三)市场经济对传统社会的破坏与解构：结构性大震荡的原因

当我们考察全世界各国市场经济转型之路时，不难发现他们各自的奋斗道路上充满了曲折和荆棘：转型之路伴随着社会的结构性震荡。市场经济以及相伴而生的一整套全新的社会体制，无论是从传统社会中自发形成，还是人为地由外部引入或强加的，无论对于“早发型”国家，还是对于“后发型”国家而言，总是或多或少、或重或轻地造成了原有社会的结构性震荡，冲击了原有的社会秩序，引发了一定程度的社会失序和失范。站在时代的前沿，我们注意到，这种结构性大震荡的原因在于市场经济作为一种全新的生产生活方式在各国的“扎根、开花、结果”都在相当程度上冲击了传统社会。要建立市场经济，就意味着对传统社会结构的破坏和解构。走向市场经济的转变也即意味着朝向新的社会结构的时代转型。可以这么说，各国结构性震荡在一定程度上是通往市场经济这场声势浩大的时代转型的伴生物。市场经济对于传统提出的重大的挑战意味着市场经济不管原有的社会文化、制度、结构、传统等如何，必然要求建立一个全新的适应自己发展生存的相应的基础。全新的社会结构的形成，意味着要摧毁传统的生产生活方式，冲击传统的社会秩序，瓦解原有的社会结构。

(四)对市场原教旨主义和经济学帝国主义的批判

在《大转型》中，波兰尼对于自发调节的市场经济乌托邦的批判在一定程度上冲击了市场原教旨主义和经济学帝国主义的论调。市场经济自产生以后在各国取得了巨大的成功，以至于人们对市场经济的自发调节产生了盲目的乐观和自信，认为自发调节的机制可以无所不能，并把这一机制扩展到非市场领域。而“经济学帝国主义”正是由于新古典主义经济学对“经济人”假设进行了形式上严密的论证，促使新古典经济学跨出自己学科的边界，“侵入”到其他社会科学所向披靡而形成的。[②] 市场原教旨主义也即极端的自由放任主义，排斥外来干预，主张市场能够自动恢复平衡。在索罗斯看来，市场原教旨主义有两道防线：一是建立模型模拟人类的行为；二是市场会自动趋于均衡状态。[③] 经济学帝国主义和

---

① [匈]卡尔·波兰尼：《大转型：我们时代的政治与经济起源》，冯钢、刘阳译，浙江人民出版社 2007 年版，第 3、36 页。

② 参见臧得顺：《从波兰尼到格兰诺维特：“社会人”对“经济人”假设的反拨与超越——兼议新经济社会学的最新进展》，载《甘肃行政学院学报》2009 年第 6 期。

③ 参见索罗斯：《开放社会：改革全球资本主义》，王宇译，商务印书馆 2001 年版，第 161～162 页。

市场原教旨主义都强调市场自发调节的优越性、自由市场的完美性，市场在没有外来干预的情况下在自发调节的机制作用下会自发趋向均衡状态，任何对自发调节机制的干预对自由竞争的限制都会降低市场的效率，在这些干预中政府干预造成的危害是最大的。值得注意的是，“20世纪末的市场原教旨主义，19世纪自由放任主义的当代版本，已经使许多国家的市场凌驾于社会之上，尤其是转型中的国家、发展中的经济体。基本的政治、社会、市场结构都被搁置一边。于是，古典经济学脱离了社会、历史，成为模仿自然科学的沉闷学问”[①]。正如波兰尼所言，自发调节的市场在19世纪获得的突破迫使整个人类社会从属于市场体制，从而市场控制了整个经济体系，这产生了灾难性的后果。值得肯定的是，用经济学来解释包括政治学在内的社会科学领域中的现象有着一定的积极意义。但是，经济学尤其是新古典主义经济学自由放任主义的扩张及其所产生的负面效应——“经济学帝国主义”和“市场原教旨主义”对市场本身以及整个社会产生了消极的影响。波兰尼在一定意义上看到了这种危险并对世人提出了警告。

(五)对市场自足性的批判

赫伯特·西蒙在其长篇演讲“当代组织与市场领域中的公共管理”[②]中曾辩证地批判了新古典主义经济学的自由主义市场观。正如新古典主义经济学所认为的那样，市场是自发的，由“看不见的手”进行调控，无需人们的有意设计和中央计划。但是，西蒙认为新古典主义经济学所认为的无需组织的自由主义市场观可能会导致一种错误的认识：市场是自发的无需有意设计和中央计划就意味着市场是自足的，不需要任何外在的干预和补充，市场机制能够自行解决一切。西蒙指出，市场是不能自足的，市场要充分发挥作用是需要很多前提条件的，比如分享对价格和交换物资的特征等知识，不存在未反映在价格中的外部效应，产品及其制造环境的稳定以及交通运输条件的安全与畅通等。而这些条件，市场本身是不能自行培育和提供的，需要社会和组织(包括政府组织)去有意识地发挥市场本身所不具备的功能。而波兰尼认为，“自我调节的市场的理念，是彻头彻尾的乌托邦”，“人类的经济是浸没(submerged)在它的社会关系之中的”。[③]在这个意义上可以说，波兰尼是从另一个角度阐释了市场的确不是能自足的，市场是嵌入在社会当中的，市场是运行在“社会市场”之中的，市场不可能完全脱嵌于社会。

① [日]神原荣介：《市场原教旨主义的终结》，载《国外理论动态》2002年第8期。

② Herbert A. Simon, "John Gaus Lecture—Public Administration in Today's World of Organizations and Markets," *Political Science & Politics*, Dec., 2000, pp. 749-756.

③ [匈]卡尔·波兰尼：《大转型：我们时代的政治与经济起源》，冯钢、刘阳译，浙江人民出版社2007年版，第3、40页。

（六）对政府的干预和社会必要支持的重视

既然市场不是能自足的，市场的良性运转需要很多前提条件。按照西蒙的观点，这些前提条件的培育离不开社会和组织（包括政府）。而波兰尼则认为市场的扩张会被社会的反向保护运动所控制，“它运用保护性立法、限制性社团和其他干涉手段作为自己的运作手段”①。不难发现，他们在力图弥补市场不足时都无法将目光从政府身上转移开来。政府作为必要的存在，在其权力受控的范围内可以发挥积极的作用，提供给市场其本身所不能左右的条件。西蒙在其演讲中提到两个市场自身不能调控的因素：信用和分配。② 而政府和社会恰好可以弥补市场的这一缺陷，为其稳定地运行提供一定的外在支撑。

不仅如此，波兰尼甚至认为，政府与市场的关系不只限于一种支撑关系，在某种意义上，市场是完全被“制造”出来的。可以这么说，国家对于市场的干预是贯穿波兰尼《大转型》一书的一条主线。无论是市场的形成，还是市场的自发运转，或是对于市场经济“恶性”破坏作用的抑制，波兰尼都诉诸被他奉为“解围之神（deus ex machina）”③的国家干预。市场是“嵌入”到社会之中的，市场是附属性的，市场是人造的。这一结论的得出，并不是波兰尼的主观臆造。对于“百年和平”瓦解的原因、对于时代转型苦难的来源等一系列问题的探究中，通过考察我们时代转型的政治与经济起源，通过聚焦于市场经济的沉浮史，波兰尼认为，自我调节的市场是彻头彻尾的乌托邦，“通往自由市场之路的打开和保持畅通，有赖于持续的、由中央组织的干预主义的巨大增长……自由市场的引入远远没有消除对控制、规制和干预的需要，反而大大扩张了它们的范围”④。对于经济自由主义的盲目崇拜、对于市场原教旨主义的过度自信“牢牢控制了人们的头脑，甚至当时最具启蒙意识的人也像宗教信徒一样狂热，一味追求无限止、无约束的社会变迁。人们的生活受到了可怕的冲击”，这场乌托邦式的“自我毁灭机制”必然会受到一个保护性反向运动的阻滞，“它致力于抵挡市场控制下的经济所产生的邪恶影响”。⑤ 政府成为这场反向运动的“保护人”，致力于把将要脱嵌

① ［匈］卡尔·波兰尼：《大转型：我们时代的政治与经济起源》，冯钢、刘阳译，浙江人民出版社 2007 年版，第 114 页。

② Herbert A. Simon, “John Gaus Lecture—Public Administration in Today’s World of Organizations and Markets,” *Political Science & Politics*, Dec., 2000, pp. 752, 755.

③ ［匈］卡尔·波兰尼：《大转型：我们时代的政治与经济起源》，冯钢、刘阳译，浙江人民出版社 2007 年版，第 55 页。

④ ［匈］卡尔·波兰尼：《大转型：我们时代的政治与经济起源》，冯钢、刘阳译，浙江人民出版社 2007 年版，第 120 页。

⑤ ［匈］卡尔·波兰尼：《大转型：我们时代的政治与经济起源》，冯钢、刘阳译，浙江人民出版社 2007 年版，第 66 页。

的市场经济重新嵌入到社会关系之中。总之,波兰尼认为,社会是一个复杂的动态系统,排除任何干涉的静态平衡的市场经济是不存在的。经济自古以来就不是在一种真空中运行的,经济周围环绕着众多的社会关系、传统习俗、文化制度等等,经济是嵌入到社会中的。经济是运行于一定的社会资本和文化网络的环境之中的,对于经济问题,不能只从经济内部去研究它,还要深入到社会、政治、文化、历史背景中去探讨经济与它们之间的关系。因此,即使没有政府的干预和管制,市场经济周围还存在着众多的社会关系、道德习俗、宗教礼俗、文化制度,这些因素环绕在市场经济的周围,在一定程度上调节着市场经济的运行。这些非经济领域的调节手段比市场经济自身的调控手段发挥着更大的功能,因为,在波兰尼看来,"对于经济的结构和运作而言,宗教和政府的重要性可能与货币制度或减轻工作辛苦的工具和机器不相上下"[①]。

在今天,对波兰尼的思想所形成的讨论"升温"并不是偶然的,在一定意义上,这是我们转型时代的"伴生物",它深深地烙上了这个时代的烙印。自凯恩斯主义洛败之后,古典经济学获得复兴,"华盛顿共识"大行其道,对于市场的自信和崇拜达到了一种新的高度。然而金融市场的变化起伏给了他们致命的一击,难怪连"金融大鳄"索罗斯都站出来抨击市场原教旨主义。"华盛顿共识"也逐渐让位于"北京共识"。在处于转型时期的中国,市场经济的引入和调适所带来的问题也使人们意识到市场并非万能的。改革开放 40 年来,市场经济虽然给我们带来了翻天覆地的变化,但是我们也应清醒地看到,市场经济给整个社会带来了全面性的冲击和震荡。而波兰尼站在社会主义的新立场上对于市场经济所进行的一系列反思,在中国无疑是有其"市场"的。

三、市场经济"脱嵌"于社会的深层次根源

波兰尼在《大转型》中提出的一系列观点对于我们理解市场经济和社会体系有着重要的意义。但是,我们发现其思想的内涵中无助于解释以下几个问题:为什么市场经济在各国所造成的冲击程度不同?政府的保护性反向运动能否消解市场经济的破坏作用?政府的干预能否将市场再嵌入到社会中去?它们如何解释市场经济在今天的成功运行?对于这些问题的追问,可以发现,市场与反市场的双向运动仅是市场脱嵌于社会的表象,在其背后还有着深层次的根源。将市场嵌入到社会的反向保护运动的兴起正是应对给人类社会带来苦难的自我调节的市场经济乌托邦的社会本能反应,在某种意义上可以说是将人类社会带离苦

① Karl Polanyi, Conrad M. Arensberg and Harry W. Pearson (eds.), *Trade and Market in the Early Empires: Economies in History and Theory*, Glencoe: The Free Press, 1957, p. 250.

难，避免社会全面失序与沉沦的自生自发的保护运动。因此，波兰尼并没有指出如何才能有序地推动社会的转型，社会、文化、伦理等如何来支撑这场大转型，而政府作为公共管理的主体，不可避免地承担起这一转型时代的使命。而一旦强调起政府的作用，“便会摆脱它所为之服务的社会与民主的掌控，从而像市场一样，变成自发调节式的”[①]，从而威胁到个人的自由。在强权与自由的这种困惑中，波兰尼转而求助于一种高调的道德：“认为只要你真诚地为他人创造更多的自由，就无需惧怕权力与你作对，并毁坏你所创造的自由！”这需要我们谨慎地反思。

（一）社会转型苦难的深层次根源

按照系统论的观点，社会是一个复杂的大系统，是由政治、经济、文化等各个子系统相互耦合形成的。并且，社会这个复杂大系统会通过各个子系统的发展和相互作用得以不断地演化发展，这不是人类有意识的设计所能改变和控制的。如果一个子系统的变化发展导致了各个子系统的不适应就会使整个大系统出现发展的危机，就会要求各个子系统重新磨合、重新调整整个系统以达到系统的重新适应。经济只是社会复杂大系统中的一个子系统。在这个意义上，经济并不从属于政治、宗教或意识形态，也决定不了后者的发展。它们之间并不存在着从属关系，而是并列的子系统，存在着相互耦合的结构，也即存在着相互支撑、相互补充和相互证成的关系。它们都是“嵌入”到社会这个复杂的大系统中的。经济是众多子系统中最为活跃的系统之一。经济模式的演变必然引起整个系统调整。可以这么说：从新的子系统的演化到整个大系统的重新整合这一段时期是一个“系统调试期”和“系统磨合期”。在这个磨合期内，市场经济作为一种新的经济模式，必然会对原有的社会大系统造成一定的冲击，必然造成经济、社会、文化等各个子系统之间的不适应。在各个子系统的磨合过程中，必然会出现种种灾难性的现象：大众的贫苦乃至赤贫化，全面的失序，深重的苦难，社会的失范，结构性的大震荡，等等。

当我们考察各国市场经济转型之路时，可以发现，各国的“系统磨合期”或长或短，各子系统相互适应的形式各具特色，所经历的苦难或重或轻。经过系统的相互调适之后，有的国家和地区能够较为顺利地适应市场经济的生产生活方式，能够演进到新的社会系统。而有的国家和地区历经磨难，备尝艰辛，却始终徘徊在现代化的大门之外。

这样的现象不得不迫使我们通过比较现代化各国的转型差异来寻找其背后

---

① Jacques Godbout, “The Self-Regulating State,” in Marguerite Medell and Daniel Salee (eds.), *The Legacy of Karl Polanyi Press*, Quebec: Concordia University Press, 1991, pp. 119-129.

的深层次根源。“站在今天所达到的理性思维的高度，可以发现，一个地区、一个国家的传统文化、社会结构与商品经济的‘亲和度’有着密切的关联。”[①]如果一个社会的传统结构与市场经济之间有较高的“亲和力”，那么这个社会可以较为容易地通向市场经济，市场经济本身所具有的“恶”将被社会结构有效地抑制住，市场经济对于社会的破坏和解构程度将被降低到最小，市场经济的积极作用在这种具有高亲和度的社会里得到有效的发挥；反之，如果它们之间缺乏“亲和力”，那么这个转型之路将倍加艰难。市场经济将会对于整个社会造成全方位的冲击，整个社会将陷入一场“系统磨合危机”中。虽然“亲和度”或许是先天的，但是通过考察“后发型”国家和“外推型”国家对于市场经济的引入和调适，可以发现，尽管传统文明和社会结构存在着“文化斥异机制”和极强的“超稳定结构”，我们还是可以逐渐改善和提高这种“亲和度”的。

当我们将目光从社会这个复杂大系统转向市场经济本身时，我们发现，正如西蒙所说，市场经济是一个“近乎可分解”(nearly decomposable)的“弱协调机制”(weakly coordinated system)。[②] 市场经济不是自足的，是需要许多前提条件的，只有在稳定的环境下才能发挥比组织和政府更有效的积极作用。虽然市场经济允许其组成部分可以进行相当独立的变化，并且这种变化可能会使市场更好地适应环境，但是市场所允许的这种变化不能太快、太大，不能超过市场本身的承受能力。如果这种变化过快过大，将会使市场失效乃至解体。因此，对于一个国家或地区而言，过快地引入和发展市场经济可能在短期内会取得巨大的成果，但是更有可能的是收获到得不偿失的“恶果”：市场的解体，市场经济巨大的解构和破坏作用的释放。

这样看来，对于通往市场经济的国家而言，过快地引入和发展市场经济，又未考虑到市场经济与传统社会各子系统的“亲和力”必然会造成社会的结构性大震荡，出现波兰尼所担心的经济“脱嵌”于社会的危险。然而，波兰尼虽然敏锐地观察到市场经济对于社会造成的冲击，并且提出了“嵌入”和“双向运动”这样有重要理论意义的概念，但是他还没有揭示出市场经济与社会结构之间的复杂关系。

(二)合理定位市场经济中的政府作用

正如布洛克在导言中所提及的，波兰尼“终其一生，都视自己为一个社会主义者，但它与包括主流马克思主义在内的各种形式的经济决定论都有深刻的区

① 张铭:《关于东方社会现代化发展战略取向的若干思考》，载《天津社会科学》2006年第5期。

② Herbert A. Simon, “John Gaus Lecture—Public Administration in Today’s World of Organizations and Markets,” *Political Science & Politics*, Dec., 2000, p. 753.

别"[①]。早在20世纪20年代,他就反对苏联共产主义,批判那些想要废除市场、将经济置于政府之手的政策和做法。30年代以来,通过与法西斯主义的斗争,波兰尼支持社会民主政策和政府,但是他并没有把他的这种信任单独寄托于政治斗争身上。对于他而言,经济问题很大程度上是社会问题而不是政治问题,因此要解决这些问题需要的是社会和文化的转型。政府权力本身不能解决这一问题。[②]

虽然波兰尼对于政府权力的不可取性有所觉悟,但是如何把将要脱嵌的经济重新嵌入到社会中是波兰尼论证的下一个主要的问题。波兰尼反向保护运动的主旨就是要将经济重新嵌入到社会中来。那么,消除社会苦难的关键就在于社会,波兰尼将社会视为反向保护运动的"母体"(matrix),社会拥有一个能够推动社会变迁的独立存在的真实,生活于共同体和组织中的人们有能力抵抗来自市场或国家的威胁到他们生活惯习的强力。

但是,波兰尼对于社会的复杂含义并没有进行进一步的详细阐述。接下来的问题就会接踵而至:社会是如何来调节市场的?波兰尼是如何回答这一问题的?尽管波兰尼意识到不能将经济置于政府之手,政府不是解决这一问题的唯一主体。直至现今,社会依然主要是通过政府来调节经济的。波兰尼由此转而强调了政府的角色,无论是市场的形成,还是市场的运作,乃至消除市场造成的苦难,都要诉诸政府这个"解围之神"。但是正如Jacques Godbout沿用波兰尼的思想逻辑,在一篇很有意思的论文中所表明的:"一旦政府变得自主,便会摆脱它所为之服务的社会和民主的掌控,从而像市场一样,变成自发调节式的。"[③]至此,为了消除市场经济所造成的苦难,波兰尼又转向了政府决定论的极端。

从波兰尼的反向保护运动中可以看到,政府成为这场反向运动的"保护人",政府的干预手段(保护性立法、限制性社团和其他干预手段)得到充分的利用。政府的保护性反向运动能否消解市场经济的破坏作用?政府的干预能否将市场再嵌入到社会中去?这些是我们这个时代所需要回答的重要问题。

如何定位政府的作用对于全人类的发展至关重要。对于政府有没有存在必要的争论,在现在看来,已经没有意义。政府的形成不是偶然的,而是历史发展的一种必然。政府,尽管始终是一种"恶",但也是一种必要的"恶"。我们可以采

① [匈]卡尔·波兰尼:《大转型:我们时代的政治与经济起源》,冯钢、刘阳译,浙江人民出版社2007年版,导言第14页。

② Gregory Baum, *Karl Polanyi on Ethics and Economics*, London: McGill-Queen University Press, 1996, p. 45.

③ Jacques Godbout, "The Self-Regulating State," in Marguerite Medell and Daniel Salee (eds.), *The Legacy of Karl Polanyi*, Quebec: Concordia University Press, 1991, pp. 119-129.

取种种措施来限制这种“恶”，但就目前来说，还不能也不应该绝对地消除它。

政府的干预是必需的。政府作为整个社会系统的一部分，发挥着积极作用的。市场经济虽然是最有效的资源配置方式，但是正如前文所说，市场并非完美无缺，市场有着自身的不足。如果听任市场经济放任自流走上极端而无任何外在因素的制约和弥补，那么市场经济的发展将给整个社会带来全方位的冲击和破坏。这就需要政府和社会相应的干预与支持。政府可以在公共领域内发挥重要的作用，弥补市场的不足；政府可以遏制市场经济煽起的私欲和靡费；政府可以缓解市场经济给整个社会所带来的结构性大震荡。但使，也需要警惕不受制约的权力与被市场经济煽动起的逐利欲望相结合所带来的问题。在市场经济与传统结构缺乏结构性“亲和力”的情况下，政府本身可能受到市场原则的操控，成为个人自肥的私人工具。政治的腐败、政府官员的堕落、权钱交易、官僚主义与金钱至上主义的相互靠拢等转型的失序和危机在权力的高度集中下相互激荡，使得高度集中的权力在通往市场经济之路上成为一场社会结构性大震荡的催化剂。在某种意义上，政府权力的高度集中有时可能是经济脱嵌于社会的主要原因。

所以，政府的干预是有范围的。对于消解市场经济造成的问题，我们的视线必须转向提高整个社会结构与市场经济的“亲和度”上。

（三）道德的理想主义

波兰尼在《大转型》中表述的道德观主要体现在他对于自由的论述上。波兰尼所追求的自由指的是一种“有能力经常去过一种伦理式的生活的自由”①。波兰尼认为，自发调节的市场经济乌托邦的破灭证实了“没有权力和强制存在的社会是不可能的，没有强力作用的世界也是不可能的”②。在制度层面，自由的增长、权利的加强需要被制度化的措施保护起来，但是“规制既扩展了自由，也限制了自由”③。那么，从制度上去追求自由的“这条道路被一个道德的障碍所阻挡，计划和控制被攻击为对自由的否定”④。权力总是倾向于自我加强，不可避免地会威胁到自由。然而，将权力拒之于社会之外的理想是无效的。

① Gregory Baum, *Karl Polanyi on Ethics and Economics*, London: McGill-Queen University Press, 1996, p. 27.

② ［匈］卡尔·波兰尼：《大转型：我们时代的政治与经济起源》，冯钢、刘阳译，浙江人民出版社2007年版，第218页。

③ ［匈］卡尔·波兰尼：《大转型：我们时代的政治与经济起源》，冯钢、刘阳译，浙江人民出版社2007年版，第215页。

④ ［匈］卡尔·波兰尼：《大转型：我们时代的政治与经济起源》，冯钢、刘阳译，浙江人民出版社2007年版，第217页。

那么，对于自由的追求的关键，在波兰尼看来，必须要在道德层面去寻找。自由不是一句空话，自由不是一个诱惑，自由不是一个用来毁灭人类的设计，那么，如何在为自由奋斗的同时"又不致坠入道德虚无主义的陷阱？"[1]波兰尼的回答是，既然现实中的恶不可避免，我们就不应去抱怨它。在新的时代里，"对社会现实毫无怨言的接受给予人们不屈不挠的勇气和力量来消除所有可能被消除的不公正和不自由。只要他是真诚地试图为所有人创造更多的自由，他就无须惧怕权力或计划会转而与他作对，并毁坏他以它们为工具正在建立的自由。这正是在一个复杂社会里自由的含义，它给了我们所有我们所需要的确定性"[2]。在这样一个复杂的社会里，个人只遵从自己的良心，不用去畏惧社会里的强权和规制。

波兰尼确实指出了现实社会的一种困境：权力是不可避免地存在的，然而权力又总是自我加强，威胁到自由。波兰尼由此认为，对于自由的追求必然要从道德层面上去寻找。不可否认的是，波兰尼对于道德的重视具有重要的伦理意义。

在上文中，波兰尼就认为，道德、文化和伦理触及了人类生活的方方面面，一个被抽离了道德、文化、伦理感的人不能被称为一个完整的人。人不是孤立的，人天生是趋群的，一个人的行为和想法都会涉及别人，你要为你的行为的后果负责，要承担起应有的责任，那么，"伦理就成为我们这个世界确定性存在的基础"[3]。因此，波兰尼将人类视为一个文化与伦理的存在。这种对个人伦理的追求、对个人责任的重视、对行为后果的负责成为个人自律的一个重要基础。然而，波兰尼将此逐步上升到对自由的追求，用道德来"消除所有可能被消除的不公正和不自由"，用道德"试图为所有人创造更多的自由"可能只是一种理想主义。

在转型时代里，对道德的高调追求容易走向道德理想主义，这并不是说道德追求不可取，道德涉及的是人类生存的意义、价值问题，对于一般意义上道德的自然追求促使人们思考生命存在的意义，这是一个普遍的现象，人类的发展也有赖于意义世界、价值理念的指引。在政治领域中，对于道德的追求也是自然的，政治的存在脱离不了对于道德的追求，这种追求给予了政治的合法性。但是，对于一种高调的道德观的追求会抹杀一个社会的多样性，所谓的"真诚地试图为所

① ［匈］卡尔·波兰尼：《大转型：我们时代的政治与经济起源》，冯钢、刘阳译，浙江人民出版社 2007 年版，第 219 页。

② ［匈］卡尔·波兰尼：《大转型：我们时代的政治与经济起源》，冯钢、刘阳译，浙江人民出版 2007 年版，第 220 页。

③ Gregory Baum, *Karl Polanyi on Ethics and Economics*, London: McGill-Queen University Press, 1996, p. 23.

有人创造更多的自由”，只不过是将个人变为实现自己理想的工具。整个社会都服从于这样一个高调的道德理想国，这样的一统社会会冲击市场经济运行的基础，良性的市场经济更不会由此形成，朝向市场经济时代的结构转型必将更加艰难，这就背离了市场经济发展的文明大道。

四、“社会反方向保护运动”的方向

站在时代的前沿，我们或许可以从西方成功的现代化转型的过程和模式中汲取宝贵的经验，从正在为现代化所困扰的一些传统社会转型的困境中探究原因、吸取教训。也正是在这意义上，我们能够从根源着手，从经验和教训中探讨如何推动社会结构顺利有序地转型。

自现代化伊始，各国迅速走上了市场化、工业化的转型之路。这个巨大的转变注定不是一帆风顺的。科技的快速发展，经济的突飞猛进，社会的日新月异，这些转变远超出了复杂大系统的调试能力。在这个“系统磨合期”内涌现了一系列的转型苦难和系统的结构性大震荡。

通向市场经济是我们必须直面的时代大课题。因此，政府的指导思想作出符合朝向市场经济的调整也是题中应有之义。政府在市场经济中应发挥重要的、积极的作用，主要体现在以下两个方面：

一是有限政府应扶持社会和社会资本发展的总体方向。考虑到市场经济时代，市场经济对于社会自治和社会资本的偏爱，以及市场具有的本身所无法克服的内在缺陷，虽然社会自治和社会资本不是自上而下所能够形成和确立的，但是不可忽视的是，政府在恪守自己权力边界，警惕自己理性局限的同时，在维护公共秩序，规范社会信誉，扶持社会自治，培育社会资本方面所发挥的积极作用。

正如帕特南在其成名作《使民主运转起来》中对于公民共同体之源的追溯和社会资本的分析那样，社会自治和社会资本的形成有着深刻的历史根源。它们的发展是一个缓慢的历史过程，这一过程深受宗教、文化、传统等众多社会环境因素的影响。[①] 政府的作用在形成过程中不应被放大，也不应被忽视。关于政府在如何增加社会资本的储备中的角色，弗朗西斯·福山的论述是精彩的：“国家不仅能够做一些积极的事情来创造社会资本（如教育，规范的传递，有效提供必需的公共物品，特别是通过保护财产权和公共安全，给个体建立公民交往行动和精神留出一个空间），而且也能够通过阻止一些事情来减少社会资本储备的消耗（如降低社会资本外部性的危害，退出本应由民间组织或公民社会承担的活动

① 参见[美]罗伯特·D·帕特南：《使民主运转起来》，王列、赖海榕译，江西人民出版社2001年版。

领域，限制国有经济部门的规模）。”[①]

二是有限政府建构底线秩序和底线道德的坚定不移。在我们看来，漫漫的人类历史长河之中沉淀了一些全人类共有共享的共性价值和规范，每一个时代、每一个特定的历史时期内也淘出了一个时代一个时期的共性价值和规范，这些构成了全人类的“底线秩序”和“底线道德”。这些底线秩序和底线道德是人类应对社会挑战，适应时代发展，在历史长河之中经过长期筛选而出的底线性的、抽象的、持久的价值规范。

在一个复杂多变的市场经济时代，在一个迈向多元利益、多元价值、多元社会和有限政治的时代里，对于这些底线秩序和底线道德坚定不移的维护是一个有限政府在道德领域内的内在本质。

① Francis Fukuyama, “Social Capital, Civil Society and Development,” *Third World Quarterly*, Vol. 22 , No. 1, 2001, pp. 17-18.

人工智能发展中的人权问题

刘新军　隋燕飞

摘要：与人类历史上的历次产业革命相比，人工智能带来的革命对人类社会的影响程度将会更深更广。人工智能的发展还有很大的不确定性，不可避免地带来了一些人权问题。人类在设计、制造、使用、监督和销毁人工智能过程中都可能存在伦理失范问题，引发人权问题。人工智能的发展，本身是一种存在着问题的趋势，其中就包括涉及人的尊严和自由的人权问题。大数据方法的应用带来了人工智能的迅速发展，同时也会隐性地侵害人的隐私权，伤害人的自由和利益；导致大批产业工人失去工作，而且会威胁许多行业从业者的生存，引发生存权的问题。在未来发展中，随着人工智能的深度学习和自主发展，可能会导致超级智能的出现，从而引发威胁人身生存的生命权问题。因此，人类应该尽早提前规划，加强对人工智能发展的治理，重视对人工智能发展中的人权问题的解决。

关键词：人工智能；大数据；人权问题

作者简介：刘新军，山东师范大学马克思主义学院副教授，博士，研究方向为马克思主义哲学与中国传统文化。隋燕飞，聊城大学法学院讲师，博士，研究方向为法理学和人权法学。

人工智能在进入21世纪后获得了突飞猛进的发展。人工智能从1956年的达特茅斯会议算起，至今已有60年的历史，其所积累的技术和能量只是在最近几年才突然爆发，达到了人们无法想象的高度。究其原因，主要得益于大数据的威力。人工智能新一轮迅速发展充分显示了大数据驱动的新理念在解决大规模人工智能问题方面的巨大潜能。当今，人工智能的浪潮正在席卷全球，智能时代已经来临，人类社会即将面临智能化浪潮的猛烈冲击。这次人工智能浪潮必然长久发展，因为基于大数据的人工智能在产业上的广泛应用所带来的经济效益和利益构成了人工智能不断发展的主要动力。与人类历史上的历次产业革命相比，这次人工智能带来的革命对人类社会的影响程度将会更深更广。人工智能的发展还有很大的不确定性，这也带来了一些伦理、法律、人权、宗教和哲学上的争议。这正是人工智能的产业应用和技术风险等重大社会问题给人带来的新思考。本文试图探讨一下人工智能发展中的人权问题。当今国际社会对人工智能发展中的伦理与法律问题呈现出高度关注和持续研讨的态势，其实很多伦理与法律问题均可归结于人权问题。

一、人工智能发展带来的“人”的挑战

在人工智能发展中，人权问题的发生首先来自于人工智能对人类智能的挑战。人类智能的基础是人的生理构成或生物特性。在计算机出现以前，机器已经在代替人的许多劳动，1946 年第一台电子计算机的出现，其实质就是机器代替人的智力劳动。从此时起，人类重新开始思考机器能否有智能的问题。在 2016 年 AlphaGo 与韩国围棋世界冠军李世石对弈之前，人工智能仅仅还局限在计算机、自动化、机器人等专业技术的小圈子里。AlphaGo 战胜围棋世界冠军，带来了人工智能的火热，2016 年被人们称为“人工智能再度崛起的元年”。之所以称为人工智能的“再度崛起”，主要是指人类在人工智能发展中由大数据驱动方法带来的技术革命。人工智能的迅速发展及其社会效应，将在多方面带来对“人”的挑战。

首先，人工智能的最新发展主要是基于大数据的方法和威力，它将在很多方面和领域获得比人类智能更高的智能。随着人工智能的深度学习能力的发展，人类智能在总体上将难以抗衡人工智能。关于什么是机器智能（人工智能），电子计算机的奠基人阿兰·图灵（Alan Turing）提出了“图灵测试”的方法，以判断机器是否有智能。[①] 图灵并未指出计算机怎样才能获得智能，图灵测试的本质是功能测试。“当我们回到图灵博士描述机器智能的原点时就能发现，机器智能最重要的是能够解决人脑所能解决的问题，而不在于是否需要采用和人一样的方法。”[②]但是，在早期人工智能的探究中，传统的方法是机器要像人一样思考而获得智能，其思路主要是结构模拟，而不是功能模拟。现在一些科研机构对人工智能的研究，其目标是要建立“类脑智能”，把突触问题作为突破的关键技术，力图把人工智能打造成有生命有意识的“智能生物”。这种思路还未脱离传统的早期方法，在大数据时代，并非人工智能发展的坦途大道。在大数据时代，人工智能发展的关键不在结构模拟上，而是在功能模拟上。也就是说，人工智能若是仅

① 参见吴军：《智能时代》，中信出版社 2016 年版，第 43～44 页。

② 吴军：《智能时代》，中信出版社 2016 年版，第 47 页。

仅是模仿人脑的“类脑智能”，其复杂程度很难超越人的智能。从20世纪70年代开始，人类在人工智能发展方面另辟蹊径，采用数据驱动和超级计算的方法。[①] 进入21世纪后，由于互联网尤其是移动互联网的广泛应用，使得可用数据量剧增，人类进入了大数据时代。从发展趋势上看，基于大数据的新一代人工智能的发展将在总体上超过人类智能，人类智能在许多方面将难于与人工智能相匹敌。

其次，人工智能的人形化和情感化发展，必然会导致人类和机器人界限的模糊，其结果是“人”本身的模糊。类人机器人的研发和制造是人工智能发展的一个重要趋势，也是最能引起伦理、法律、宗教等问题争议的领域。比如类人机器人的“人性”“社会性”“公民身份”“居住权”等问题，很多方面都会涉及人权的问题。一般的人形机器人并不可怕，因为作为一个独立的智能机器还是处于人的控制之中；而新型的未来类人机器人是基于大数据和超级算法的具有深度学习能力的人工智能，在联网的环境中能够自主行动，并能与人交流合作，执行动态的社会实践。此类机器人通过传感器感知人类和环境，实现人机交互和机器人与环境的交互，其中最难也是最能引发社会问题的技术问题就是人工智能的情感化发展。就机器本身而言，它们不可能有情感，不会有爱恨情仇，但人类世界的情感通过细腻和综合的分析是可以得到数字化的表达，在数据足够大的情况下，实现人机的情感化交流和情感反应是完全可能的。也就是说，未来新型类人机器人的“人性”和“社会性”将会更加丰富，而且会通过自主深度学习而变得越来越丰富，这就体现了大数据的威力和魅力。沙特所拥有的女性人形机器人索菲亚不仅外表酷似人类，而且表情丰富，表情含义与人类相应，回答人类提出的问题自然且有分寸，甚至对有人的“求爱”也应付自如。机器人索菲亚还于2017年获得了沙特公民身份，这的确是引发巨大争议的大问题。在不久的将来，类人机器人会以陪伴机器人、保姆机器人等身份进入普通家庭，甚至在西方国家，性爱机器人也已经出现。这会引发人类如何对待看待类人机器人的问题。既然类人机器人是模仿人形人性人情来设计制造的，在人机交往中，人类自然就会把类人机器人当作自己的伙伴和同类，这也必然会出现权利义务的问题。随着更高级的类人机器人的出现，人类和机器人的界限变得模糊了，其实质是“人”的概念本身的模糊。

再次，随着人工智能的类人化发展和融入人类社会生活，传统的“人的本质”理论将会受到挑战。这将会改变人的自我认知和自我意识，而人权观念正是以人的本质理论为基础的。在人类发展史上，理性曾经成为人区别于动物的本质

① 参见吴军：《智能时代》，中信出版集团2016年版，第50页。

特征，制造和使用工具的劳动和实践被认为是人类特有的本质性的存在方式，而马克思更是强调人的本质是作为社会关系总和的社会性。人工智能的发展，理性不能再把人类智能与人工智能区别开来，而制造和使用工具的劳动和实践也是人工智能的存在常态。问题的关键是与人类交互协同、与人类交往交流的类人机器人是否具有社会性。如前所述，类人机器人是模仿人形人性人情来设计制造的，在人机交往中，人类自然就会把类人机器人当作自己的伙伴和同类，而类人机器人和人类在物质、社会活动、文化和精神等方面是紧密联系在一起的共生关系。因此，类人机器人参与社会交往、融入社会生活而获得“社会性”，将是最自然不过的事情。人类的众多宠物与人类有如此大的差别尚且被视为自己的“家人”，被用人的名字称呼，何况类人机器人呢？当类人机器人在未来的社会生活中获得一定的身份和地位，必然有相应的权利和义务的问题出现。

二、人工智能人权问题的主要表现

基于大数据和超级算法的人工智能的迅速发展和广泛应用，必然导致一些令人忧虑的社会现象和社会问题。正如霍金所言，人工智能的发展，本身是一种存在着问题的趋势。其中就包括人权问题。

第一，大数据方法的应用带来了人工智能的迅速发展，同时也会隐性地侵害人的隐私权，伤害人的自由和利益。大数据不同于一般的数据。大数据是随着电子计算机的发展和互联网的广泛应用而形成的概念。量化一切是大数据的终极追求，也就是说，把万事万物变成数据，并通过数据来认识和把握万物。数据不仅是表征符号，而且是世界的本质。关于事物的数据量越大，描述的事物就越真实。大数据重视相关性，但并非不重视因果性。一个对象能被数据化，就能够成为科学的研究对象。“大数据的科学基础是信息论，它的本质就是利用信息消除不确定性。”[①]但是，大数据在日常社会生活中的应用就存在着道德隐患和人权问题，这是因为很多数据是在一个人不知不觉的情况下采集的。在公共领域，监控摄像头无处不在，一个人每天时时刻刻都在创造数据。在未来，大数据往往由专门的公司有偿地提供社会使用，而专门的公司往往在客户不知情的情况下收集客户的数据。这就隐性地侵害了客户的隐私权。隐私权作为一种人格权，是人权中最为重要的内容。在大数据时代，人工智能技术的发展与保护隐私存在着矛盾，人们往往会夸大大数据带来的便利而忽视它对人的隐私权的侵害。人权是一定历史条件下人类主导的价值观念所赋予的一种正当性，它的规定和法制化与人们普遍的价值观念是息息相关的。人们一方面希望智能时代很快到

① 吴军：《智能时代》，中信出版社2016年版，第127页。

来，另一方面又固守传统的观念，这必然会产生一些不平衡。在 2001 年“9·11 事件”发生后，美国为了防止恐怖袭击，在许多大城市采用无人机对公共领域的人群进行监控，在公众不知情的情况下获取了他们的大量数据。纽约前市长迈克尔·布隆伯格在接受采访时说：“不管喜欢与否，人们能做的事情和政府能做的事情是截然不同的，而且你能在一定程度上控制发展潮流，但你无法阻挡它的到来。我们的隐私将会变少，而在更大程度上被他人观察。我看不出来有什么办法能阻止这股潮流。”①在基于大数据和超级算法的人工智能新发展中，随着某些机构和公司的权力增大和数据驱动技术的发展，公众个体的数据被隐性地采取的机会就会越来越多。很多数据采取设备往往联网，因此，在大数据时代，每一个社会生活中的个人都会有自己的特有数据轨迹，而且是可视化的。对于政府有关部门来说，有了数据，社会安全有了保障；对于数据公司来说，有了数据，就会商机无限；但对于公众个人来说，有了数据，个人生活就变得透明了，没有多少隐私可言。但是，大数据时代已经来临，基于大数据的人工智能浪潮势不可挡。

第二，基于大数据和超级算法的新一代人工智能，必定会取代人类完成许多高智能和高技术的工作。这样，随着人工智能的迅速发展和广泛应用，不仅会导致大批产业工人失去工作，而且会威胁医生、律师、记者、主持人等从业者的生存，引发生存权的问题。随着机器人的应用，大批产业工人失去工作已经变成现实，很多工厂变成了无人工厂，很多产业的工序环节都由机器人代替。这还是普通的操作机器人，智能程度并不高，主要代替产业工人的体力劳动。但是，随着基于大数据和超级算法的新一代人工智能的发展，人类的许多高智能和高技术的工作将会由人工智能来代替，人工智能在这方面显现了对于人类智能的优越性，不仅效率高，而且质量也高。在浙江省的一些法庭审理案件，往往只有一个法官，其他的工作都由机器人来做，法官只是和机器人书记员简单交流一下程序安排，机器人书记员就准确高效地完成了工作。在未来，只有通过大数据驱动，人类的大多数高智能和高技术工作都可以由人工智能来完成。在外科手术领域，人工智能的操作精细度远远超过了技术高超的外科大夫，已经是一个不争的事实。在不远的将来，与人类生活密切相关的服务行业将会充斥着各种各样的服务机器人。“在未来 20 年里，美国当前所有的工作中，几乎半数都有可能被计

---

① ［荷］朗伯·鲁亚科斯、瑞尼·凡·伊斯特：《人机共生》，栗志敏译，中国人民大学出版社 2017 年版，第 117 页。

算机或机器人取代。”[①]虽然很多人类个体可以从繁重的体力劳动和繁琐的脑力劳动中解放出来，但同时他们也失去了谋生的工作，从而引发了人工智能发展中的生存权问题。生存权是最基本的人权，也是中国政府倡导的首要的人权。基本人权的保障是政府的基本义务，在人工智能浪潮席卷全球的时代，这的确是一个难的问题。

第三，基于大数据和超级算法的人工智能在目前还处于发展的初级阶段，但在未来发展中，随着人工智能的深度学习和自主发展，可能会导致超级人工智能的出现。这些超级人工智能有可能会不遵循人类的意愿行事，从而引发威胁人类尊严甚至威胁人类生命的人权问题。生命权是公民最根本的人身权，是人权中的最基本的权利。人工智能发展中的生命权问题尽管还不是最迫切的问题，但却是最应引起人类警惕的问题。虽然人工智能灭亡人类在相当长的时期还不可能，但随着具有超级智能的自主武器的发展，还是存在着这种风险。人工智能有可能会不遵循人类的意愿行事，从而引发威胁人类尊严甚至是人类生命的人权问题。这种情况在以护理机器人和人工智能技术为核心的智能养老服务中已经开始出现端倪。老年人的心理特殊，对于智能养老而言，在保障老年人的健康和安全的前提下，充分尊重老年人的心理需求和自主意愿是理应首要关注的问题，因为智能护理机器人有可能不遵循老年人的意愿而行事，甚至出现伤害事件。未来的超级人工智能到底会是什么样还难以预测，但超级人工智能也是人类设计制造的，还受到人类的监管，还不会出现过多伤害人类的可能。但在未来，有可能是人工智能设计和制造另外的人工智能，这样就会存在偏离人类愿望和要求的可能。另外，还有一种更重要的可能性：人工智能也可能会出错，机器也会发生故障。在已经变成现实的人工智能中，最令人担忧的是具有独立性和自主性的军用机器人和超级智能武器。人们最熟悉的无人机就是一种人工智能，但军用无人机目前还受人监控，自主性有限。但无人机和无人飞行器在未来发展成为完全独立或自动运行的系统，是不可避免的趋势。美国国防部在《2013～2038 年无人系统综合路线图》报告中称：“自动化的研究和发展正在从要求人类控制的自动系统向无须人类干预且能够自主进行决策和做出反应的自动系统发展。”[②]对于这种军用超级人工智能的发展趋势，人类不可不警觉，应该尽早从人权的角度作出预判。

---

① ［荷］朗伯·鲁亚科斯、瑞尼·凡·伊斯特：《人机共生》，粟志敏译，中国人民大学出版社 2017 年版，第 4 页。

② ［荷］朗伯·鲁亚科斯、瑞尼·凡·伊斯特：《人机共生》，粟志敏译，中国人民大学出版社 2017 年版，第 183 页。

以上仅仅从主要的方面探讨了大数据时代人工智能发展中可能引发的人权问题，当然，还有许多微观层面的人权问题，因篇幅有限，在这里不作进一步具体探讨。

三、人工智能治理与人权保护

人工智能作为一种迅速发展和广泛应用的高新技术，也是一把“双刃剑”，人类也将面临着大数据时代新的智能文明的挑战。由于人工智能的发展具有很大的不确定性，人类应该尽早提前规划，加强对人工智能发展的治理，重视对人工智能发展中的人权问题的解决。

首先，人工智能在本质上是人的工具和助手，作为其深刻基础的大数据也是来自人类。实质上，人工智能的迅速发展是人类智能的胜利。人工智能程序深受系统设计者和培训者的观念的影响，人工智能的深度学习也依赖于人类对大量数据的不断获取。因此，人工智能的治理本质上是人类的自我治理。人工智能本身不具有善恶的属性，关键在于人。人工智能发展的不确定性，也带来了一些伦理风险与人权问题。人工智能发展中的伦理风险不仅包括人类在设计、制造、使用、监督和销毁人工智能过程中的伦理失范问题，而且包括人工智能发展中所引发的许多新伦理挑战。因此，在大数据时代，人工智能的安全和可控发展，德才兼备的专业人才的培养至关重要，此乃是重中之重。目前，人工智能专业人才存在大量缺口，不少大学抢先成立大数据学院或人工智能学院，与人工智能相关的学科研究也越来越受到重视。在人工智能专业人才培养中，首要的素质应是道德法律观念和人权意识。

其次，人工智能发展的目的是为人类服务的，人工智能发展中的人权问题也是全球性的共同问题，因此，人工智能的发展也理应纳入全球人权治理的范围中，以探讨人工智能治理的原则和规范。比如人工智能产品关涉设计制造公司的利益，而大数据的获取又关涉平民百姓的隐私权问题，如何平衡问题首先是一个义利关系问题，同时也是一个技术问题，区块链技术就可以在一定程度上保护个人隐私。又比如欧盟的“被遗忘权”和美国加州的“橡皮”法律问题也是这样的例子。另一方面，随着大数据所引发的新一轮人工智能发展浪潮席卷全球，人类文明将会进入一个新的历史时期，关于世界、社会和人自身的很多观念将会有所改变，人类的伦理观念和人权观念也会作出相应的调整。新的智能时代有新的游戏规则。大数据时代，世界变得透明了，关于隐私和隐私权的问题也随之产生。政府作为人权保护的责任者，往往站在社会管理者的立场上，用堵的办法来处理问题。这从长远来看是无助于问题的解决的，必然是问题越来越多，而且不利于社会的发展进步。在大数据时代，只要你使用了智能设备，就产生了数据，那你就是数据生产者。所以,在大数据时代,人类应有新的伦理观念和规则。基于大数据的人工智能浪潮滚滚而来,势不可挡,既然人们改变不了社会发展趋势和环境,最佳的办法就是改变自己。

再次,面对人工智能的独立发展和自主发展可能带来的威胁和风险,人类应该如何作出预判,并通过立法和人权治理以保护自己的权益,也是人类应该尽早研究的问题。这也是智能时代人权和法制研究中最为核心的问题。针对这一核心问题而基于人权治理和立法所产生的解决方案会对人类社会和人类文明的发展产生深远的影响。阿西莫夫在 1950 年以《我,机器人》为名撰写了一系列短篇科幻小说,形成了所谓"阿西莫夫三大定律",强调机器人对人类命令的绝对服从。[①] 军用人工智能,尤其是具有自主性发展的军用人工智能,在被批准使用前,应该根据国际人权法和《国际人道法》的基本原则进行评估。人工智能发展中的伦理风险和人权问题已经是不可回避的现实问题,与之相关的人权预判和立法工作应尽早开展。人类在设计、制造、使用、监督和销毁人工智能尤其是自主性人工智能武器过程中,每一环节都要从人权的角度审慎考虑,并有相应的法律规范准备,因为每一环节都有可能出错和出现人权问题。

最后,人工智能发展中的人权保护也是一个文化问题。面对基于大数据和超级算法的新一轮人工智能浪潮,西方人比东方人明显表现出恐惧情绪,各种各样的"人工智能威胁论"也多发自西方学者和人士。在西方人的各种基本关系中,对立是普遍存在的;而人权的概念及其基本理论也是在西方文化里成熟起来的。在以和谐理念为基调的中国文化中,天地万物一体和民胞物与的观念是基本的,人与人工智能之间并不存在根本的矛盾。而且,人权保护本身就是受一个国家核心价值观主导的文化问题。《人类简史》和《未来简史》的作者尤瓦尔·赫拉利在瑞士达沃斯论坛第 48 届世界经济论坛演讲中说:"在 40 多亿年里,没有什么重大的事件发生能跳出生命的博弈法则。恐龙、变形虫、西红柿、人,所有生物都是自然选择的结果,所有生物都听从生物化学的法则。但这一切即将发生变化,自然选择驱动的进化,将被智能设计的进化所取代。"[②]人工智能是人类智能的产物,本质上是人的问题,也就是一个文化问题,因此,人工智能发展中的人权保护问题在本质上同样也是一个文化问题。

① 参见[荷]朗伯·鲁亚科斯、瑞尼·凡·伊斯特:《人机共生》,栗志敏译,中国人民大学出版社 2017 年版,第 2 页。

② http://www.sohu.com/a/223839709_117373,2018 年 7 月 10 日访问。

论习近平新时代中国特色社会主义思想的历史定位和时代意义

梅立菊

摘要:习近平新时代中国特色社会主义思想是马克思主义与中国具体实践相结合的产物。它开创中国化马克思主义发展的新水平,提升科学社会主义发展的新水平。它是中国指引新时代的方向标,也是提升中国新境界的总抓手。它具有内容的科学性、强烈的时代性、鲜明的实践性和彻底的人民性等四个理论特质。进入新时代,坚持这一思想不仅有助于马克思主义发展,而且有助于推动中国的发展和世界的进步。

关键词:习近平新时代中国特色社会主义思想;历史定位;时代意义

作者简介:梅立菊,青岛大学马克思主义学院思想政治教育专业硕士研究生,研究方向:思想政治教育的创新发展。

习近平新时代中国特色社会主义思想是党和人民群众在进入新时代长期进行社会主义现代化建设实践中形成的理论。它是集体智慧的产物,同时也是马克思主义中国化的最新理论成果。从历史和现实的角度分析这一思想的历史定位和时代意义,有助于我们把握其思想的丰富内涵和推动新时代的发展。

一、习近平新时代中国特色社会主义思想的历史定位

党的十九大报告指出:"经过长期努力,中国特色社会主义进入了新时代"[①],这是对我国社会发展作的新的历史定位,是党制定方针政策的基本依据。

① 习近平:《决胜全面建成小康社会 夺取新时代中国特色社会主义伟大胜利——在中国共产党第十九次全国代表大会上的报告》,载2017年10月28日《人民日报》。

这一思想产生于新时代,必将在马克思主义发展史和中国发展史等领域具有突出地位。

(一)它开创了中国化马克思主义发展的新水平

这一思想是中国化马克思主义的新成果,开创了中国化马克思主义发展的新水平。十九大召开之前,党在推进马克思主义中国化的进程中经历了两次历史性飞跃。第一次历史性飞跃促使中国建立新中国,确立社会主义制度,使中国迈入社会主义国家之列。第二次历史性飞跃是使中国建设不同于别国的具有中国特色的社会主义,走上中国特色社会主义道路。党的十八大以来,中国社会发生了深刻变革,我国的经济水平和科技创新能力等正发生深刻的变化,其变化的广度和深度都超出了马克思主义经典作家的预测,这些巨大变化对党和国家进行社会主义建设提出新考验。马克思主义为人们的思想和行为提供行动指南和理论指引,它是不断发展和不断完善的理论体系,而不是一成不变的教条。马克思主义具有科学性和实践性。党和国家根据马克思主义的立场和方法,依据新时代的特点,形成了这一全新的思想。这一思想的形成是推进中国化马克思主义进程中取得的历史性进步,必将促进中国的现代化建设,促进中国的发展和社会的繁荣进步。

(二)它提升了科学社会主义发展的新水平

人类社会每次取得繁荣进步,都离不开科学理论的指导。这一思想促使中国社会繁荣发展,体现其高超的理论水平。纵观科学社会主义发展史,《共产党宣言》的发表促使科学社会主义理论创立。十月革命爆发后,苏维埃俄国的建立致使科学社会主义国家首次屹立于世界。在马克思主义的指导下,结合中国具体国情,中国创立了毛泽东思想和中国特色社会主义理论体系。在这些理论指导下,中国结束了被奴役的悲惨生活,取得国家独立,建立新中国,确立了社会主义制度,并使中国逐渐进入世界强国之林。习近平新时代中国特色社会主义思想产生于新时代,必将立足于新时代伟大实践,丰富科学社会主义的理论内涵和实践水平,积累社会主义建设经验,促进世界其他社会主义国家的发展。因此,习近平新时代中国特色社会主义思想提升了科学社会主义发展的新水平,将促进中国化马克思主义的发展,给马克思主义执政党以理论支持,推动世界社会主义国家经济政治的发展进程和发展水平。

(三)它是中国迈入新时代的方向标

新时代孕育新思想,新思想引领新时代的发展方向。新时代的定位和社会的主要矛盾对党和国家制定方针政策提出了新要求。这一思想是总结十八大以来党和国家的建设经验,并针对中国进入新时代这一历史地位作出的,能够引领新时代的发展。一方面,改革开放40年来,中国社会面貌发生了巨大变化,人民生活水平显著提高。中国进入新时代后，我国主要矛盾发生变化，致使解决主要矛盾的措施也相应地发生变化。这一思想更加注重提升人民的生活质量和生活水平，提出了“脱贫攻坚”“人类命运共同体”“以人为中心”等举措，有助于促进人的全面发展，为适应新时代的发展提供良方。另一方面，这一思想也明确了新时代党和国家建设社会主义的总目标和具体目标，这有助于引领新时代的发展，开启社会主义现代化建设的新征程，从而促进中国特色社会主义的发展和社会进步。

(四)它是提升中国新境界的总抓手

这一思想立足于新时代，必将促进中国全方位发展，提升中国新境界。从全球范围看，世界正处于深入变革期，我国已经成为第二大经济体，我国的科技实力和国防实力日益进步，中国的综合国力显著增强。中国在促进自身发展的同时，也积极从事“一带一路”等的建设，提出构建“人类命运共同体”的目标，为世界的发展贡献中国力量和中国方案。从我国的国情看，中国进入新时代后，这一思想能为保持经济中高速增长、供给侧结构性改革、脱贫攻坚、法治体系的完善、建设生态文明、建设文化强国和建设军事强国提供思想引领和具体方略的支持，这极大地促进了中国的发展进步。从执政党的自身建设看，中国特色社会主义的最大特色和本质特征是坚持党的领导，坚持这一思想有助于深化党对社会主义建设规律和执政党建设规律的认识，有助于党努力克服“四大风险”和“四大考验”，促进执政党的建设，有助于党制定正确的路线、方针、政策和提升中国发展的新境界。

二、习近平新时代中国特色社会主义思想的理论特质

理论特质不同，决定了不同理论之间的区别，体现了该理论的凝聚力和生命力。[①] 习近平新时代中国特色社会主义思想具有内容的科学性、强烈的时代性、鲜明的实践性和彻底的人民性等独特的理论特质。

(一)内容的科学性

“任何一种指导理论都是由一定的概念、范畴和规律构成的完整理论体系。”[②]这一思想是系统、完整的理论体系，必然体现科学性，具有科学性的特征。从理论构成上来看，这一思想主要由“八个明确”和“十四个坚持”构成，这两部分

① 参见陈石明：《论习近平新时代中国特色社会主义思想的宏观理路》，载《武汉科技大学学报(社会科学版)》2018年第2期。

② 王寿林：《习近平新时代中国特色社会主义的理论思考》，载《中国特色社会主义研究》2017年第6期。

是完整的统一体，是整体和部分的统一，体现内容的科学性。这“八个明确”指明了坚持和发展中国特色社会主义的总任务，指明了我国进行社会主义建设的方向和任务；提出了当前我国社会的主要矛盾，有助于党深入把握我国基本国情；指出了中国特色社会主义事业的总体布局和战略布局，同时也指出了全面深化改革的总目标、依法治国的总目标和强军的目标，有助于从整体和局部、全方位、多领域地把握新时代社会主义建设方向；明确提出坚持党的领导，明确社会主义的本质，有助于抓住新时代社会主义现代化建设的领导力量。“十四个坚持”则从领导力量、依靠力量、政治、经济、文化、生态等十四个方面提出建设新时代社会主义的基本方略。这一思想既从整体性的角度明确中国在新时代的前进道路，又从局部提出了具体的基本方略，体现其内容的科学性和严谨性。

（二）强烈的时代性

这一思想是适应新时代的产物，具有强烈的时代性。任何理论都带有时代的记号，只有认清新时代的特点，才能更好地把握这一思想的理论要义。进入新时代，我国社会主要矛盾发生变化，国内外形势发生巨大变化，面对新时代，我国始终坚持以问题为导向，进行理论创新。针对新时代的国情、世情，党总结十八大以来的经验教训，产生了这一思想。这一思想适应新时代的要求，经过实践的检验，被确立为党的指导思想，体现了强烈的时代性。马克思主义理论是不断发展和不断开放的理论体系，产生于新时代的这一思想必将不断完善和不断发展，正如列宁所说：“马克思主义同‘宗派主义’毫无相似之处，它绝不是离开世界文明发展而产生的一种故步自封、僵化不变的学说。”①这一思想开创了中国化马克思主义新水平，必将适应和促进新时代的繁荣。

（三）鲜明的实践性

“一切划时代的体系的真正内容都是由这些体系的那个时期的需要而形成起来的。”②这一思想产生于中国社会主义的实践，体现鲜明的实践性。新中国成立之后，党领导人民进行社会主义建设，既取得了巨大成就，但也遭受了严重挫折。这些挫折为以后更好地建设社会主义提供了经验教训。实行改革开放以后，党和国家建设社会主义事业迅速发展，我国以实现“中国梦”为目标，不断攻克发展难题，必将实现伟大梦想。习近平指出：“中国特色社会主义是党和人民长期实践取得的根本成就。”③进入新时代，经济全球化和世界多极化趋势日益明显。面对“中国威胁论”和“贸易壁垒”，中国面临严峻的国际形势，中国积极开

① 《列宁全集》第23卷，人民出版社1990年版，第41页。

② 《马克思恩格斯全集》第3卷，人民出版社1995年版，第544页。

③ 肖月：《习近平新时代中国特色社会主义思想的理论品格》，载《党建》2018年第8期。

展“一带一路”，建设亚投行，开辟新的贸易渠道；同时，积极调整外交战略，构建新型外交关系，为中国的发展营造安全的外部环境。中国积极注重扩大对外开放，大力发展经济，进行经济结构性改革，更加注重发展的质量和效益，并提出五大发展理念，这有助于更好地促进中国发展进步。

（四）彻底的人民性

进入新时代，人民生活水平和生活质量提高，但影响人民生活质量的因素依然存在，并提出了新的、更高的要求。进入新时代，许多农民仍然面临脱贫问题，城市居民面临提升生活水平的问题，并在教育、文化、社会保障和生态等方面提出了更高的要求。面对这些问题，这一思想提出“以人为中心”的发展观念，并从经济、政治、社会和生态等各方面提出基本方略，有助于解决民生问题，更好地改善民生和提升人民生活水平。这一思想不仅关注和维护中国人民群众的利益，更提出了“一带一路”等举措，促进人类命运共同体的建设，有利于促进和维护世界的和平与发展；有助于中国在各国维护共同利益的基础上，为我国的发展营造良好的外部条件，最终促进我国社会的蓬勃发展。

三、习近平新时代中国特色社会主义思想的时代意义

任何哲学思想都是自己时代的精华。习近平这一思想理论深刻具体，必将对马克思主义的发展、中国的发展和世界的进步具有重要的时代意义。

（一）丰富了马克思主义理论内涵

马克思主义理论具有时代性。首先，这一思想丰富了马克思主义建党理论。它进一步解决了执政党的建设问题。关于党的建设，它强调坚持党要领导国家的一切工作，有助于巩固党的领导地位；突出强调党在推进“五位一体”的总布局和“四个全面”战略布局中的地位；强调增强党的政治意识等“四大意识”，增强党的政治性和战略眼光；面对党内出现的严重腐败问题，强调从各个方面加强从严治党，严厉打击腐败，并对党员进行相关理论教育。这些措施有助于巩固党的执政地位，促进执政党建设，减轻党内腐败问题，提高党的治理党和国家的能力和水平。其次，丰富和完善了中国特色社会主义理论体系，有助于丰富马克思主义有关国家建设理论，从而进一步扩充了马克思主义理论的内容。它有助于丰富科学社会主义的内容，进一步推动了马克思主义理论的发展。最后，这一思想进一步扩充了马克思主义哲学发展的新方法。它所独有的与时俱进、责任担当、以人民为中心和以问题为导向等理论方法，促进了马克思主义理论的进步，为马克思主义理论进步提供了新的思维方法。

（二）助推伟大“中国梦”的实现

实现中华民族的振兴是中国共产党的伟大使命，也是每个中国人的梦想。

自鸦片战争以来，中国人民奋起反抗，为实现民族独立而斗争；建国以后，党带领人民继续进行伟大斗争，进行社会主义建设；改革开放以来，中国社会主义现代化建设取得突出成就。中国进入新时代，这是我国发展的新的历史定位，这为实现“中国梦”提供了前提，这一思想则推动“中国梦”的实现。首先，这一思想确立了“中国梦”在社会主义现代化建设中的地位。这一思想指出建设社会主义的总任务是实现社会主义现代化和中华民族的伟大复兴。其次，这一思想指明了实现“中国梦”的依靠力量和领导力量。实现“中国梦”的领导力量是坚持党的领导。这一思想明确提出中国特色社会主义的最本质的特征是坚持党的领导，指出社会主义制度最大的优势是坚持中国共产党的领导。实现“中国梦”必须坚持党的领导，这是实现“中国梦”的根本领导力量。人民群众是实现“中国梦”的依靠力量，这一思想提出“以人为中心”的发展思想，有利于调动人民为实现“中国梦”而奋斗。最后，这一思想为“中国梦”的实现提供了具体策略。这一思想提出十四条基本方略，这为实现“中国梦”提供了具体实现途径，有助于推动“中国梦”的实现。

(三)为开启现代化建设新征程提供了行动指南

习近平总书记这一思想具有鲜明的实践性，其理论来源于实践，其生命力在于指导党和人民进行社会主义现代化建设，并为党和人民提供行动指南。这一思想根据变化了的中国实际，提出中国当前社会的主要矛盾和新的历史定位，并根据主要矛盾，明确提出当前党和人民的奋斗目标和根本任务。围绕党和人民建设社会主义的奋斗目标，这一思想提出了分“两步走”建设社会主义，这具体指明了当前党和人民奋斗的目标和方向，“两步走”战略是根据新时代作出的新安排，为党和人民进行社会主义现代化建设指明了方向。同时，中国进入新时代，但阻挡中国发展的因素依然存在，例如腐败问题、国企改革难题、提高社会主义法治问题、脱贫问题、提升国民素质问题、生态文明问题等等，这些问题对党和人民进行社会主义现代化建设提出了新要求。这一思想针对这些问题，根据现实状况，提出解决这些问题的基本方略，明确完成各项任务的时间节点，有助于党和人民深化对社会主义建设规律的认识，有助于指导党和人民顺应时代要求以及开启社会主义现代化建设新征程。

(四)为世界的繁荣进步贡献中国智慧

中国的发展不是一家独秀，而是在自身发展的同时，为世界的发展贡献中国智慧。从理论的形成过程看，和平与发展是当今世界的两大任务。如何提升发展中国家的发展水平，是发展中国家亟待解决的问题。作为世界上最大的发展中国家，中国积极深化扩大对外开放的广度和深度，开辟并扩展对外贸易市场，走中国道路，经济和科技水平与时俱进，并在此基础上形成了这一思想。这为发展中国家实现国家繁荣富强提供了丰富的经验。中国在与别的国家交往中,积极承担国家责任,体现大国担当,促使中国在提升自身能力的同时,中国话语权和国际地位不断提升,确立了这一思想。从其理论内容看,这一思想为实现全球治理提供了重要方案和治理方法。这一思想主张建立“一带一路”、成立亚投行等有助于促进世界贸易的发展。面对恐怖主义和霸权主义的威胁,习近平中国特色社会主义思想提出建立“人类命运共同体”,主张建立“合作共赢”的新型外交关系,有助于维护世界的和平与发展。面对全球环境治理的难题,这一思想主张实行五大发展理念,有助于革新世界经济的发展方式和实现共同进步。

四、结语

习近平总书记说过:“只有聆听时代的声音,回应时代的呼唤,认真研究解决重大而紧迫的问题,才能真正把握住历史脉络、找到发展规律,推动理论创新。”[①]中国进入新时代,党和人民要全面系统地把握新的历史定位,不断深入推动习近平新时代中国特色社会主义思想的创新发展,始终把它作为党的指导思想不动摇,指导中国进行社会主义建设,才能引领新时代,实现中华民族的伟大复兴。

① 习近平:《毫不动摇坚持和发展中国特色社会主义 不断推进理论创新实践实践创新制度创新》,载2013年1月6日《人民日报》。

习近平关于自我革命的重要论述探析

石琳琳

摘要：自我革命是习近平总书记在党的建设领域的重要理论创新，具有历史、理论和实践三重逻辑。自我革命承袭了中国共产党的精神品质和历史基因，体现了中国共产党高度的政治自觉，强调了全面从严治党的战略策略和坚定行动。不断增强党的政治领导力、思想引领力、群众组织力以及社会号召力是党自我革命的根本、关键、保证和动力，对于新时代中国共产党带领全国人民进行伟大的社会革命，夺取新时代中国特色社会主义伟大胜利具有重要意义。

关键词：新时代；自我革命；历史逻辑；理论逻辑；实践逻辑

作者简介：石琳琳，南京师范大学马克思主义学院马克思主义中国化研究专业硕士研究生。

新时代推进党的建设新的伟大工程的核心目标就是把党建设成为始终走在时代前列、人民衷心拥护、勇于自我革命、经得起各种风浪考验、朝气蓬勃的马克思主义执政党[①]，这是习近平总书记在党的建设领域的重大理论创新。尤其是勇于自我革命的主要特征，彰显了中国共产党坚持以问题为导向，不断自我净化、自我完善、自我革新、自我提高的决心和勇气，强调了在世情、国情和党情的深刻变化下革故鼎新、守正出新中实现自身的跨越的策略和行动。深刻挖掘习近平总书记关于中国共产党自我革命重要论述，其中的历史、理论和实践逻辑，对于新时代坚持和发展中国特色社会主义，驰而不息地推进伟大社会革命，锻造坚强有力的领导核心具有重要意义。

对于“革命”一词，受我国古代政治思想和西方资产阶级革命的影响，容易理解为王朝更替或使社会发生彻底变革的政治革命，但在马克思主义的语境中，

① 参见习近平：《决胜全面建成小康社会　夺取新时代中国特色社会主义伟大胜利——在中国共产党第十九次全国代表大会上的报告》，载 2017 年 10 月 28 日《人民日报》。

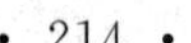

“革命”是指社会革命，它在含义上内在包含了政治革命的范畴，政治革命只是形式的革命，是摧毁旧的国家机器的一种手段，而不是革命目的本身。因此，中国共产党的革命思想是建立在马克思主义科学革命观基础之上的，那么，中国共产党的自我革命的含义从总体上来讲，就是在伟大的社会革命中改造客观世界的同时，将自身作为革命的对象，革除自身的顽瘴痼疾，改造主观世界，增强党的战斗力。

一、习近平自我革命重要论述的历史逻辑

习近平总书记指出：“勇于自我革命，从严管党治党，是我们党最鲜明的品格。”[①]自我革命承袭了中国共产党的精神品质和历史基因，激励着无数共产党人不为名利、不辞劳苦，一心一意投入社会主义事业中，全心全意为人民服务。同时这种精神和勇气也就深深熔铸于 97 年来中国共产党带领全国各族人民革命、建设和改革的历史道路中，不断地将自我革命的优秀历史基因传承下去。

（一）新民主主义革命时期的中国共产党的自我革命精神

新民主主义革命的胜利实现了从封建专制政治向人民民主的伟大飞跃，在这场深刻的变革中，中国共产党自我革命的精神集中体现在为实现民族独立、人民解放，反对党内外错误倾向，努力“建设一个全国范围的、广大群众性的、思想上政治上组织上完全巩固的布尔什维克化的中国共产党”[②]的过程中。

自我革命精神使党在革命奋斗中由小变大，从不成熟走向成熟。党的幼年时期，由于在统一战线、武装斗争和党的建设上缺乏经验，导致大革命时期放弃武装斗争，放弃党的领导权，在城市工人运动上遇到了挫折；土地革命时期，虽初步形成了“工农武装割据”新道路的思想，但三次左倾错误将革命推到了风口浪尖。在这最危险的时刻，党在遵义会议上以自我革命的精神集中解决了军事路线和组织路线的问题，挽救了党的历史命运。党在革命过程中的诸多错误倾向，究其根本，在于全党对于马列主义理论和中国革命实践没有形成一个完整正确的理解，还没有以彻底的革命精神与错误倾向作斗争。为使中国共产党人在思想、政治和组织上巩固起来，毛泽东带领全党开展了整风运动，全党以自我革命的精神逐渐从教条主义和经验主义的束缚中走出，树立了实事求是对待马列主义理论和中国革命实践的正确态度，并且通过思想教育的方式、批评与自我批评的手段提高了共产主义觉悟，澄清了重大路线是非。总之，新民主主义时期党的

① 习近平：《决胜全面建成小康社会　夺取新时代中国特色社会主义伟大胜利——在中国共产党第十九次全国代表大会上的报告》，载 2017 年 10 月 28 日《人民日报》。

② 《毛泽东选集》第 2 卷，人民出版社 1991 年版，第 602 页。

自我革命使全党的意志和行动在毛泽东思想的旗帜之下统一了起来，为夺取革命胜利奠定了基础。

(二)社会主义革命和建设时期中国共产党的自我革命精神

社会主义革命的胜利实现了中华民族由衰落到根本扭转命运的转变，以毛泽东为代表的中国共产党人以自我革命的精神对社会主义建设的初步探索，为新中国奠定了根本政治前提和制度基础，也为执政党走向全国、工作重心由农村转向城市、建立一个伟大的新中国提供了政治保证。这一时期，中国共产党自我革命精神主要体现在巩固新生人民政权、探索社会主义建设新路的过程之中。

一方面，为跳出“其兴也勃焉，其亡也忽焉”的历史周期律，毛泽东在七届二中全会上以“两个务必”作风要求全党谦虚谨慎、戒骄戒躁、艰苦奋斗，这是中国共产党以自我革命的精神对革命前途的理性思考。另一方面，中国共产党带领全国人民以务实的精神有步骤地实现了新民主主义向社会主义的转变，完成了对农业、手工业和资本主义工商业的改造。但是，国家机关、各类组织和人民团体中党员干部中的官僚主义、主观主义和宗派主义逐渐蔓延和滋长，执政党建设面临新的考验。对此，邓小平强调，要以自我革命的精神从党内存在的问题入手，集中解决群众路线的问题以及党的民主集中制和集体领导制度的实施问题，反对个人崇拜，反对官僚主义及一切脱离群众的做法。但是，中共八大后，社会主义建设在“以阶级斗争为纲”的错误路线下逐步脱离实际，党的建设也受到极大的破坏，使党、国家和人民遭受了重大的损失。

(三)改革开放和现代化建设时期的中国共产党的自我革命精神

改革开放的伟大革命使中国共产党迎来了从“站起来”到“富起来”再到“强起来”的伟大飞跃，中国特色社会主义道路的开创并走向新时代，使我们比历史上任何时期都更接近中华民族伟大复兴的梦想。这一时期，中国共产党的自我革命精神主要体现在及时拨乱反正，将全党工作重心转到现代化建设的正确轨道上来，推进党的建设新的伟大工程的过程中。

“只要抓住整党这个中心环节，各方面的整顿就不难。”[①]十一届三中全会作出了改革开放的伟大决策，使党承担起了带领全国各民族人民走向现代化的历史责任。因此，中国共产党人接续推进中国特色社会主义市场经济、民主政治、先进文化、和谐社会和生态文明建设，并始终将党的建设作为重中之重的历史任务。邓小平同志带领全党以自我革命的精神进行经济体制改革的同时，提出要对党内官僚主义、家长制以及干部职务终身制等党和国家制度中的弊病进行改革。江泽民同志带领全党以自我革命的精神在市场经济的浪潮中，强调始终要

① 《邓小平文选》第2卷，人民出版社1994年版，第35页。

代表人民群众的根本利益，进行党的建设的新的伟大工程。胡锦涛同志带领全党以自我革命的精神在世情、国情和党情深刻变化中，出台了惩治腐败、廉洁从政的各项规定，全面提高了党建设的科学化水平。

新时代建设新的伟大工程，习近平总书记强调："既要培本固元，也要开拓创新，既要把住关键重点，也要形成整体态势，特别是要发挥彻底的自我革命的精神。"[①]没有自我革命的精神和勇气，就无法拿起手术刀，对自身的问题进行全面的审视，就无法为自身开出药方根治顽症。回顾历史，中国共产党人的自我革命精神是激励着全党坚持真理、修正错误的坚定力量，只有继承这份革命精神，才能走好今后的长征路。

二、习近平自我革命重要论述的理论逻辑

十八大以来，习近平总书记站在党和国家发展的战略高度，在对党的建设进行新的部署时，多次提到"自我革命"，赋予了"自我革命"深刻内涵。自我革命体现了党高度的政治自觉，强调了全面从严治党的战略策略和坚定行动，理解和把握好这个丰富内涵，是新时代中国共产党保持初心和使命的关键所在，也是中国共产党推进国家现代化进程中实现自身现代化的重要指引。

（一）自我革命体现了中国共产党高度的政治自觉

中国共产党是无产阶级政党，自觉地以马克思主义作为党的行动指南。马克思主义是革命的、批判的理论，是革命的、实践的行动，既强调以革命的精神改造客观世界，也强调以革命的精神改造主观世界。只有中国共产党才对自身进行批判和革命，这是马克思主义政党区别于其他政党的高度的政治自觉。

第一，中国共产党自我革命的政治自觉源自其性质的质的规定。一方面，作为工人阶级的先锋队，"在当前同资产阶级对立的一切阶级中，只有无产阶级是真正革命的阶级"[②]。工人阶级自我革命性与其是先进生产力代表密切相关，与社会化大生产相适应的阶级自然成为最有前途、最先进的阶级，同时，共产党人作为工人阶级的先锋队，"在无产阶级和资产阶级的斗争所经历的各个发展阶段上，共产党人始终代表整个运动的利益"[③]。另一方面，中国共产党作为中国人民和中华民族的先锋队，说明中国共产党的利益与中国人民的利益是一致的。刘少奇也曾指出："中国共产党只有当它是站在全体人民的利益上，而不仅是站

---

① 习近平：《以时不我待只争朝夕的精神投入工作　开创新时代中国特色社会主义事业新局面》，载2018年1月6日《人民日报》。

② 《马克思恩格斯选集》第1卷，人民出版社1995年版，第282页。

③ 《马克思恩格斯选集》第1卷，人民出版社1995年版，第285页。

在本阶级当前部分的利益上，只有当它是组织与团结整个民族与全体人民，而不仅是组织与团结本阶级来进行奋斗，他才能胜利。”①

第二，中国共产党自我革命的政治自觉体现为始终将为人民服务作为自己的宗旨，坚守人民立场。中国共产党承认追求利益，但是这个利益绝不是个人私利，而是为人民谋幸福，为民族谋复兴，为绝大多数人谋利益。因此，共产党人自我革命就是要与谋求私利的思想和行动作坚决的斗争，树立群众观点和群众路线。习近平多次强调：“我们党来自人民、根植人民、服务人民，党的根基在人民、血脉在人民、力量在人民。”②

第三，中国共产党不仅是执政党，也是革命党，中国共产党之所以勇敢自我革命，是因为其始终牢记共产主义的理想。资本主义的基本矛盾不断地以各种形式暴露出来，尤其是经济危机的破坏性使全世界对资本主义制度产生了极大的怀疑。中国在后经济危机时代世界经济乏力的关键时刻，给世界经济开出了中国药方，为全球经济治理贡献了中国智慧，是因为中国共产党始终坚信资本主义必然要被社会主义和共产主义所取代，始终坚持共产主义的远大理想和奋斗目标。新时代中国共产党坚定共产主义的信念进行自我革命，就是为准备与私有制作彻底的决裂、同一切剥削制度的观念作彻底的决裂做好准备。

（二）自我革命强调了全面从严治党的战略策略和坚定行动

习近平强调：“勇于自我革命，从严管党治党，是我们党最鲜明的品格，全面从严治党永远在路上。”③从性质上看，全面从严治党其实也就是新时代中国共产党的自我革命，是中国共产党克服管党治党松软的战略策略，也是实现“打铁自身硬”的坚定行动。

1.全面从严治党就是加强党的领导的自我革命

全面从严治党是有领导有步骤的自我革命，其结果只能是加强党的领导，而不是削弱党的领导。一方面，世界大发展大变革大调整时期亟待中国共产党加强自身建设应对外部环境考验。世界社会主义运动仍处于低潮时期，中国共产党不仅要在世界多极化、经济全球化、社会信息化以及文化多样化深入发展下有力领导国内经济社会发展，同时也要承担推进世界社会主义奋起的责任，以负责任政党的形象为构建人类命运共同体贡献力量。只有全面从严治党才能加强党的领导，引领中国走向世界舞台中央。另一方面，坚持和发展中国特色社会主义

① 《刘少奇选集》上卷，人民出版社1985年版，第331页。

② 《习近平谈治国理政》第2卷，外文出版社2017年版，第367页。

③ 习近平：《以时不我待只争朝夕的精神投入工作　开创新时代中国特色社会主义事业新局面》，载2018年1月6日《人民日报》。

亟待中国共产党以自我革命的实际行动承担起历史使命。新时代中国共产党已经成为坚持和发展中国特色社会主义下长期执政的党，新“两步走”的发展战略敦促着我党进行卓有成效的自我革命，应对“四大考验”和“四大危险”，从而为全面建成小康社会、推进社会主义现代化强国建设锻造成为一个强有力的政党。

2.全面从严治党就是以问题为导向的自我革命

党的十八以来，中国共产党以问题为导向，紧紧盯住从严治党不力的症结，狠抓党内政治生态建设，不断向着党内开刀，重拳惩治腐败，进行刮骨疗毒式的深刻革命。第一，针对自我净化能力不足的问题进行自我革命。一个时期以来，部分党员自我净化的能力严重缺失，跑官要官、买官卖官、权钱交易、权色交易以及官商勾结等腐败和违法乱纪的乱象层出不穷。第二，针对自我完善能力不足的问题进行自我革命。搞个人主义、山头主义、圈子文化不遵守党内政治纪律和政治规律，党员贪图享乐、自由散漫、革命意志淡薄以及特权思想膨胀等现象层出不穷，归根到底，就是没有按照党章开展党内生活，致使“四风”问题愈演愈烈。第三，针对自我革新能力不足的问题进行自我革命。当前，部分党员思想僵化、迷信盛行，没有居安思危的意识，没有创新实践的勇气，安于现状、墨守成规。第四，针对自我提高能力不足的问题进行自我革命。当前，部分党员对党的政策方针路线的理解还存在偏差，对马克思主义理论的学习走形式、摆样子，没有向群众向实践学习的态度，部分高级领导干部未起到率先垂范的作用。

3.全面从严治党就是增强执政本领的自我革命

中国共产党作为一个执政 97 年，有着 8900 多万名党员、450 多万个基层党组织的大党，管好治理好广大党员和党组织的问题、长期执政不变质的问题以及有效领导社会主义事业发展的问题摆在眼前，只有全面从严治党才能增强党的执政本领。新时代中国共产党增强自身现代化的本领，增强建成社会主义现代化强国的本领，就要加强党的建设，汲取世界政党政治的经验教训。

国家的现代化迫切需要政党的现代化，政党的现代化无法实现，政党就会陷入被动改革的命运，因此，中国共产党果断选择主动出击，针对自身问题快速出手，有错必纠。“全面从严治党”中的“全面”就是涉及党的建设的全部方面，也就是加强党的政治建设、思想建设、组织建设、作风建设和纪律建设，并将制度建设贯穿其中；“从严”就是采取严肃的态度和严厉的手段；“治党”就是通过治理党内政治生态，锻造一个成熟的马克思主义执政党。习近平多次强调：“如果管党不力，治党不严，人民群众反映强烈的党内突出问题得不到解决，那我们党迟早会失去执政资格，不可避免被历史淘汰，这决不是危言耸听。”①

① 参见《习近平总书记重要讲话文章选编》，中央文献出版社 2016 年版，第 71 页。

中国共产党通过全面从严治党实现自身现代化,必须汲取世界政党改革的历史经验教训。郑永年指出:“中国所有其他方面的现代化包括经济、社会和文化等方面都取决于政治的现代化,也就是作为政治主体的中国共产党的现代化。”[①]20世纪50年代,东欧部分社会主义国家的共产党在批判“苏联模式”的基础上开始探索本国社会主义建设道路,拉开了政党改革的序幕。但苏联却逐渐在“全民党”和“全民国家”中迷失方向,其中,戈尔巴乔夫的“人道的、民主的社会主义”否定了社会主义制度,否定了马克思主义的党建理论,在所谓的“反对政治垄断”口号下,放弃了马克思主义的思想指导,搞多元化,放弃了民主集中制,放弃了共产党的领导,搞多党制,最终失去了执政地位。另外,今天非洲国家的多党制进程、拉丁美洲国家的政治现代化以及日本、意大利等国的“政治地震”等政党体制的教训都在告诫我们,面对新形势、新任务,中国共产党必须及时实现执政党的现代化。[②]

三、习近平自我革命重要论述的实践逻辑

我们党团结带领人民进行革命、建设、改革的实践都证明,什么时候我们党自身坚强有力,什么时候党和人民的事业就能无往不胜。[③] 中国共产党必须深刻认识到新时代中国特色社会主义给党自身建设提出的新要求,勇敢进行自身的革命,不断增强党的政治领导力、思想引领力、群众组织力和社会号召力,久久为功,才能确保我们党永葆旺盛生命力和强大战斗力。

(一)增强党的政治领导力是自我革命的根本

政治领导力是坚定政治立场、把握政治方向、保持政治定力、驾驭全局的领导能力。[④] 十八大以来,习近平提出了“政治立场”“政治能力”“政治勇气”以及“党内政治生活”等概念,丰富了政治建设话语。因此,进行自我革命以增强政治领导力为根本,就要围绕党的领导地位,把党的政治建设摆在首位。

第一,增强党的政治领导力,就要维护党中央权威和集中统一领导。十九大报告中“坚持党对一切工作的领导”“东西南北中,党政军民学,党是领导一切的”

① 郑永年:《中国共产党的“自我革命”——中共十九大与中国模式的现代性探索》,载《全球化》2018年第2期。

② 参见韩健鹏、朴林、高勇泽:《新中国成立以来共产党执政建设历程》,世界知识出版社2012年版,第232页。

③ 参见习近平:《在党的十九届一中全会上的讲话》,载《求是》2018年第1期。

④ 参见赵乐际:《全面理解和准确把握新时代党的建设总要求》,载2017年11月11日《人民日报》。

"党是最高政治领导力量"[①]等论述集中阐述了中国共产党的领导核心地位，是新时代维护党的权威和集中领导的直接依据。因此，党员干部要树立坚定的政治信仰，把共产主义远大理想和中国特色社会主义共同理想作为精神支柱，坚持"四个自信"，强化党员"四个意识"，在政治立场和方向上始终与党中央保持一致。

第二，增强党的政治领导力，就要严肃党内政治生活。以政治建设统领思想建设、组织建设、作风建设、纪律建设，并以制度建设贯穿其中，才能打造风清气正的党内政治生态。党的十八大以来，《关于新形势下党内政治生活的若干准则》《中国共产党廉洁自律准则》《中国共产党党内监督条例》《中国共产党巡视工作条例》以及《中国共产党纪律处分条例》等法规出台，有力维护了党内组织生活和政治纪律。

第三，增强党的政治领导力，就要培育党内良好的政治文化，加强政治骨干队伍建设。习近平总书记指出："要注重加强党内政治文化建设，倡导和弘扬忠诚老实、光明坦荡、公道正派、实事求是、艰苦奋斗、清正廉洁等价值观，旗帜鲜明抵制和反对关系学、厚黑学、官场术、'潜规则'等庸俗腐朽的政治文化，不断培厚良好的政治生态的土壤。"[②]党内良好政治文化的塑造需要正确价值观的引领，政治文化建设好了，就能造就一批批为民、务实、清廉的干部队伍。

（二）增强党的思想引领力是自我革命的关键

增强党的思想引领力能为经济社会发展提供强大的思想保证、精神动力、舆论支持，是自我革命的关键所在。中国共产党的思想引导力，就是用党的理论创新成果武装广大党员和人民群众的头脑、指导实践，建设具有强大引领力的社会主义意识形态，使全体人民在理想信念、价值理念、道德观念上团结在一起的能力。

第一，加强学习，不断推进理论创新，坚定理想信念。十月革命之后，列宁指出："我们今天最重要的任务就是学习再学习。"[③]加强学习，不是照搬照抄、本本至上，而是保持先进性，提高统揽全局、协调各方的能力。习近平强调："中国共产党之所以能够历经艰难困苦而不断发展壮大，很重要的一个原因就是我们党始终重视思想建党、理论强党，使全党始终保持统一的思想、坚定的意志、协调的行动、强大的战斗力。"[④]党的每一次重大飞跃，都离不开理论创新，思想上求新

---

① 习近平：《决胜全面建成小康社会　夺取新时代中国特色社会主义伟大胜利——在中国共产党第十九次全国代表大会上的报告》，载2017年10月28日《人民日报》。

② 中共中央文献研究室编：《习近平关于全面从严治党论述摘要》，中央文献出版社2016年版，第4页。

③ 《列宁选集》第4卷，人民出版社1995年版，第786页。

④ 习近平：《在纪念马克思诞辰200周年大会上的讲话》，载2018年5月5日《人民日报》。

求变,自觉抵制僵化思维,使我党在重大历史关头、重要历史节点都具有强大的战斗力。

第二,用习近平新时代中国特色社会主义思想武装广大党员和人民群众,指导现代化建设的伟大实践。习近平新时代中国特色社会主义思想是马克思主义中国化的最新理论成果,是指导具有许多新的历史特点的伟大斗争的鲜活的马克思主义。[①] 新时代实现的“两个一百年”目标是真实的、可靠的,同时也是艰巨的、长期的,广大党员和群众只有在思想上接受并在行为中践行党的路线、方针和政策,习近平新时代中国特色社会主义思想才能真正被群众所掌握,成为强大思想理论武器。

第三,牢牢把握意识形态领域的领导权,巩固马克思主义指导地位,同时推进传播手段创新。习近平指出:“中国共产党是用马克思主义武装起来的政党,马克思主义是中国共产党人理想信念的灵魂。”[②]当前世界范围内各种思想文化相互激荡,人们思想活动的独立性、选择性、差异性增强。为此,全体党员必须提高马克思主义理论水平,坚定理想信念,同“马克思主义过时论”“历史终结论”等思潮作斗争,勇于捍卫社会主义意识形态话语权。同时,在网络环境异常复杂的背景下,党要不断创新传播手段,用社会主义核心价值观凝聚起亿万人民群众的磅礴力量。

(三)增强党的群众组织力是自我革命的保证

党的群众组织力就是广大党员在尊重人民首创精神和主人翁地位、掌握组织群众规律的基础上,教育、组织、发动群众建设社会主义的能力。习近平指出:“时代是出卷人,我们是答卷人,人民是阅卷人。”[③]夺取新时代中国特色社会主义伟大胜利,是全体中国人民的事业,因此,中国共产党进行自我革命就要以增强群众组织力为保证。

第一,尊重人民群众的首创精神和主人翁地位,自觉树立群众观点和群众路线。一方面,全体党员要树立群众观点。共产党要为群众坚持真理,修正错误,勇于批评和自我批评。同时,中国共产党组织群众在于引导群众自己解放自己,为美好生活而斗争。另一方面,全体党员必须自觉践行群众路线。群众路线是党根本的工作路线,是生命线和传家宝。要做到发展为了人民、发展依靠人民、发展成果由人民共享,真正把群众观点落到实处。

---

① 中共中央宣传部:《习近平总书记系列重要讲话读本》,学习出版社、人民出版社 2016 年版,第 3 页。

② 习近平:《在纪念马克思诞辰 200 周年大会上的讲话》,载 2018 年 5 月 5 日《人民日报》。

③ 习近平:《以时不我待只争朝夕的精神投入工作 开创新时代中国特色社会主义事业新局面》,载 2018 年 1 月 6 日《人民日报》。

第二，从维护群众利益出发，做好宣传教育、引导、发动以及组织群众的工作。当前，党的群众工作出现了许多挑战，部分党员不了解群众真正需要，将群众工作日益边缘化、空心化，没有做好甚至不会做群众的思想教育工作，导致党群、干群关系紧张。为此，必须增强党的群众组织力，做好群众工作。要处理好服务与领导的关系，在服务中实现对群众的领导，在领导群众中达到服务群众的目的；要处理好感情和道理的关系，群众工作既要以情感人，又要运用民主法治的手段。

(四)增强党的社会号召力是自我革命的动力

社会号召力是中国共产党凭借科学的理论和国家治理的有力实践，唤起社会不同阶层、群体的信任和支持，并动员社会成员为共同理想而奋斗的能力。新时代中国共产党自我革命要以增强党的社会号召力为动力，不断激励着全体中国人民向着“两个一百年”目标发起冲刺。

第一，社会转型下，要正确把握社会结构，准确回应社会各阶层、群体的利益诉求。革命时期，毛泽东通过对社会各阶级的分析，巩固发展了统一战线，获得了群众的广泛支持，赢得了革命的胜利。改革开放以来，面对人们日益增长的物质文化需要，中国共产党正确把握了社会主要矛盾，以经济建设为中心作为回应，全社会积极投入了现代化建设大潮。但市场经济也带来了利益至上、社会贫富分化、道德信仰空心化等负面问题。基于此，中国共产党进行双向调整，加强社会互动。一方面，强调“两手抓，两手都要硬”，加强社会主义先进文化建设，弘扬社会主义核心价值观，重新规范和构建市场经济下的文化价值和社会规范。另一方面，依托执政党本身政治权威和道德感召的示范效应，通过群众路线教育实践活动、“三严三实”专题教育活动、“两学一做”活动等整顿执政党的作风，以优良的党风、政风引领塑造社会。

第二，面对社会冲突，制定涵盖利益提取、表达和调节的体制机制，不断提高应对各种风险考验的本领。中央到地方的多层管理，经济政治文化社会以及生态多个领域，不同阶层和社会群体的多方关系中存在着利益固化的藩篱。深化改革突破这些固着利益势必引发社会矛盾冲突，考验着中国共产党的执政本领。社会各方面的冲突总的来讲，是根本利益一致基础上的冲突。因此，中国共产党并不需要走西方政党分散政府权力、削弱政党政府的道路，而是通过政策的实施增强党的社会号召力。一是通过发扬党内民主和人民民主，贯彻民主集中制，巩固统一战线，听取社会各方利益诉求；二是要提升党代表、人大代表以及政协委员的使命感和责任感，完善人民群众参与社会治理的体制机制，实现政府治理、社会自我调节和居民自治三者的良性互动。三是坚持公平与效率相结合的利益调节方式，着力解决贫富差距问题以及阶层固化等问题。

四、结语

新时代中国特色社会主义所进行的伟大社会革命，也是中国共产党带领全国各族人民筚路蓝缕所取得的根本成就，没有中国共产党就没有今天的一切。中国共产党是执政党也是革命党，只有刀刃向内，不断刮骨疗毒，勇于自我革命，才能回应新时代中国特色社会主义的发展要求以及人民群众对美好生活的热切期待。总之，中国共产党势必要在社会革命的浪潮中以自我革命勇立时代潮头。

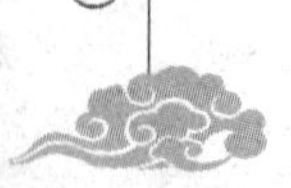

以“五大发展理念”引领互联网发展，加快网络强国建设

李云聪

摘要：互联网发展代表新的生产力，能够在践行“五大发展理念”中先行一步。创新是引领互联网发展的第一动力，协调是消除“数字鸿沟”的必由之路，绿色是建立风清气正网络环境的必然要求，开放是互联网发展的后发动力，共享是互联网发展的旨归点。以“五大发展理念”引领互联网发展，破解互联网发展中技术创新难题，协调信息富集地区与信息贫瘠地区互联网基础设施建设，净化网络空间生态，实现网络开放发展，促进互联网发展成果共享，厚积互联网发展优势，加快网络强国建设。

关键词：互联网；虚拟生存；“五大发展理念”；网络强国

作者简介：李云聪，山东师范大学马克思主义学院思想政治教育专业硕士研究生，研究方向为思想政治理论课教育教学。

自1994年接入国际互联网以来，中国的互联网经历了24年的发展历程。根据中国互联网络信息中心(CNNIC)的数据显示，截至2018年6月，我国网民规模达8.02亿。互联网的急速发展不断改变人们的生活方式和思维方式，互联网空间已经成为人的现实生存空间之外的虚拟生存空间，虚拟生存空间与现实空间共在是新时代生存空间的显著特征。党的十八大以来，以习近平为核心的党中央立足于我国互联网发展的实际，提出一系列互联网发展新观点，这些新观点中蕴含着破解我国互联网发展难题，实现互联网又好又快发展，建设网络强国的途径。

在2016年网络安全和信息化工作座谈会上，习近平总书记强调：“网信事业代表着新的生产力、新的发展方向，应该也能够在践行新发展理念上先行一

步。”[①]“创新、协调、绿色、开放、共享”五大发展理念是我们党为破除发展难题，厚植发展优势而制定的，是我国新时代发展的核心理念，互联网自身的产生及其发展都与“创新、协调、绿色、开放、共享”有种种联系，以“五大发展理念”引领我国互联网发展事业前进，是建设网络强国的必由之路。

一、创新是引领互联网发展的第一动力

（一）创新是互联网得以产生和发展的根本原因

从四大门户网站（新浪、网易、腾讯、搜狐）到互联网社交媒体，从 PC 互联网到移动互联技术的发展浪潮，从纯线上发展模式到线上线下交融模式的产生，从互联网行业自身独立发展到“互联网＋”融合发展模式的出现，我国互联网发展过程中的每一步都是由技术创新推动的。技术创新是互联网得以产生并迅猛发展的根本原因，习近平总书记指出：“在激烈的国际竞争中，惟创新者进，惟创新者强，惟创新者胜。”[②]牢牢抓住技术创新这一根本动力，融合创新于互联网发展的全过程，是建设网络强国的根本性、战略性的一环。

互联网所建构的人的虚拟生存空间具有创新的特点。虚拟生存空间与现实生存空间存在辩证统一关系。首先，二者相互联系，虚拟生存空间来源于现实生存空间，现实生存空间中的规则、秩序在很大程度上也适用于虚拟生存空间；人在现实生存空间的技能、综合素质高低决定一个人虚拟生存能力的高低；虚拟生存需要与现实生存相互强化，例如处于虚拟生存空间交往的两个人会有现实交往的要求，一旦进行现实交往，可能会巩固、强化二人在虚拟生存中的交往关系。其次，虚拟生存空间和现实生存空间相互区别。虚拟生存空间来源于现实生存空间，但并非是简单的复制，如果虚拟生存空间与现实生存空间毫无差别，也就失去了其存在价值，二者的区别在于虚拟生存空间具有创新性，现实生存空间目前不能达到“自由王国”的发展阶段，处于人在现实生存空间不能自由地发展，由此人们寻求在虚拟生存空间达到这个要求，就按照自身的意愿构建虚拟生存空间的图景。这使得虚拟生存空间具有现实生存空间所不具有的新特征。简而言之，虚拟生存空间的创新性就在于突破现实生存空间的种种限制，具有匿名性和虚拟性，人可以按照自身喜好进行自我建构，自我美化，自主选择与接收信息。

（二）创新不足是我国互联网发展的桎梏

24 年来，我国互联网迅猛发展，但我们必须看到我们与世界互联网强国在核心技术、网络基础设施建设、互联网产业发展实力方面的差距。习近平总书记

---

① 习近平：《在网络安全和信息化工作座谈会上的讲话》，载 2016 年 4 月 26 日《人民日报》。

② 《习近平谈治国理政》，外文出版社 2014 年版，第 59 页。

指出:“互联网核心技术是我们最大的‘命门’,核心技术受制于人是我们最大的隐患。”[①]习近平总书记将互联网核心技术比作“命门”,可见核心技术对于互联网发展的极端重要意义。

据《人民日报》报道,中美贸易摩擦过程中,美国商务部于当地时间2018年4月16日下令美国公司停止向中国的中兴通讯股份有限公司供应产品,这其中包括中兴公司所必须依赖于美国公司的芯片。这一禁令可谓晴天霹雳,使中兴A股、H股双双停牌。沉痛的教训告诫我们在互联网飞速发展的今天,核心技术对于建设网络强国的决定性意义。以“创新”理念引领互联网行业发展,掌握核心技术,用好核心技术势在必行。

(三)“创新”理念引领互联网发展势在必行

我国经济进入新常态,新常态下,我国经济发展速度放缓但经济发展增量可观,经济结构不断优化升级,经济发展由要素驱动向创新驱动转变。新常态条件下,创新的规模和质量对经济发展比以往更为重要。为实现创新驱动发展,党的十八大提出了创新驱动发展战略,明确将科技创新摆在国家发展全局的核心位置。2016年,为更好实施创新驱动发展战略,中共中央、国务院发布《国家创新驱动发展战略纲要》,为创新驱动发展战略提供了完善的顶层设计。互联网是技术创新最活跃的地带,应该在创新驱动发展战略中走在前列。习近平总书记曾指出,技术创新是互联网发展的“牛鼻子”。推进互联网技术创新,加速实现创新成果转化,从而实现关键技术“弯道超车”,推进网络强国建设。以“创新”理念引领互联网发展,需要做好以下几点:

首先,互联网人才培养是互联网创新发展的基础。当今世界的竞争归根结底是人才的竞争,互联网属于技术指向型企业,对人才的渴求度更是其他行业所无法比拟的。完善计算机专业设置,构建合理的计算机专业课程体系,重视关键领域的科研教学工作,针对计算机专业学生实操能力不强的问题,采取校企合作办学的方式补齐学生的“短板”。大力实施我国的“卓越工程师教育培养计划”,为我国互联网技术创新疏通源头活水,使我国互联网技术领域代代有人才。

其次,构建“产—学—研—用”一体化的闭环技术创新体系。互联网制造行业是创新的下游,信息技术教学工作是创新的中游,信息技术科研工作是创新的上游,“产—学—研”技术创新体系能够实现互联网行业的上、中、下游对接,实现资源共享,优势互补,协同创新。马克思主义实践观认为,实践是检验认识真理性的标准,实践是认识的落脚点。互联网技术创新体系必须以“可用不可用”作为检验创新效果的标准,以“用”作为技术创新的落脚点,这一点也符合我国创新

① 习近平:《在网络安全和信息化工作座谈会上的讲话》,载2016年4月26日《人民日报》。

驱动发展战略中“发展是创新的目的”的构想。以“用”检验创新的合格与否，并以之作为反馈信息对“产—学—研”的创新过程进行修正，实现技术创新体系闭环控制，使创新成果更好地用于互联网发展。

最后，发挥后发优势，引进消化吸收再创新。后发优势是指在一个行业中后进入者较于先进入者的优势，在一个行业中，先进入者往往需要花费大量的时间、精力研制技术，而这些技术会被后进入者引进，并在短时间内模仿、革新、超越。先进入者属于冲在最前列的“拓荒者”，其经济成本和时间成本大大高于后进入者，后进者有更多的时间和资金进行研发和技术创新。我国互联网行业与西方发达国家相比属于后进入者，要充分发挥后发优势，善于引进他国的成熟技术，结合本国互联网发展实际需要进行消化吸收，融合改良，深度创新，使技术具有中国特色。

二、协调是消除“数字鸿沟”的必由之路

(一)协调是发挥网络价值的诉求

互联网区域发展协调是网络互联互通、充分发挥网络价值的必然要求。在互联网行业领域有个著名的梅特卡夫法则，阐明了网络价值与互联网用户的关系。这个法则的内容是：互联网信息的价值等于互联网用户（网络节点数）的平方，即 $V=n^2$（其中 V 表示互联网的价值，n 表示互联网用户数即网络节点数）。上述公式表明：网络的价值与互联网用户数量的平方成正比，互联网用户规模扩大 10 倍，相应网络价值会扩大 100 倍，提升网络价值就需要扩大互联网用户规模。我国信息发达地区与信息贫瘠地区互联网用户数量差距悬殊，协调信息发达地区和信息贫瘠地区的互联网发展现状，激发潜在互联网用户，扩大互联网用户总体规模，进而可以最大限度地提升互联网价值。

(二)关注互联网发展中的协调问题

艾尔·戈尔说过：“如果我们听任信息高速公路哪怕只是暂时绕开这个社会的不幸群体，信息富人将更富而信息穷人会更穷，这样就没法保证所有人最终都能上网。”[①]不协调的互联网发展导致信息富裕地区和信息贫瘠地区的分化，并且随着互联网进一步发展，这种分化愈演愈烈，“数字鸿沟”日渐拉大。互联网资源的协调配置，不仅是互联网进一步发展的必然要求，也是互联网价值得以充分发挥的诉求。

目前，互联网发展不协调不仅仅体现在“数字鸿沟”的拉大，习近平总书记提

① ［美］戴维·申克：《信息烟尘：在信息爆炸中求生存》，黄锫坚、朱付元、何芷江译，江西教育出版社 2001 年版，第 202 页。

到，很多技术都是“双刃剑”，技术为民所用，能产生积极的社会效益，技术一旦异化，就会对人和社会产生极为严重的影响。技术的两面性提醒我们，必须充分关注互联网发展与网络安全的协调问题。

互联网发展不再是孤立的，互联网行业以兼容并蓄的态度与其他行业不断融合，形成一个高度融合的行业群发展模式。从工业化信息化深度融合到如今“互联网＋”的高效融合模式，互联网行业与其他行业良性互动，共赢发展。但是“互联网＋”发展模式以市场为导向，以经济利益为驱动，必然导致“互联网＋”产业内部发展不均衡、虚拟经济与实体经济不协调的问题。

（三）“协调”理念引领互联网均衡发展

首先，着力解决互联网基础设施配置悬殊的问题，提升区域互联网发展的均衡性。中西部地区和农村地区是我国信息贫瘠地区，也是我国互联网进一步发展的瓶颈地带。政府增加对信息贫瘠地区资金投入，解决信息贫瘠地区上网“最后一公里”的问题，提升网络覆盖率，提高人均宽带占有率，降低网络资费，组织相关地区居委会和村委会开展学习使用互联网的课程，帮助群众学习使用互联网，使广大群众不仅“能上网”而且“会上网”，满足人民日益增长的美好生活的需要。以互联网带动乡村地区特色产业的发展，通过互联网将本地特色产品传播到世界各地，从而发挥网络在精准扶贫中的积极作用。

其次，互联网发展与网络安全良性互动。网络安全是互联网发展的必要基础，互联网发展是网络安全的目的。习近平总书记指出：“网络安全和信息化是一体之两翼、驱动之双轮，必须统一谋划、统一部署、统一推进、统一实施。”[①]用辩证法分析互联网发展和网络安全的关系，一方面，摒弃片面追求互联网高速度发展，搁置网络安全治理的错误发展理念。不可避免的技术漏洞，复杂的网民构成，使网络安全问题屡见不鲜；网络的去中心性、无边界性使网络安全问题的波及范围越来越广；并且网络已经成为亿万网民赖以生存的虚拟生存空间，网络安全问题的后果更是十分严重，因此在互联网发展过程中重视网络安全问题格外重要。另一方面，摒弃过分杞人忧天，只看到网络不安全带来的社会危害，希望控制互联网发展速度来保全互联网安全的故步自封的绝对安全观念。互联网高速度发展为我国经济发展、综合国力增强提供了契机，习近平总书记借用了《韩非子·喻老》的一句话“随时以举事，因资而立功，用万物之能而获利其上”阐述了网信事业符合时代趋势，顺应这个趋势才能够获得十足的发展优势，因此不能因为互联网发展过程中存在网络安全问题就因噎废食，限制互联网发展。以“协调”理念推动互联网发展需要统一部署互联网发展与网络安全，注重整体性、协

① 《习近平谈治国理政》，外文出版社2014年版，第197页。

同性,实现互联网发展与网络安全良性互动。

最后,以互联网带动实体经济,促进经济结构转型升级。十九大报告明确指出,要推动互联网、大数据、人工智能和实体经济深度融合。互联网与实体经济融合发展,催生一批“互联网+”行业产生,这是一种共赢发展模式,互联网依托实体经济,使得互联网无处不在,实现虚拟生存空间与现实生存空间交融,线上线下互通。实体经济依托互联网,大大提升传统实体经济服务的便利程度,增强用户满意度。必须协调互联网与实体经济、传统行业发展,形成互联网与第一产业、第二产业、第三产业融合,促进“互联网+”带动经济结构优化升级。同时,加强宏观调控,破解由于利益导向而引发的“互联网+”产业内部发展不均衡、虚拟经济与实体经济不协调的难题。

三、绿色是建立风清气正网络环境的必然要求

(一)虚拟生存空间风清气正满足人民美好生活的需要

互联网发展的过程就是虚拟生存空间不断拓展和完善的过程。互联网发展之初,技术水平不够高,人的虚拟生存处于人机对话模式,即人与信息的关系是单向互动的主客体关系,随着计算机技术不断发展,虚拟现实、移动互联技术日臻完善,人的虚拟生存不再是简单的人与信息单向沟通,而是在互联网终端的人互联互通、双向交流互动的关系,形成主体与主体共生、共在的主体间性关系,虚拟生存空间成为人们生活必不可少的生存空间的组成部分,虚拟生存的环境关系到人民生活的质量,虚拟生存空间风清气正满足人民日益增长的美好生活的需要,必须给予充分重视。

习近平总书记强调:“网络空间是亿万民众共同的精神家园。网络空间天朗气清、生态良好,符合人民利益。网络空间乌烟瘴气、生态恶化,不符合人民利益。”[①]中国特色社会主义建设坚持经济、政治、文化、社会、生态五位一体的总体布局,总布局因时而变,其外延不断更新、充实。目前建设社会主义生态文明必须把互联网空间生态治理作为其重要组成部分,满足人民期待。

(二)亟待关注的互联网生态问题

市场经济具有自发性的弊端,一些市场主体唯利是图,借助互联网平台开展网络犯罪活动,产生了网络淫秽色情、庸俗网络直播、网络贩毒、网络赌博等违法犯罪问题,导致网络空间乌烟瘴气,荼毒青少年心灵,甚至诱发青少年犯罪。

互联网网民成员数量庞大,成员知识背景、社会经验、理性程度、信念信仰千差万别;网络的去中心化使得每个用户不仅能够接收信息,也可以发布信息,成

---

① 习近平:《在网络安全和信息化工作座谈会上的讲话》,载 2016 年 4 月 26 日《人民日报》。

为阶段性的中心，以产生自己的影响；同时，网络空间的匿名性使很多网民不需要顾及自己言行的社会影响，有的网民只关注自身利益，在网络发表一些不负责任的言论，传播历史虚无主义、利己主义、新自由主义等西方社会思潮。以上原因导致网络信息多且杂的呈现状态，网络观点有正确错误之分，有是否符合主流价值观的区别，错误观点在一定程度上解构互联网为人民美好生活服务的价值理念，影响社会主义核心价值观的践行，严重影响互联网空间的生态良好状态。

当今社会，网络已经成为人们评议重大事件的新阵地，重大事件一旦爆发，舆论就会在网上和网下持续传递、发酵，产生“内爆”，散布到社会各个领域。因此，网络舆情是国家和政府必须加以重视的新生网络空间生态问题。网络舆情是指具有一定数量的网民对某个社会事件的情绪、情感、意见、看法和行为倾向之和，本质上说，就是社情民意在网络上的复制与重构。[①] 网络舆情是对现实舆情的超越，现实舆情受到地域空间的限制，网络舆情超越地理条件的束缚，加之互联网光速传播能力的助力，网络舆情比现实舆情影响更为迅速、重大。同时，网络舆情不是仅仅作用于虚拟生存空间，网络舆情能够延伸到现实空间，关键性舆情倾向会影响到现实生存空间人的观点，使很多人对网络舆情所指向的事件产生“刻板印象”。因此，网络舆情是政府网络生态治理的新领域。

（三）齐抓共管建立风清气正网络空间

首先，完善政府监管、网站负责、群众举报的工作机制，形成各方面齐抓共管的工作态势。针对市场主体的趋利性，政府加强宏观调控，牢固树立市场在资源配置中起决定性作用而不是全部作用的工作理念，维护正当的互联网市场秩序，弥补市场失灵，抵制市场主体的自发性、趋利性，遏制网络犯罪于萌芽之中。网站要落实主体责任，提高准入门槛，加强对于相关内容的审核，防止网络犯罪现象以伪装的形式混入网络空间。建立群众举报奖励机制，保护举报群众的隐私。政府监管、网站负责、群众举报贯穿于网络犯罪的开始、过程和结果，三方面齐抓共管，使网络违法犯罪无处遁形。

其次，法安网络，德润人心，法治德治配合，形成网上网下同心圆。建立健全网络空间治理法律法规体系，近年来，我国相继制定了《互联网新闻信息服务管理规定》《互联网新闻信息服务许可管理实施细则》《信息网络传播保护条例》等有关法律法规[②]，但互联网发展日新月异，一念之间便是沧海桑田，因此互联网领域立法要具有前瞻性和预测性，以此达到依法治网的工作要求。对广大公民

① 参见徐世甫：《虚拟生存论导论》，上海社会科学院出版社2013年版，第144页。

② 参见邢云文、肖扬：《以习近平总体国家安全观为指引　加强网络意识形态安全建设》，载《思想教育研究》2018年第3期。

进行思想宣传教育，习近平指出，宣传思想工作“必须坚持巩固壮大主流思想舆论，弘扬主旋律，传播正能量，激发全社会团结奋进的强大力量”[①]。思想工作要使广大网民具备集体主义观念，树立理想信念，自动屏蔽历史虚无主义、新自由主义等现代西方社会思潮的影响，牢固树立社会主义核心价值观，凝聚共识，形成网上网下的同心圆。法治和德治相互配合，共同致力于建设风清气正的网络空间。

最后，做好网络舆情工作，攻克互联网生态治理新领域。各级政府要高度重视网络舆情，牢固树立“四个意识”，坚持依法行政，这是管理好网络舆情的根本性措施。建立“巧引导”范式，采取一系列举措确保正在发生的网络舆情及时平息[②]，这种范式要求利用强制力量和柔性力量相互结合的方式，利用好网民群体中绝大部分人的正能量，辅之以主流媒体的客观宣传，使舆论热点渐渐平息。运用好习近平总书记强调的“时、效、度”的辩证法，网络舆情工作应把握“时”的规律，因势而谋，因时而进；把握“效”的规律，出实招，见实效；把握“度”的规律，防止一放就乱，一管就死，建设绿色网络舆情环境。

四、开放是互联网发展的后发动力

(一)互联网发展与开放互为动力

开放发展是互联网的自带“基因”。互联网技术的优化升级大大提升了信息传播速度，降低了信息传播的边际成本，同时，网络的沟通突破现实中介的限制，是一种虚拟的沟通与连接，从而突破了国家的界限，成为人类共同享有的精神家园。习近平总书记指出：“互联网真正让世界变成了地球村，让国际社会越来越成为你中有我、我中有你的命运共同体。”[③]互联网使得世界人民“鸡犬之声相闻”，不再“老死不相往来”。因此，互联网的发展大大促进了开放的进程。

提升网络价值需要互联网开放发展。根据前文提到的梅特卡夫法，即网络的价值与互联网用户数量的平方成正比，我们可知扩大互联网的开放程度，使网络在全球范围内互联互通，能够直接扩大接受互联网信息的受众规模，进而提升互联网的价值。同时，提升我国互联网发展的后发优势，借鉴国外先进技术和管理经验，同样要求提升开放水平。因此，“开放，已经成为互联网时代一股不折不

---

① 《习近平谈治国理政》，外文出版社 2014 年版，第 155 页。

② 参见徐世甫：《虚拟生存论导论》，上海社会科学院出版社 2013 年版，第 151 页。

③ 习近平：《共同构建和平、安全、开放、合作的网络空间 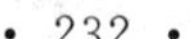 建立多边、民主、透明的国际互联网治理体系》，载 2014 年 11 月 20 日《人民日报》。

扣的浩荡风潮”[①]，是互联网发展的后发动力。

(二)互联网开放发展中的困境

互联网的开放发展加速了技术和文化等领域的对外交流，以美国为首的互联网技术强国基于自身网络技术、资源优势推行网络霸权主义，严重影响了国际社会众多国家的技术和文化安全。目前，以技术安全和文化安全为主要代表的网络安全成为国际社会必须予以重视的非传统安全问题。网络安全成为国家安全的“无形疆域”，构成了国家安全的重要内容和关键因素，并迅速浸透到经济部门、政治层面、军事要害及社会领域中，成为国家和社会的基础性安全。[②] 互联网开放发展过程中，如果一味接受别国先进技术，不加改造地加以运用，就会造成技术兼容性和适配性差的问题，也埋下了核心技术受制于人、技术不安全的伏笔。奉行文化霸权主义的国家搭乘互联网开放发展的便车，向他国输入意识形态，解构他国的社会意识形态体系，造成极为恶劣的影响。

互联网开放发展提升了网络空间的治理难度。网络的开放使互联网的边界越来越模糊，超出了传统国家管理模式的能力范围，如果还采取“各人自扫门前雪”的管理态度，不用整体的眼光分析问题，加强互联网空间治理的国际合作，互联网治理的效果会十分有限。此外，开放的大门一打开就不能关闭，企图暂时关上开放大门，来进行自己国家的互联网空间治理，以求独善其身，也是不可能的。

(三)开放中切实维护网络安全

首先，进一步提升互联网开放水平。中国的开放大门不会也不能关闭。互联网领域的开放主要是技术开放和文化开放，在进一步开放过程中学习互联网先发国家的技术，以降低我国互联网技术研发的成本。文化在交流中传播，互联网大大促进了文化交流传播的速度和广度，在文化开放中，既要借鉴他国文化的精华，又要深刻警惕别国的文化渗透；既要增强我国人民对中华文化的认同，提升人民的文化自信，又要向世界人民讲好中国故事，拨动世界心弦。

其次，正确对待互联网发展中的自主和开放的关系。坚持正确处理开放与自主的关系，特别是要协调处理技术创新领域的开放和自主的关系问题。在互联网发展的关键领域、核心技术要坚持自主创新、自主研发，保证我国核心技术安全，避免核心技术受制于人而落入“缺芯少魂”的发展窘境。但是，自主创新、自主研发并不代表闭门造车，关起门来搞创新，要坚持开放创新，站在巨人的肩膀上，引进消化吸收再创新，在核心技术关键领域达到“取之于蓝而青于蓝”的理

① 徐子沛：《大数据：正在到来的数据革命，以及如何改变政府、商业和我们的生活》，广西师范大学出版社 2013 年版，第 193 页。

② 参见岳爱武、张尹：《习近平网络强国战略的四重维度论析》，载《马克思主义研究》2018 年第 1 期。

想效果。坚持正确处理开放与自主关系，形成良好的技术创新工作模式，以实现关键技术“弯道超越”。

最后，各国加强沟通，深化共识，共同构建网络空间命运共同体。互联网是全世界人民共同享有的精神家园，是人类共同依赖的虚拟生存空间，互联网为生活带来便利，为经济发展增添活力，发挥着积极的作用。但互联网突破国家地域界限，网络安全问题涉及全球大多数国家，因此网络空间治理必须依赖世界各国的共同努力。有学者曾形象地指出：“互联网是成为阿里巴巴的宝库，还是潘多拉的魔盒，取决于命运共同体如何认真应对、谋求共治。”①习近平总书记认为，网络安全是整体的而不是割裂的，是开放的而不是封闭的。树立正确的网络安全观，用整体的、开放的观点看待网络安全问题，明确他国网络安全对我国的影响，明确我国网络安全对于我国社会各个领域的影响，立足于开放的环境，相互交流、合作、博弈，构建互联网命运共同体，共商共治网络安全问题。

五、共享是互联网发展的旨归点

(一)共享发展符合“互联网思维”

我国互联网事业不断进步，夺取一个又一个技术突破，改变人们的思维方式，形成一种“互联网思维”，其大致含义就是突破思维定式，便捷，互动，用户至上。而共享发展理念要求互联网发展成果与人民共享，与“互联网思维”中“用户至上”的理念不谋而合。2016 年，习近平在网信会议上提出：“网信事业要发展，必须贯彻以人民为中心的发展思想。”②坚持互联网发展过程以人民福祉为出发点和落脚点，坚持以共享理念引领互联网发展，满足人民日益增长的美好生活的需要。

以创新、协调、绿色、开放的理念引领互联网事业发展，最终的旨归点都是互联网的全民共享。创新解决的是互联网发展的动力问题，旨在为人民提供更优质的互联网服务；协调解决的是互联网基础设施发展不协调的问题，旨在为人民提供更均衡的网络设施；绿色解决的是互联网空间生态问题，旨在为人民提供风清气正的虚拟生存空间；开放解决的是网络安全治理问题，旨在为人民提供安全的网络环境。创新、协调、绿色、开放发展理念相互联动贯穿于互联网发展的全过程和各个方面，最终指向互联网共享发展，集中体现了“互联网为民”的价值理念。

(二)共享进程中的障碍

互联网发展过程中，仅仅重视互联网发展的成果与人民共享，是对共享发展

① 余建斌：《当互联网照亮“命运共同体”》，载 2014 年 11 月 21 日《人民日报》。

② 习近平：《在网络安全和信息化工作座谈会上的讲话》，载 2016 年 4 月 26 日《人民日报》。

理念的理解偏差。共享与共建紧密联系，共建是共享的基础，共享是共建的必然结果。互联网发展过程中如果不重视共建，不利于把互联网发展成果的蛋糕做大做好，会直接影响到人民群众所分得的互联网蛋糕的数量和质量。互联网发展过程中共建环节的缺失体现在以下两个方面：互联技术创新的民众参与度不够，导致互联网技术用户体验不佳；互联网文化建设过程中没有很好地从群众生活中汲取营养，导致网络文化发展不够亲民，理论宣传工作不能得到很好的贯彻。

前文提到的互联网技术设施建设不协调，导致信息富集地区和信息贫瘠地区的日渐分化，也阻碍了全民共享互联网发展成果的进程，我们讲的共享发展是人人享有，不是少数人共享。但网络基础建设是一个过程，不能一蹴而就，因此互联网发展又是一个渐进共享的过程，即存在一部分人先享有、一部分人后享有的问题。

"互联网＋"经济发展模式改变了传统经济发展模式的局限，能够更便捷地服务广大群众。但"互联网＋"发展中存在经济效益和社会效益失衡现象，没有很好地结合经济效益与社会效益。

（三）共享引领互联网发展

首先，处理好共建和共享的关系，促进人人参与，人人尽力，人人享有。共建是共享的基础，人人参与共建，才会使共享成果源源不断，造福于民。第一，在技术创新中体现人民力量。国务院印发的《"十三五"国家科技创新规划》中提出："围绕推进大众创业万众创新，构建良好创新创业生态……夯实创新的群众和社会基础，加强科普和创新文化建设。"[①]在大众创业万众创新过程中，汲取人民群众的智慧和力量，突破互联网技术社会基础薄弱的缺陷，厚植发展优势，使互联网技术创新实现以人民为中心，实现技术为民的价值取向。第二，网络文化建设以人民实践为基础。人民群众是文化的创造者，也是文化的享有者，网络文化的建设过程中要体现人民力量，从人民群众的社会实践中取材，发展人民群众喜闻乐见的大众文化。根据网络传播特点以及人民群众的兴趣，更新理论传播方式，促进理论的大众化、时代化，从而用理论武装人民群众。2018 年中宣部推出的通俗理论对话节目《马克思是对的》就是一个主流文化传播方式依据人民群众兴趣而转换的典范。通过技术和文化的共建，激发群众参与热情，使互联网发展更加反映民意，体现民智，人民群众也会在共建共享过程中更具获得感。

其次，处理好渐进共享和全民共享的关系。网络先享有者带动后享有者，最终达到全民共享。城市利用自身优势，是互联网发展渐进共享中的先驱，在城市

① 《国务院印发〈"十三五"国家科技创新规划〉》，载 2016 年 8 月 9 日《人民日报》。

地区互联网建设成熟之后，适时大力推进农村地区的互联网基础设施建设步伐，同时城市也应积极配合国家政策，助力农村地区互联网行业发展，从而实现由渐进共享到全民共享的飞跃。

最后，以“互联网＋”为载体，推动全面共享的进程。“互联网＋”企业要处理好经济效益和社会效益的关系，兼顾社会效益和经济效益，为社会造福。发挥“互联网＋”在促进社会各个领域共享发展的能力，例如“互联网＋医疗”“互联网＋教育”“互联网＋农业”等，促进医疗水平、教育水平、农业技术的均衡发展，使人们共享发展成果。继续完善“互联网＋”经济发展模式，使“互联网＋”成为推动全面共享的新引擎。

习近平关于发展中国特色社会主义文艺的重要论述探析

张同同

摘要：习近平总书记立足当前我国文艺事业发展的实际，有针对性地提出了一系列关于中国特色社会主义文艺发展的重要论述。中国特色社会主义文艺事业是促进社会主义发展的重要战线，文艺的本质是人民的文艺，文艺的生命力在于创新，文艺代表着新时代的风貌，引领着新时代的风气。

关键词：习近平；新时代；文艺思想

作者简介：张同同，中共山东省委党校研究生，研究方向为马克思主义与当代社会发展。

文化是民族团结和国家统一的精神纽带，关系着国家的发展和民族的未来。文艺作为文化的核心，在国家文化建设中展现着独特的优势，发挥着重要的作用。十八大以来，以习近平为代表的党中央领导集体始终代表先进文化的前进方向，坚定文化自信，在文艺领域进行了不懈探索，创造性地提出了新时期有关文艺繁荣发展的新论断、新主张。这为新时代文艺事业的发展指明了方向，切准了主题，理清了思路，体现了党与时俱进的创新思维和高瞻远瞩的历史视野。

一、文艺是社会主义事业发展的重要战线

1. 社会主义文艺的历史定位

发展社会主义文艺事业以实现中华民族伟大复兴的“中国梦”为根本使命。习近平把文艺事业置于中华民族伟大复兴的战略高度加以解释和认识，认为中华民族伟大复兴与中国特色社会主义文艺事业紧密相连。一方面，中华民族的伟大复兴是政治、经济、文化、社会等全方位、多领域的繁荣复兴，缺一不可，文化的繁荣兴盛是伟大复兴的必然要求。没有文化的繁荣发展，伟大复兴将成为空谈。另一方面，伟大事业需要伟大精神，伟大斗争需要伟大力量。实现中华民族

伟大复兴也需要文化提供动力源泉。文化通过创造振奋人心的文艺作品，弘扬主旋律，传播正能量，凝聚人心，汇聚力量，使社会呈现共建共享的和谐局面，使人们不断朝着中华民族伟大复兴的目标迈进。因此，文艺事业的繁荣发展也为建设社会主义现代化强国和实现中华民族伟大复兴提供了智力支撑和价值引导。

2.社会主义文艺的根本保证

社会主义文艺事业必须坚持党的领导，以政治性原则为根本遵循。《在文艺工作座谈会上的讲话》中，习近平总书记开篇就强调："文艺事业是党和人民的重要事业，文艺战线是党和人民的重要战线"[①]，党的领导是文艺事业繁荣和发展的根本保证。文艺与政治从来都是密不可分的，文艺作为一种意识形式必然不能超脱于政治的范畴，受到政治的干预和影响。文艺无论是表现特定时期的社会生活，还是塑造人物典型的、个性鲜明的形象，都不能超越一定的阶级，都必然遵循一定的政治路线，表达着某一特定阶级的政治诉求。超阶级性的文艺是不存在的。社会主义国家的文艺事业必然体现为满足广大人民的文化诉求，而资本主义社会的文艺必然彰显资产阶级个人主义文化色彩，体现为狭隘的阶级利益。正是由于文艺的意识形态性，习近平总书记强调，我国文艺事业的蓬勃发展必须坚持正确的政治立场，坚持党的领导，牢牢把握文艺的政治性导向，这是无论如何也不能动摇的一项基本原则。

为此，我们党为了更好地发挥文艺事业的领导核心作用，在尊重和遵循文艺规律的基础上与时俱进地改进领导方式，不断深化改革和完善体制机制，努力为文艺事业的健康发展营造良好氛围。《中共中央关于繁荣发展社会主义文艺的意见》中对各级党委和政府的文艺工作作出了指示，要求各级党委"把文艺工作纳入重要议事日程，加强宏观指导，把好文艺方向，提高创作生产的组织化程度，防止把文艺创作生产完全交由市场调节的倾向"[②]。而且要求政府把文艺工作置于社会发展总体规划当中，各地要落实好中央文艺政策，制定适合本地区的文艺发展政策，不断加大对文艺事业的投入力度，倡导社会力量参与文艺事业，努力建设政府主导、社会协同推进的文艺发展格局，对于文艺领导部门的干部选拔，要本着德艺双馨、清正廉洁、热爱国家的标准进行。这些指导性意见是在深刻分析当前我国所处的现实环境和文艺领域里存在的复杂问题后所得出的科学结论，具有历史必然性。

3.社会主义文艺的根本任务

习近平总书记强调，文艺事业要把培育和弘扬社会主义核心价值观作为根

① 习近平:《在文艺工作座谈会上的讲话》，新华网，2014 年 10 月 15 日。

② 《中共中央关于繁荣发展社会主义文艺的意见》，新华网，2015 年 10 月 3 日。

本任务。他强调文艺工作者要通过创造栩栩如生的文艺作品，让社会主义核心价值观更加切近人们的生活，贴近人们的实际，真正做到内化于心，外化于行；要铭记历史，砥砺前行，引导人们树立正确的历史观、民族观和国家观；要高扬爱国主义伟大旗帜，让祖国壮美的山河和民族卓越的风华绽放光彩；要书写改革开放和社会主义现代化建设的伟大实践，让人们感受多彩的中国、进步的中国和团结的中国。总之，文艺工作者要用这样优秀且饱含意蕴的文艺作品激发人们的民族自豪感和国家荣誉感，积极投身于中国特色社会主义伟大实践，为实现中华民族的伟大复兴奉献自己的青春和汗水。

培育和弘扬社会主义核心价值观的根本旨向在培养适应时代发展的社会主义新人。因此，培养时代新人是社会主义文艺事业的根本着力点。《在中国文学艺术工作者第四次代表大会上的祝辞》中，邓小平同志指出："我们的文艺，应当在描写和培养社会主义新人方面，做出更大的努力，取得丰硕的成果，要塑造四个现代化建设的创造者，表现他们那种有革命理想和科学态度、有高尚情操和创造能力、有宽阔眼界和求实精神的崭新面貌。要通过这些新人的形象，来激发广大群众的社会主义积极性，推动他们从事四个现代化建设的历史创造活动。"①从中我们不难发现，四个现代化的建设者，社会主义新人不仅仅是拥护社会主义的传声者，更是富有实践能力和创新精神的行动者，是社会主义建设的中坚力量。他们身上的优秀品质和个人特质为人民树立榜样，鼓舞着一代又一代的年轻人不断进取，开拓创新。同样，面临新时代的关键时期，习近平总书记强调实现中华民族伟大复兴的中国梦是当代青年运动的主题，文艺工作者要把培养新时代中国特色社会主义建设者和接班人作为根本任务，以培养担当民族复兴大任的时代新人为根本着力点。因此，文艺事业作为培养教育青年的重要关口，一定要牢记为谁培养人，培养什么样的人以及怎样培养人的重大问题。

二、社会主义文艺的本质是人民的文艺

繁荣和发展社会主义文艺，首先要解决文艺为什么人的问题，这是一个根本性、前提性、原则性问题。社会主义文艺事业必须坚持以人民为中心的发展思想，文艺必须满足人民需要，文艺也必须源于人民生活，同时文艺也必须由人民作出鉴赏和评判。

首先，人民需要文艺。基于文艺对人民的重要性而言，人民的发展离不开文艺。因此，坚持以人民为中心的创作导向，首先"就是要把满足人民精神文化需

① 《邓小平论文艺》，人民文学出版社1989年版，第209页。

求作为文艺和文艺工作的出发点和落脚点"[①]。十九大报告中指出："中国特色社会主义进入新时代，我国社会主要矛盾已经转化为人民日益增长的美好生活需要和不平衡不充分发展之间的矛盾。"[②]经过长期努力，我国在各方面取得了全方位、系统性和开创性的丰硕成果，总体上人们的生活水平又上升了一大截。然而，新时代催生新需求，人们的需求已经不再局限于物质需要的满足，而更多着眼于精神文化层次的追求。人们越发需要高质量、有品位、讲风格的文艺作品来陶冶情操，提升内涵，促进自身全面发展。因此，文学艺术要紧跟时代发展，把握人民需求，以充沛的情感、生动的笔触、感人的形象创作出有风骨、有内涵、有温度的优秀作品，让人民精神文化生活不断迈上新台阶。

其次，文艺需要人民。文艺要满足人民的精神文化需求，就必须深入生活、扎根人民，为人民抒写、为人民抒情、为人民抒怀。文艺创作的方法数不胜数，但是最根本、最关键和最牢靠的办法是扎根人民。只有从人民中获取创作题材，艺术之花才能长开不败。人民生活是文艺创作取之不尽、用之不竭的源泉，将艺术融入生活，才最能打动人心，才最能产生共鸣。因此，文艺工作者要虚心向人民取经，从人民的伟大实践和现实生活中汲取营养，始终把人民的冷暖和安危放在心中，刻画贴近人民、贴近生活和贴近实际的人物形象，歌颂真善美的人间温情，展现人民对美好生活的憧憬和希望。除此之外，更为关键的是，文艺工作者要努力达到热爱人民的情感境界，像对待自己的家人一样对待人民，给予真心和实意，"诚心诚意做人民的小学生，解决好'为了谁、依靠谁、我是谁'这个问题，不仅要'身入'，更要'心入'、'情入'，在人民中体悟生活本质、吃透生活底蕴，创作出激荡人心的优秀作品"[③]。

最后，人民评价文艺。人民不仅是文艺创作的源泉，也是文艺作品的评价标准。评价文艺作品，"要以最广大人民的根本利益为出发点和落脚点，坚持把社会效益放在首位，努力实现社会效益和经济效益、社会价值和市场价值相统一，绝不让文艺成为市场的奴隶"[④]。马克思认为文学艺术工作者应该既能够"像蚕生产丝一样"进行非生产劳动性的文艺创造，又能够在社会主义市场经济条件下为人民和自己创造经济效益，进行生产劳动性的文艺创造。当然，在社会主义条件下，进行非生产劳动性的文艺创造是广大文艺工作者的本职和要旨。

优秀的文艺作品，必然能够切实反映人民的真实生活，表达人民的迫切愿

① 中共中央宣传部：《习近平新时代中国特色社会主义思想三十讲》，学习出版社 2018 年版，第 203 页。

② 习近平：《决胜全面建成小康社会　夺取新时代中国特色社会主义伟大胜利——在中国共产党第十九次全国代表大会上的报告》，载 2017 年 10 月 28 日《人民日报》。

③ 中共中央宣传部：《习近平新时代中国特色社会主义思想三十讲》，学习出版社 2018 年版，第 204 页。

④ 习近平：《在文艺工作座谈会上的讲话》，新华网，2014 年 10 月 15 日。

望，展现人民的精神风貌，必然洞察人间冷暖，讴歌人民英雄，同情世间疾苦。一旦文艺被经济利益所束缚，只考虑市场价值和经济效益，而置人民诉求于不顾，不关照人民的现实生活，文艺就背离了社会主义的根本性质，违背了人民性的根本原则，会对人民群众的精神生活和整个社会风气造成极大损害。加之，文艺具有意识形态性，文艺沾染了低俗、庸俗的气息，会逐渐腐蚀社会主义的上层建筑，破坏中华民族所构筑的文化大厦，使人民丧失对中华文化的自信心，进而影响中国特色社会主义的道路自信、理论自信和制度自信。文艺一旦迷失在市场经济的大潮中，就会沦为市场的奴隶，被市场所控制，最终被人民所抛弃。只有那些既饱含思想底蕴、彰显民族精神，又能经得起市场经济考验的文艺作品才是最优秀的、最具生命力的作品。习近平充分运用了马克思主义关于文学艺术的"生产劳动性"和"非生产劳动性"的辩证统一理论，实现了社会主义市场经济条件下文学艺术的社会效益和经济效益的统一，号召和倡导文艺工作者要做德艺双馨的名家大师和高水平创作人才，把为人、做事、从艺统一起来，创造良心作品，为人民言情达意，真正成为社会主义先进文化的践履者、社会风气的引领者，在为祖国、为人民立德立言中成就自我、实现价值。

三、创新是文艺的生命

创新是文艺的生命。只有不断创新才能推动文艺创作与时俱进，文学艺术才能永葆生机和活力。从某种程度上说，文艺创新代表了一个国家、一个民族创新发展的能力，同时，也是一个国家综合实力的象征。进入新时代以来，我国文艺事业蓬勃发展，各种文艺思潮交织碰撞，文艺创作形式和内容不断推陈出新，涌现出了一些富有中国特色和民族风格的优秀作品。

但是，文艺创作的创新力不足，在很多方面还难以满足人民日益增长的精神文化需求，尤其在对优秀传统文化的创造性转化和创新性发展方面急需努力。因此，习近平总书记强调："要把创新精神贯穿文艺创作生产全过程，增强文艺原创功能。"[①]与此同时，他也指出了当前我国文艺发展存在抄袭成风、粗制滥造、千篇一律等问题，究其根源，与文艺创新能力不足有关系。在如何提升文艺发展的创新能力这一系统性、关键性问题上，习近平总书记向广大文艺工作者提出了新要求。

首先，挖掘传统文化中的创新性基因。优秀传统文化是中华民族的"根"和"魂"，是中国特色社会主义根植的沃土，中华优秀传统文化的深厚内蕴滋养着当代中国人的精神世界，提振着当代中国人的民族士气。作为文艺创作的一大重

---

① 中共中央宣传部：《习近平新时代中国特色社会主义思想三十讲》，学习出版社 2018 年版，第 204～205 页。

要来源，优秀传统文化要想焕发生机与活力，必然要与时代相呼应，与现实相契合。因此，习近平总书记指出，文艺工作者要按新时代的特点和要求，对那些仍然有借鉴价值而表现形式陈旧的传统文化进行创新性转化，使其迎合新时代的要求，满足时代新人的需要，促进新时代的发展。同时，要推动传统文化与现实文化的融通，加强对传统文化的研究阐释工作，讲清楚传统文化所包含的意蕴、价值理念、基本特征等问题，让人们更好地以通俗化的语言理解和把握优秀传统文化，提升人们的文化自觉，坚定传统文化自信，这也是将传统文化发扬光大的关键所在。

其次，实现文艺创新与中国特色社会主义实践创新相结合。文学艺术是对社会现实的反映。当前我国正在进行着系统性、全方位、多层次的伟大改革，面临着决胜全面建成小康社会的关键时刻，以及建设人类命运共同体的伟大实践。这样伟大的时代必然为文艺创新提供广阔的创作空间和强大的创作动力。与此同时，伟大的时代造就伟大人物，在奔向实现中华民族伟大复兴的征途中也必然涌现一批批先进人物和典型事例，而这些都将成为我们进行文艺创作和创新的时代素材和优秀典范。为此，习近平总书记提出，文艺创作要“直面当下中国人民的生存现实，创造出丰富多彩的中国故事、中国形象、中国旋律，为世界贡献特殊的声响和色彩、展现特殊的诗情与意境”①。

此外，习近平总书记也强调文艺工作者应该持有正确的文艺创新观，不能将创新作为硬性指标，文艺创作不能为了创新而作，为了创新而创新，这将使文艺工作陷入误区，其结果适得其反。当前，有些文艺工作者只求标新立异、追求怪诞新奇等文艺风格，对人们的价值观造成误导，使得社会主义文艺的本质和功能发生扭曲。很显然，这已经背离了习近平新时代中国特色社会主义文艺创新观。

习近平总书记对于文艺创新的理解，既有对于优秀传统文化的创新性发展，也有对于新时代中国特色社会主义伟大实践的创新性反映，同时也有对于文艺工作者创新观的科学界定以及在创作题材、形式和手法上的新要求，更加强调文艺创新要坚持正确的方向引领，更加注重文艺创新的精神高度、文化内涵和时代价值，为我国文学艺术的创新发展指明了前进的方向和道路。

四、文艺是时代前进的号角

习近平总书记指出：“文艺是时代前进的号角，最能代表一个时代的风貌，最能引领一个时代的风气。实现‘两个一百年’奋斗目标，文艺的作用不可替代，文艺工作者大有可为。”②这一重要论断深刻揭示了文艺与时代的紧密关系，文艺

① 习近平：《在中国文联十大、中国作协九大开幕式上的讲话》，载2016年11月30日《人民日报》。

② 习近平：《在文艺工作座谈会上的讲话》，新华网，2014年10月15日。

聆听时代声音，回应时代呼唤，把握时代脉搏，引领时代进步。文艺工作者要以深邃的时代视野、与时俱进的创新精神和开拓进取的拼搏势头推动文艺事业蓬勃发展。

一方面，“文艺最能代表一个时代的风貌”。基于马克思主义唯物史观，社会存在决定社会意识，社会意识是对社会存在的反映。文学艺术作为社会意识的范畴，由社会存在所决定，反映着一定时期的社会结构和社会现实。从古至今，一切文学艺术都是对当时社会中人们的思想情感和精神风貌的体现，深深地刻上了时代的印记，具有鲜明的时代特征和独特的文化内蕴。就诗歌文化而言，有的诗歌揭示当时封建社会苛捐杂税下人们的穷苦生活，有的抒发壮士保家卫国的塞外情怀，还有的描写海晏河清、国泰民安的太平盛世。无论表达何种现实，抒发何种情感，文学艺术都不能超脱时代的胞胎，必须在某一时代的轨道内运行。因此，一部优秀的文艺作品必然是它所处的那个时代的传达者，反映着人们的生产生活状态，记录着人们精神世界的喜怒哀乐，承载着人们对未来生活的向往和憧憬。它通过贴近时代生活、展现时代风貌的文艺作品来向人们呈现时代景象，让人们更加透彻、明晰地理解和洞悉所生活于其中的时代，把握时代机遇，规避时代风险，实现自身的全面发展。

另一方面，“文艺最能引领一个时代的风气”。基于马克思主义唯物史观，社会意识对社会存在具有反作用，社会意识具有相对独立性。在此，我们的关注点在于社会意识对社会存在的促进作用。文运同国运相牵，文脉同国脉相连。国家的兴衰与文学艺术的发展休戚相关。回顾历史，我们不难发现，文艺总是能在孕育变革和呼唤巨人的时代率先为新时代发声，警醒沉睡的世人，开启人们的心灵，为迷途的人们指引正确的方向。改革开放前期，《实践是检验真理的唯一标准》这一文章的刊发引起了全社会关于真理标准问题的讨论，使人们从“两个凡是”的错误思想中解放出来，为国家的各项工作走向正轨奠定了思想基础，为迈向改革开放的新时代吹响了号角。因此，优秀的文艺作品通过反思历史、批判现实、歌颂美好，发挥着引领时代发展的重要作用。广大文艺工作者要审时度势，紧跟时代步伐，在为新时代鼓与呼中进行文艺创作，更好地滋养社会、铸造国魂，更好地构筑中国精神、中国价值、中国力量，为人民提供精神指引。

综上，以习近平为核心的党中央在坚持马克思主义基本立场和观点基础上，将人民文艺诉求与现实文艺发展相结合，围绕“坚持和发展什么样的中国特色社会主义文艺”以及“怎样坚持和发展中国特色社会主义文艺”的主题进行了一系列系统性、全局性和开创性探索，充分体现了我们党高度的文化自觉和文化自信，展现了党的执政智慧，为我们勾勒了社会主义文艺发展建设的宏伟蓝图。

乡村振兴的关键：实现党的农村治理能力现代化

——评邱春林博士的新作《中国共产党农村治理能力现代化研究》

曹　胜

摘要:《中国共产党农村治理能力现代化研究》一书以问题意识开篇,以党的农村治理能力现代化为主线,在梳理党的农村治理理论和实践的基础上,剖析了党的农村治理能力现代化存在的问题和影响因素,并借鉴农村治理的典型案例与启示,提出了实现党的农村治理能力现代化的具体路径与对策思路。

关键词:中国共产党;农村治理能力现代化;乡村振兴

作者简介:曹胜,青岛科技大学马克思主义学院教授,博士,主要从事马克思主义中国化研究。

当前,中国特色社会主义已经进入新的历史阶段。从现在到 2020 年,是全面建成小康社会决胜期。从十九大到二十大是“两个一百年”奋斗目标的历史交汇期。在这一阶段,我们既要全面建成小康社会、实现第一个百年奋斗目标,又要乘势而上开启全面建设社会主义现代化国家新征程,向第二个百年奋斗目标进军。面临时间紧、任务重,十九大明确提出了乡村振兴战略。乡村振兴战略如何落实,农业农村现代化如何实现,这都需要充分发挥党的领导核心作用,发挥总揽全局、协调各方的作用。邱春林博士结合其博士期间的研究,推出了其专著《中国共产党农村治理能力现代化研究》,该书的推出,可以说具有很强的现实性和启发性。书中对农村治理给予了极大关注,对中国共产党农村治理能力现代化从内涵解读、时代背景、现状与问题等方面给予了关注,并结合中国国情,特别是面临农村经济社会发展的新变化,对实现党的农村治理能力现代化给出了新的回答。

应该说，在推进中国国家治理体系和治理能力现代化的过程中，中国共产党农村治理能力现代化问题是一个重要的问题。在推进国家治理体系和治理能力现代化的进程中，实现党的农村治理能力现代化是时代赋予的使命，是推进国家治理体系和治理能力现代化的关键和基础，也是党直面改革发展挑战，在执政理念和治理转型上的重大突破。实现党的农村治理能力现代化，也就是使党在农村的治理体系实现制度化、科学化、规范化、程序化，使党在农村的治理者善于运用法治思维和法律制度治理农村，从而把党在农村治理各方面的制度优势转化为治理农村的效能。

也正是在这一背景下，该书以问题意识开篇，以党的农村治理能力现代化为主线，在梳理党的农村治理理论和实践的基础上，剖析了党的农村治理能力现代化存在的问题和影响因素，并借鉴农村治理的典型案例与启示，提出了实现党的农村治理能力现代化的具体路径与对策思路。

一、提出问题，丰富了党的农村治理能力现代化内涵

首先，该书对中国共产党农村治理能力现代化的内涵进行了厘定，明确提出“治理能力现代化”至少应该包括两层含义：一是能力结构，即明确治理能力到底应该包括哪些能力体系。二是能力状态，即明确能力的发展趋向，这些能力应该往什么方向发展，应该达到什么样的状态，发挥怎么样的治理效果。

该书认为：“实现党的农村治理现代化，它既包括党的农村治理体系现代化，也包括党的农村治理能力现代化。农村治理体系的现代化就是指党关于农村治理的制度体系、运行机制能够保证党的农村治理效能，能够顺应治理现代化的发展潮流，能够推动农村治理的和谐健康可持续发展。”①

党的农村治理能力现代化，就是指在推进农村治理的过程中，以党的农村治理体系为依托，借助制度、机制、政策、技术等因素，运用党和国家制度管理农村社会各方面事务的能力不断由落后向现代、由不能适应农村治理发展到满足农村治理发展需要的这样一个发展过程，或者理解为党的农村治理处于现代先进的状态。从内容上看，党的农村治理能力就是党在农村发展经济、政治、文化、社会、生态等方面的能力，就是协调农村基层各方主体共同参与农村建设的能力，就是培育农村基层社会组织共同参与农村治理的能力不断提升；从管理的角度来看，就是党的农村政策制定能力、执行能力和资源保障能力，并在管理过程中呈现高效协调运转态势；从组织资源的角度看，就是资源获取能力、资源调配能力，以及资源整合与运用能力，并能实现资源配置效益的最优化趋势。当然，我

① 邱春林：《中国共产党农村治理能力现代化研究》，山东人民出版社 2017 年版，第 41 页。

们说党的农村治理能力现代化是一个过程,也是一个目标。对此,该书提出可以从纵向和横向两个维度进行分析。

党的农村治理体系现代化和党的农村治理能力现代化二者关系密切,没有党的农村治理体系的现代化就不可能有党的农村治理能力的现代化。农村治理体系现代化是前提和基础,农村治理能力现代化是过程、结果。中国共产党农村治理能力的现代化依托农村治理体系的现代化才能得以实现,实现农村治理体系现代化的目标则是为了提高党的农村治理能力,二者密切联系,不可分割。

其次,对党的农村治理能力现代化的现实意义进行了客观分析,指出推进党的农村治理能力现代化既是党的建设的题中应有之义,也是当今国际发展的大势所趋,更是我们党实现"两个一百年"奋斗目标的现实需要。分别从实现国家治理体系与治理能力现代化的必然要求和加强党的执政能力建设的题中应有之义两个层面阐述其必要性。

二、分析问题,明确解决问题的关键所在

该书主要从理论层面、实践层面梳理了党的农村治理能力现代化的理论基础、实践基础,并对典型个案进行了分析。

首先,该书从三个层次对实现党的农村治理能力现代化的理论基础进行了梳理和剖析。

第一,马克思主义经典作家高度重视和关注农村问题,在理论上、实践上对农村治理问题进行了一系列的探索。马克思、恩格斯虽然没有明确提出"农村治理"的概念,但他们对农村治理涉及的有关问题均有所论述,从发表在《莱茵报》上的《关于林木盗窃法的辩论》对农民利益的关注,到《德意志意识形态》关于城乡对立的分析,再到《共产党宣言》《德国农民战争》《路易·波拿巴的雾月十八日》《资本论》《论住宅问题》《反杜林论》《法德农民问题》等,在整个19世纪,伴随着资本主义的发展,马克思和恩格斯对农业、农村和农民问题的关注也在逐步加深。列宁一贯高度重视农村社会发展问题,并从理论和实践上对农村治理问题进行了初步探索。深入梳理和剖析马克思主义经典作家关于农村治理的有关理论论述,对今天中国共产党实现农村治理能力现代化具有重要的理论和现实指导意义。马克思主义经典作家关于农业、农村和农民问题的理论探索与认识,为中国共产党农村治理能力现代化提供了理论渊源。

第二,关于西方治理理论的传播和发展对党的农村治理能力现代化的有益启发。20世纪90年代末以来,国内学术界逐渐开展了治理理论和实践等方面的探索与研究。国内学者对治理理论的认识和研究主要由翻译原著、介绍国外治理论的发展动态以及对治理的一般分析阶段,进一步发展到对于治理理论真

正应用到我国具体的政府管理改革领域等几个阶段。国外关于治理的有关理论传播与发展为党的农村治理现代化提供了有益借鉴。

第三，对农村治理理论发展作了梳理。该书认为，十八届三中全会明确提出了治理现代化的命题，也标志着治理研究迎来新的春天。随着研究的深化发展，西方治理理论与中国本土治理理论的错位现象逐步凸显，国家发展和治理的实践表明，治理理论只有在本土化的基础上才能实现理想的重塑。显然本土化研究更注重利用治理理论来分析当代中国各个领域的具体现实问题，与中国的实践结合较为紧密。在这一阶段，治理研究得以逐步深入。如 2013 年，许海清主编出版了《国家治理体系和治理能力现代化》；2014 年出版了俞可平《论国家治理现代化》、胡鞍钢的《中国国家治理现代化》、燕继荣的《社会资本与国家治理》、张小劲和于晓虹的《推进国家治理体系和治理能力现代化六讲》、陈家刚和俞可平的《基层治理》、张志安的《网络空间法治化：互联网与国家治理年度报告》和《大国治理：国家治理体系和治理能力现代化》、周敬青的《现代政党治理比较研究》等。应该说学界的研究成果也在不同程度上为党和政府决策层所了解，并逐步在党的农村政策的制定中有所借鉴和体现，从而在不同程度上推动了党的农村治理能力现代化的发展。从中央连续十几个"一号文"的出台和改革开放以来历届党的代表大会决议等重要文献中也都有体现。

其次，对党的农村治理能力现代化的实践，主要从三个方面作了梳理：一是系统梳理了中国共产党农村治理的实践历程；二是深刻剖析了党的农村治理能力现状，分析了取得成效和实现党的农村治理能力现代化的主要优势；三是对中国共产党农村治理能力现代化的主要影响因素作了剖析。在实践发展历程分析的基础上，对其成效作了分析，指出，改革开放以来，中国农村经历了巨大的社会转型。在这个过程中，农村社会对现代治理模式的基本诉求与相对滞后的乡村两级组织不断发生碰撞。特别是 20 世纪 80 年代以来，中国的农村经历了从统到分的过程，基层党组织也得到普遍恢复和发展，取得了四个方面的成效：(1)党的农村治理理念实现与时俱进；(2)村民自治上升为国家意志；(3)党指导农村各类社会组织发展的能力得到提升；(4)农村治理法治化进程明显加速。当然，该书进一步对中国共产党实现农村治理能力现代化的自身因素作了分析：(1)党的领导与思想政治优势；(2)基层党组织建设的保障优势；(3)密切联系群众的优势；(4)成熟的理论指导与党的制度建设优势。

最后，对中国传统农村治理和国外有关农村治理的典型经验进行了剖析。该书充分肯定了中国传统农村治理和国外在农村治理方面的典型经验，认为在推进党的农村治理能力现代化的进程中，要充分发挥政府的主导作用，充分尊重农民主体地位，推动农村依法治理，推进多元治理。当然，国外农村多样化的组织与管理体制为中国共产党农村治理提供了有益的借鉴和诸多的启示:充分发挥政府的主导作用;推动农村治理,必须尊重农民主体地位;注重法治建设,推动农村依法治理;大力培育农村治理新主体,推进多元治理;正确处理农村传统与治理的关系,循序渐进地推进农村治理。

三、解决问题,给出了实现党的农村治理能力现代化的具体对策

该书在对党的农村治理理论基础和实践基础进行具体剖析的基础上,注重中外农村治理的典型经验的借鉴与学习。正如习近平所指出:"历史是最好的老师。在漫长的历史进程中,中华民族创造了独树一帜的灿烂文化,积累了丰富的治国理政经验,其中既包括升平之世社会发展进步的成功经验,也有衰乱之世社会动荡的深刻教训。"在此基础上,该书依据世情、国情、党情的深刻变化,针对党的农村治理能力现代化的现状,从创新党的农村治理理念、农村工作体制机制、农村治理主体、农村治理治理方式与手段等方面提出了实现党的农村治理能力现代化的具体思路与对策。

第一,创新党的农村治理理念,实现治理理念的与时俱进。该书认为,农村治理不仅仅是农村的问题,更关乎党在农村执政基础的巩固,关乎中国特色社会主义基层群众自治制度的实践。如何实现党的农村治理能力现代化呢?既要有党的农村治理理念的创新,又要有科学的顶层设计和高效的体制机制,还要辅以多元治理主体的大力协同,以及党的农村治理方式与手段的创新,当然根据客观实际选择切实可行的切入点亦是不可或缺的重要一环。推进党的农村治理能力现代化需要我们适应形势的发展变化,实现党的农村治理理念的与时俱进,这是适应党的农村治理地位和形势任务发展变化的需要,也是满足广大农民对党的农村治理的新期待的需要。正确的社会治理理念是实施有效治理的前提和基础,而创新党的农村治理理念是实现党的农村治理能力现代化的前提和基础。对此,该书提出需要落实四个理念:坚持党的领导与协商治理理念、确立农民利益至上的理念、确立尊重农民主体地位的理念、确立农村治理法治化的理念。

第二,创新党的农村工作体制机制。党的农村治理体制机制,就是党在农村治理方面的一系列制度设计。党的农村治理体制机制是党的农村治理能力的有效载体,也是实现党的农村治理能力现代化的依托和载体。完善党的农村治理体制是前提,创新党的农村治理机制是关键,加强党的基层组织建设是核心,改进党的基层群众工作是保证。

第三,创新农村治理主体。实施治理行为的能动力量是社会治理主体,不同社会主体之间的相互关系及其地位角色构成了治理的基本格局。面对治理时代的到来,中国共产党农村治理能力能否实现现代化,很重要的一个方面就在于在

坚持理念创新的基础上，采取有效措施切实培育农村多元治理主体，推动农村多元治理主体的能力提升，协同各方，形成合力，共同推动农村治理的新进展。这也是党的农村治理能力现代化的重要内容和体现。该书从农村治理主体的新变化、农村治理主体的培育、提升农民参与治理能力、妥善处理各类治理主体之间的关系四个层面进行了分析。

第四，创新党的农村治理治理方式与手段。党的农村治理能力现代化的重要表现还包括党的农村治理方式与手段的创新。治理方式反映了治理行为运行的特点和规律，特别是随着农村利益主体多元化、文化需求多元化、治理主体多元化的发展，在推进党的农村治理能力现代化的进程和实践中，迫切需要创新党的农村治理方式与手段。该书从实现从单一到统筹、从人治到法治、从管理到协同、从治标到治本的转变，这就需要更加注重统筹治理、依法治理、协同治理、源头治理。

最后，该书对中国共产党农村治理能力现代化作了进一步的归纳和提炼，认为党的农村治理能力现代化作为一个动态的过程，这一过程既是理论与实践的统一，也是过程与目标的统一。中国共产党农村治理能力现代化，其本质就是实现党的农村治理体系和机制转化为一种能力；只有实现了农村治理体系的现代化，才能培养党的农村治理能力现代化，党的农村治理能力现代化又对党的农村治理体系现代化产生积极的影响。当然，我们说党的农村治理能力现代化不是一蹴而就的，需要一个由量的积累到质的飞跃的过程，是一个动态发展的历史过程与理论创新相结合的过程。

一言以蔽之，该书在以下三个方面具有比较典型的特色和创新：一是在研究思路上，按照发现问题、分析问题、解决问题的逻辑思路，以中国共产党农村治理能力的现代化为主线，从理论和实践的维度，围绕党的农村治理能力现代化的现实价值，剖析其理论渊源、实践与发展历程、现状与问题、影响因素，最后提出实现这一目标的具体路径和对策，从而形成了较为清晰、严谨、完整的研究思路。二是在研究内容上具有很强的现实价值。该书对中国共产党农村治理能力现代化的概念、具体内涵作了分析，客观分析了党的农村治理能力现代化的成效和优势所在，并从党的农村治理理念、农村治理体制机制、治理投入和基层党组织建设等方面分析了影响中国共产党农村治理能力现代化的有关因素，明确了实现党的农村治理能力现代化的方向和症结所在，结合国外个案分析，提出了实现党的农村治理能力现代化的具体对策和路径，从而形成了与以往不同的新的认识和判断。三是在材料的运用上，力求运用第一手资料和最新经典文献资料，运用了最新调查研究数据和材料，遴选了具有代表性和说服力的典型个案材料，以增强其说服力、时效性和可行性。

当然，该书作为作者的首部学术著作，在理论剖析与实证研究方面尚显薄弱，在学术语言的运用上尽可能实现规范化和专业化，力求实现观点与材料的有机融合。客观上来说，党的农村治理能力现代化是一个动态的发展过程，更是一个与现实世界紧密相关和相适应的状态。能否具备审时度势，适时适地推动党的农村治理的改革与创新，是其现代化的重要表现。在推进国家治理体系和治理能力现代化的进程中，自觉把推进党的农村治理能力现代化融于对人类社会发展规律的认识中，融于对中国特色社会主义建设规律的认识中，融于党的建设规律的认识中，融于主动把握、统筹协调、科学谋划的内在逻辑中，从而为实现国家治理体系和治理能力现代化夯实基础，为实现“两个一百年”奋斗目标提供有力保障。此外，我们还要看到对党的农村治理能力现代化的测评问题，目前还缺乏一个统一、权威的理论界定，这也是该书未能很好地解决的问题，期冀在未来的道路上能够以典型个案研究为突破，作进一步深入探讨和研究。

深耕马克思主义中国化研究之路的典范

——学习刘德军先生《马克思主义中国化研究之路》一点体会

史家亮

和刘德军先生相识，要回溯到我刚入山师工作。2008 年，我博士毕业留校后的第二年，担任了马克思主义中国化专业研究生答辩秘书，刘老师是马克思主义中国化专业的硕士生导师。在答辩会的现场，刘老师清晰的思路、儒雅的谈吐、广博的知识给我留下了深刻的印象。

之后，有幸与刘老师有过两次合作。说是“合作”，主要是学习。一次是编写《山东通史·当代卷》，刘老师是主编，我参与撰写了其中的三章。另一次是编写《从一大到十八大》，刘老师依然是主编，我参与撰写了其中的两章。两次合作，受益良多。更多地感受到了刘老师的春风化雨的教诲点拨和精益求精的治学态度。一直对刘老师怀有崇拜敬仰的心情，但当拿到厚厚的长达 1125 页、126 万字的三卷本《马克思主义中国化研究之路》(刘德军著，山东城市出版传媒集团·济南出版社 2018 年出版)时，内心还是被极大地震撼了。这部大部头的著作，绝对可以称得上是深耕马克思主义中国化研究之路的典范。

说其“深耕”，源于著作内在的思想性、理论性和学术性。2007 年，我和导师许庆朴先生曾合作过一篇文章，发表在《马克思主义研究》上，文章分析了中国化的马克思主义研究的现时代走向问题，认为，现时代中国化的马克思主义研究开始从侧重政治性意识形态取向的研究到侧重学术性意识形态取向的研究，从封闭式研究到开放式研究，从侧重分阶段研究到重视整体研究，从以理论为中心的研究到以中国实际问题为中心的研究。它正在促使中国化的马克思主义研究水平不断提升，不断发现新的真理，产生新的表述和概括，更好地发挥中国化的马克思主义理论导向功能。以此分析看刘老师的著作，发现其研究理路和上述分析不谋而合。概括来看，刘老师这部著作研究有如下几个突出特点：

一是在意识形态研究和学术研究方面显示了适度的张力，既有政治性、思想性，又有理论性和学术性。刘老师的著作，从学术层面表达了对历史和人民坚定地选择马克思主义、中国共产党、社会主义道路的历史必然性，既有政治情怀，又有学术情怀。在研究表达方式上，他很少以经典解释理论，而是以经典为指导，从实践出发，从问题出发进行分析进行论证。

二是侧重从史学角度对马克思主义中国化的研究。刘老师有很深的史学研究功底。在中国革命史、毛泽东思想史、周恩来生平思想史、中国特色社会主义理论史、共和国史和山东地方史方面都有很有建树的研究。这部著作以马克思主义中国化史为研究特色，多角度探讨了马克思主义中国化的理论与实践历程。特别是对毛泽东思想的研究，系统阐明了毛泽东思想形成发展历程、科学体系、新民主主义革命理论、社会主义建设理论、历史地位等内容，每一问题的研究都很好地体现了历史和逻辑相统一的原则，探求“本真历史”，增强了研究的深度。

三是彰显了“三个结合”的研究理路。刘老师的研究坚持“顶层与基面相结合”“纵述与横评相结合”“分析与归纳相结合”。既对每一个中心主题的内涵、价值、结构、布局等有清楚的设计，又较好地实现了“二度破题”；既研究阐释实践历史，又研究阐释理论历史；既注重问题分析，由一到多，又注重问题归纳，由多归一。著作的每一个部分都很好地体现上述研究理路。

刘老师在马克思主义中国化研究之路上兢兢业业地深耕了 30 多年。从开始涉足这一领域到深深投入其中不能自已，充分体现了刘老师对这一领域的深厚感情。这一感情不能用金钱、地位和名誉来衡量。因为，马克思主义中国化研究在新时代中国特色社会主义无疑称得上显学，但在很长的时间里，与这一研究相关的领域并不被有些人所看好。刘老师 30 多年如一日的研究，靠的是对马克思主义坚定信念，对马克思主义中国化的深厚感情。用他自己的话说就是：马克思主义中国化是一座丰碑。而且在这丰碑上镌刻着伟大的中国共产党精神。同时，他始终怀着一颗感恩的心行进在马克思主义中国化研究之路上。正是这种信念、这种感情、这颗感恩的心，是刘老师 30 多年对马克思主义中国化执着求索的动力，也为我们后学树立了榜样。

（史家亮，山东师范大学马克思主义学院教授）

新时代思想教育的一次可贵探索

——《马克思恩格斯道德教育思想研究》书评

王盛辉

思想教育是我们党的优良传统。进入新时代以来，面对着新形势、新任务和新挑战，以习近平同志为核心的党中央高度重视思想教育，特别强调“思想教育要要突出重点，加强党性和道德教育”。综观马克思主义创始人的一生，马克思和恩格斯虽然没有专门的道德教育著作，但是很多思想都有着广泛的道德教育意义。尤其是其历史唯物主义学说中关于经济基础与上层建筑关系的思考，关于“现实的个人”的论述等，对于我们正确理解道德教育的本质、形式和规律提供了重要的启示，为我们当前有效进行思想教育和道德教育提供了诸多有益的思路。所以，对其进行全面、系统和深入挖掘具有重要的理论和现实意义。山东财经大学马克思主义学院高凤敏老师的《马克思恩格斯道德教育思想研究》(山东人民出版社 2015 年 11 月出版)一书正是从此视角出发作出的一次可贵探索，也给我们带来一些启示。

其一，运用唯物史观考论马克思恩格斯道德教育思想。方法不同，从而得出的观点也会不同，作者运用马克思主义的历史唯物主义方法对马克思恩格斯道德教育思想作了全面分析，认为马克思恩格斯道德教育思想是一个历史的生成过程，应当将其放在整个欧洲和马克思主义发展史的大视野下来考察。马克思恩格斯道德教育思想是欧洲资本主义发展与社会变革的产物，是对古希腊到近代欧洲自由人文传统下道德教育思想的继承和发展；特别是随着马克思恩格斯唯物史观的创建、发展、成熟而不断形成、发展和成熟，随着共产主义革命事业的不断发展而不断完善。从唯物史观的角度来看，道德教育活动根源于人与人之间的物质生产生活，在阶级社会具有鲜明的阶级教育和政治教育功能，具有历史共时性、社会普遍性特征。道德教育具有很强的能动性，需要在社会实践活动中能动地展开，开展道德教育活动有利于争取和培育致力于社会进步的力量等。马克思恩格斯道德教育思想的特色表现在实践基础上科学性和阶级性相统一，道德教育和思想教育相结合，共产主义理想道德培养与无产阶级现实优良道德培养相结合。这种探索也启示我们，新时代的道德教育，不仅仅是思想领域的事情，也不仅仅是当下的事情，而要充分考虑到经济、政治、历史、文化等方方面面因素的综合影响，将其作为一个系统的工程来展开。

其二，从“人的全面而自由发展”视角概括马克思恩格斯道德教育思想的核心内容。该书认为，马克思恩格斯所认可的道德教育，是要从“现实的个人”出发，以“每一个个人的全面而自由的发展”的价值目标为引领，在为实现无产阶级和全人类解放的革命实践中批判旧道德、倡导新道德，从而最终达到塑造全面而自由发展的理想人格以及和谐平等的社会状态的目的。这一探索也启示我们：要全面深入而不是片面地理解道德教育，特别是不能简单地把道德教育的主客体单纯地理解成基于经济关系而界定下来的“阶级的人”，把道德教育的目的单一地理解为是为政治和革命而服务的政治教育，把道德教育的内容呆板地理解为对单一马克思主义的理论灌输。在展开道德教育活动过程中尤其要突出“现实的个人”是道德教育活动根本出发点的主旨。道德教育应当而且必须要从历史唯物主义所指认的“现实的个人”出发，不忽视人的基本需要和欲望，不离开特定的社会历史条件，要通过多种方式充分发挥主客体的主观能动性和创造性，在社会革命和改革进程中渐次展开。

此外，从该书的写作特点来看，作者是在对马克思恩格斯的著作进行全面阅读基础之上系统梳理、归纳总结、提炼观点的。这对于每一位有志于从事马克思主义理论教学或科研的同志而言都是有借鉴意义的。只有去阅读原滋原味的文本，我们才能从中发现新思想，提出新观点。

至于该书的不足就是，该书只是单纯论及了马克思和恩格斯的道德教育思想，没有与当时期其他思想家的道德教育思想相比较，这似是一个遗憾，如若以后能沿此思路作一对比，当对马克思恩格斯道德教育思想会有更深刻的理解。

总体来看，当前对马克思恩格斯道德教育思想的研究还比较薄弱，该书的出版，可以称得上是对该领域研究的一个贡献，也对新时代思想教育的一次可贵探索。

（王盛辉，山东师范大学文科学报编辑部副教授）

图书在版编目(CIP)数据

马克思主义研究辑刊. 2018年卷/高继文主编.
—济南:山东大学出版社,2019.1
ISBN 978-7-5607-6308-8

Ⅰ.①马… Ⅱ.①高… Ⅲ.①马克思主义—研究
Ⅳ.①A81

中国版本图书馆CIP数据核字(2019)第051651号

责任编辑:谭学秋
封面设计:万 辉
美术编辑:张 荔

出版发行:山东大学出版社
社 址 山东省济南市山大南路20号
邮 编 250100
电 话 市场部(0531)88363008
经 销:新华书店
印 刷:济南华林彩印有限公司
规 格:700毫米×1000毫米 1/16
16.5印张 302千字
版 次:2019年1月第1版
印 次:2019年1月第1次印刷
定 价:48.00元

版权所有,盗印必究

凡购本书,如有缺页、倒页、脱页,由本社营销部负责调换